从衡中走向清华北大

全新改版

学霸领跑名校路
条条道路通清北

信金焕 ◎ 主编

人民日报出版社
北京

图书在版编目（CIP）数据

从衡中走向清华北大 / 信金焕主编． -- 北京： 人民日报出版社， 2019.9
ISBN 978-7-5115-6135-0

Ⅰ．①从… Ⅱ．①信… Ⅲ．①高考－经验②高中生－学习方法 Ⅳ．① G632.474 ② G632.46

中国版本图书馆CIP数据核字（2019）第146314号

书　　名：	从衡中走向清华北大
	CONG HENZHONG ZOUXIANG QINGHUA BEIDA
作　　者：	信金焕
出 版 人：	董　伟
责任编辑：	郭晓飞
封面设计：	金　刚
出版发行：	人民日报出版社
社　　址：	北京金台西路2号
邮政编码：	100733
发行热线：	（010）65369509　　65369512　　65363531　　65363528
邮购热线：	（010）65369530　　65363527
编辑热线：	（010）65363486
网　　址：	www.peopledailypress.com
经　　销：	新华书店
印　　刷：	大厂回族自治县彩虹印刷有限公司
开　　本：	710mm×1000mm　　1/16
字　　数：	400千字
印　　张：	21
版次印次：	2019年9月第1版　　2019年9月第1次印刷
书　　号：	ISBN 978-7-5115-6135-0
定　　价：	60.00元

衡中名师指导团队

主　编：信金焕

编　委：（按姓氏笔画排序）

于洪彬	马孟龙	王小铭	王文霞	王　丛
王玉春	王宝树	王洪旺	王　鹏	代　忖
卢洪涛	宁　可	任双花	刘大伟	刘立敏
孙文盛	孙亚军	孙永强	孙　耀	张　华
张　蕊	张占琴	张尔欣	张立杰	张姣姣
张健旺	张桂安	张晓雨	李先辉	李军燕
李红奕	李续赏	杜文星	杜文辉	杜宗超
陈铁乱	杨广杰	杨坤宇	苏　乐	国列通
郗会锁	郭晓蕾	贾拴柱	康彦华	梁　辉
隋海霞	韩志武	韩幸婵	解　毅	魏振宇
魏素霞				

衡中学子创作团队

(208班) 武 丹	(330班) 勾文慧	(405班) 孙子腾	(429班) 庞林立
(209班) 周建强	(365班) 王煜珍	李 萌	赵 琳
(215班) 纪占明	刘长佳	董宇喆	马秋朔
(220班) 侯志军	(369班) 刘 静	路 畅	李小雨
(228班) 郑宇鹏	(386班) 迟方静	(410班) 潘寅旭	(436班) 王天霖
(229班) 张儒源	许 哲	张植程	宋玉婷
(230班) 支蕴倩	刘一迪	贾 川	(437班) 路 贺
(248班) 赵大伟	(388班) 刘 宇	邢康宁	(454班) 李晓璇
(249班) 霍建龙	董 慧	王佳兴	张宏璟
(269班) 杨 诺	(389班) 段 然	李步宇	(457班) 徐梦迪
(270班) 郭 婧	(392班) 张 辰	(411班) 尚智伟	(459班) 王 澍
(274班) 赵宁宇	(393班) 杨玉冰	张亚伟	陈彤昕
(283班) 张洁琳	高 媛	(412班) 王昭雨	(469班) 龚世泽
(300班) 李彦君	(395班) 李鹏飞	沈鹏翼	(478班) 王 越
樊亚男	(400班) 郑小艺	段文思	(479班) 肖舶远
(302班) 赵 骥	陈佳煜	(413班) 周 勐	(481班) 何黛晴
(304班) 郑雨薇	(401班) 胡延雷	高嘉敏	(483班) 王 硕
(319班) 何鑫宇	薛丽伟	高雅娴	桂延智
(320班) 王 龙	(402班) 郭 睿	王志涛	(485班) 许晨晔
徐雅端	(403班) 段小寒	(414班) 李艺超	(493班) 李榕榕
(321班) 郑腾飞	李思源	王 倩	(513班) 马晋瑞
闫 宁	闫嘉钰	李则达	闫文斌
(323班) 安刘攀	(404班) 耿孟林	(416班) 樊婷婷	(515班) 郑沐云
张 超	孙巍峰	李丹琳	(533班) 郭 晨
(325班) 郑晓莹	赵晨佳	(417班) 吕鹤松	(547班) 赵 宇
(326班) 李 青	刘羽飞	(422班) 徐 蕾	(619班) 刘雨轩
(327班) 王 琪	颖 哲	(428班) 李 响	(638班) 李曼茜
(329班) 张 彤		韩冬琳	

目 录
contents

从衡中走向清华

卓越状态，厚积薄发，一心所向，高考必胜
李榕榕，衡中 2014 届 493 班，省理科状元 ·· 002

所谓好运气，不过是实力强大到不惧怕任何坏运气
李曼茜，衡中 2017 届 638 班，省理科状元 ·· 006

高三是用一段很短的时间把很长的一段路走完，不到最后一刻不成定局
王昭雨，衡中 2012 届 412 班，全省理科第四 ······································ 009

勇于追求，不畏失败
李彦君，衡中 2008 届 300 班，保送生 ·· 012

若做不到放松应对，尽最大努力就好
何鑫宇，衡中 2009 届 319 班，保送生 ·· 014

为从未放弃而感动，为全力以赴而鼓掌
尚智伟，衡中 2012 届 411 班，保送生 ·· 016

有一种优秀叫无可争议，有一种第一叫望尘莫及
周　勐，衡中 2012 届 413 班，保送生 ·· 019

我不爱分数，但爱为分数奋斗的过程
郑小艺，衡中 2011 届 400 班，自招获加分 ·· 022

用机械地重复去代替积极的思考是最愚蠢的懒惰
孙子腾，衡中 2012 届 405 班，自招获加分 ·· 025

与人相差万里决不垂头丧气，与己进步一毫也是巨大胜利
潘寅旭，衡中 2012 届 410 班，自招获加分 ·· 031

三载孕育，一朝花开
陈佳煜，衡中 2015 届 400 班，自招获加分 ·· 036

高考的迷人之处不在于如愿以偿而在于阴错阳差
赵　宇，衡中 2016 届 547 班，复读生 ·················038

唯愿笔底刀锋起，且借碧血洗长空
樊亚男，衡中 2008 届 300 班，奥赛生 ·················040

上什么样的大学只取决于高考成绩，而过怎样的大学生活完全取决于个人的目标和毅力
耿孟林，衡中 2012 届 404 班，奥赛生 ·················043

努力争取是必要的，但上清北不是人生唯一出路
孙巍峰，衡中 2012 届 404 班，奥赛生 ·················046

成功者往往不在于智商胜人一筹而在于非凡的执行力
赵晨佳，衡中 2012 届 404 班，奥赛生 ·················047

相信"相信"的力量
李　萌，衡中 2012 届 405 班，奥赛生 ·················051

用近乎愚蠢的虔诚坚守，梦想就会回报你
董宇喆，衡中 2012 届 405 班，奥赛生 ·················055

无论多大的成就记得山外有山，无论多差的成绩总有突破之时
张植程，衡中 2012 届 410 班，奥赛生 ·················058

唯有自己才是自己的上帝，没有人比你更了解你自己
贾　川，衡中 2012 届 410 班，奥赛生 ·················060

没有最好的学习方法，适合就是最好的
邢康宁，衡中 2012 届 410 班，奥赛生 ·················062

别为昨天悔恨，因昨日已去；别坐等明天，因未来无人知晓
王佳兴，衡中 2012 届 410 班，奥赛生 ·················065

优秀的人不是持续保持辉煌而是创造新的奇迹
李步宇，衡中 2012 届 410 班，奥赛生 ·················068

每个人都是有潜力的，只是需要一个引爆点
沈鹏翼，衡中 2012 届 412 班，奥赛生 ·················071

要强但不逞强，自信的霸气最可贵
段文思，衡中 2012 届 412 班，奥赛生 ·················074

当你走遍所有失败的路剩下的就只有成功
高嘉敏，衡中 2012 届 413 班，奥赛生 ·················077

只有不怕输的人才会赢
高雅娴，衡中2012届413班，奥赛生 ················· 080

勤奋也要有正确的方法与目标，否则只会在通向失败的道路上越走越远
王志涛，衡中2012届413班，奥赛生 ················· 083

过去是白色的，未来是黑色的，唯有脚下的路五彩缤纷
李艺超，衡中2012届414班，奥赛生 ················· 086

没有能不能做到只有想不想做到
樊婷婷，衡中2012届416班，奥赛生 ················· 089

没有信仰的生活只能叫生存
吕鹤松，衡中2012届417班，奥赛生 ················· 092

普通人和聪明人的结局不同，在于是否努力；聪明人和聪明人的结局不同，在于是否勤奋
徐梦迪，衡中2013届457班，奥赛生 ················· 095

寒冬背后是春暖花开
王　硕，衡中2014届483班，奥赛生 ················· 098

心态平和只能使自己正常发挥及避免发挥失常，但挡不住别人超常发挥
桂延智，衡中2018届483班，奥赛生 ················· 101

坚持自我才可能得到你想要的
杨玉冰，衡中2011届393班，文科生 ················· 103

并非有强势学科就是强者，六科均衡才能拿到高分
段　然，衡中2012届389班，文科生 ················· 106

人生有一万种可能，高考无疑是重要的分水岭
徐雅端，衡中2009届320班，理科生 ················· 109

生命不息，奋斗不止
安刘攀，衡中2009届323班，理科生 ················· 111

回归课本并不是机械地翻一遍或几遍，而是先把课本变厚再把它变薄
张　超，衡中2009届323班，理科生 ················· 113

认真是一种能力，需要在平时练习中着重培养
迟方静，衡中2011届386班，理科生 ················· 115

刻苦努力，以法辅之
李鹏飞，衡中 2012 届 395 班，理科生 ············ 117

现在的苦只是为了以后的成功，黎明前的黑暗是每个人的必经阶段
许晨晔，衡中 2014 届 485 班，理科生 ············ 119

高考是目前所有选拔手段中最公平的，考验的最关键一点是抗挫力
李晓璇，衡中 2013 届 454 班，实验班 ············ 122

高考是选拔人才的考试，只要你相信自己是个人才
王澍，衡中 2013 届 459 班，实验班 ············ 126

成功者往往是永不放弃的梦想家
陈彤昕，衡中 2013 届 459 班，实验班 ············ 128

学习态度是否端正决定成绩能否提升
周建强，衡中 2004 届 209 班，普班 ············ 131

普通没有期望值，如果不是最聪明的那就做最执着的
纪占明，衡中 2004 届 215 班，普班 ············ 133

回首向来烽火处，道是风雨道是晴
张儒源，衡中 2005 届 229 班，普班 ············ 135

学习是苦差事，不下苦功志不遂
支蕴倩，衡中 2005 届 230 班，普班 ············ 137

且将万千言语权化做万千祝福
杨诺，衡中 2007 届 269 班，普班 ············ 138

我永远相信我能成功
赵宁宇，衡中 2008 届 274 班，普班 ············ 140

自信生来有傲骨，不向人前矮三分
赵骥，衡中 2008 届 302 班，普班 ············ 142

成功唯二字：用心
郑雨薇，衡中 2008 届 304 班，普班 ············ 144

不因一次成功而忘乎所以，不因一时失利而自暴自弃
郑腾飞，衡中 2009 届 321 班，普班 ············ 146

聪明只能赢得一时，努力才能笑到最后
闫宁，衡中 2009 届 321 班，普班 ············ 148

追求卓越，生生不息
张亚伟，衡中2012届411班，普班 ································· 150

方法并非一成不变，需根据学习需要不断调整
王天霖，衡中2013届436班，普班 ································· 153

学我者生，似我者死
郑沐云，衡中2015届515班，普班 ································· 155

从衡中走向北大

如果在你未来的生命里需要勇气，看看自己已经变淡的疤痕就够了
何黛晴，衡中2014届481班，全省文科总分第一 ················· 159

不会有人永远17岁，但永远会有人17岁
庞林立，衡中2012届429班，全省文科第七 ······················· 162

学习无捷径，三部曲助你成功
郑宇鹏，衡中2005届228班，保送生 ······························ 167

努力了可能不会成功，但不努力一定不会成功
王 龙，衡中2009届320班，保送生 ································ 169

复读不丢人，只是用更多的时间完成一件自己没有做好的事
刘 静，衡中2011届369班，复读生 ································ 177

学习无非是由不知到知再深入，蜗牛走得慢也会走到终点
刘 宇，衡中2012届388班，复读生 ································ 179

今朝磨剑，立志展锋芒；明日对决，'群雄我为王
董 慧，衡中2012届388班，复读生 ································ 182

前方有阴影是因为背后有阳光
张宏璟，衡中2014届454班，复读生 ································ 184

如果我休息，我就会生锈
龚世泽，衡中2014届469班，复读生 ································ 187

既不能拿考试的心态去做题，也不能拿做题的心态去考试
刘羽飞，衡中2012届404班，奥赛生 ································ 190

没有卓越只有超越，超越自己就是追求卓越
颖 哲，衡中 2012 届 404 班，奥赛生 ·········194

步骤的立项，不妨听从好奇；目标的确立，不妨顺应天性
路 畅，衡中 2012 届 405 班，奥赛生 ·········196

会考试也是一种能力，如果总是考不了高分凭什么证明你满腹经纶
王 倩，衡中 2012 届 414 班，奥赛生 ·········199

我是如何来到北大的
李则达，衡中 2012 届 414 班，奥赛生 ·········203

高中带给我们的不仅是知识更是成长
李丹琳，衡中 2012 届 416 班，奥赛生 ·········207

通往清北的路上铺满了卷子，但只铺卷子一定进不了清北的大门
刘雨轩，衡中 2017 届 619 班，奥赛生 ·········210

想要取得成功，先要学会竞争
郑晓莹，衡中 2009 届 325 班，文科生 ·········213

此去经年，应是燕园梦圆
王煜珍，衡中 2010 届 365 班，文科生 ·········216

与其纠结事情本身不如顺其自然
刘长佳，衡中 2010 届 365 班，文科生 ·········220

好成绩离不开时间的投入，但使用的时间并不是睡眠时间
高 媛，衡中 2011 届 393 班，文科生 ·········223

如果不被人重视就自己重视自己，如果不被人相信就自己相信自己
胡延雷，衡中 2011 届 401 班，文科生 ·········226

即使是被风吹到角落的种子，也要努力做好生长的每一环节，直至开花
薛丽伟，衡中 2011 届 401 班，文科生 ·········228

高考拼的不仅是知识还有心理，高考考的不仅是智力还有体力
段小寒，衡中 2012 届 403 班，文科生 ·········232

永远不要背弃梦想，保持虔诚并为之坚持
李思源，衡中 2012 届 403 班，文科生 ·········235

没有奋斗的青春是苍白的，没有高三的人生是遗憾的
闫嘉钰，衡中 2012 届 403 班，文科生 ·········238

"追求卓越"不是空洞的口号，而应是实实在在的目标
　　李　响，衡中2012届428班，文科生 ···242

离开的不值得记忆，而留下来的都是可敬的对手
　　韩冬琳，衡中2012届428班，文科生 ·······································247

偶尔遗忘不要惊慌
　　路　贺，衡中2013届437班，文科生 ···250

身在其中，累在其中，乐在其中
　　郭　晨，衡中2015届533班，文科生 ···253

在通往理想的道路上从来没有终南捷径
　　赵大伟，衡中2006届248班，理科生 ···257

学习并非一个痛苦的过程，除非一直用痛苦的眼光去看待它
　　王　琪，衡中2009届327班，理科生 ···259

有勇气改变可改变之事，有胸怀接受不可改变之事，有智慧分辨二者不同
　　勾文慧，衡中2009届330班，理科生 ···262

教育就是让人什么都忘了之后剩下的东西
　　许　哲，衡中2011届386班，理科生 ···264

与其说熟悉知识和解题套路，不如说更熟悉自己
　　刘一迪，衡中2011届386班，理科生 ···270

凡汗水浸润之地，必托起腾飞梦想
　　赵　琳，衡中2012届429班，实验班 ···272

成功无捷径，除了虔诚的付出没有其他的路可走
　　马秋朔，衡中2012届429班，实验班 ···275

有梦不觉天涯远
　　李小雨，衡中2012届429班，实验班 ···279

学校对于快乐的学习者是天堂，对于愁苦的学习者则是地狱
　　武　丹，衡中2004届208班，普班 ···282

你吃过的苦终将照亮你前行的路
　　侯志军，衡中2005届220班，普班 ···284

你最怀念的路必定有你最深刻的过往
　　霍建龙，衡中2006届249班，普班 ···286

7

如果曾把失败当作清醒剂,就别让成功成为迷魂汤
郭　婧,衡中2007届270班,普班 ···288

黄沙百战穿金甲,不破楼兰终不还
张洁琳,衡中2008届283班,普班 ···290

舍不得别人都有的就得不到别人没有的
李　青,衡中2009届326班,普班 ···292

不想当将军的士兵不是好士兵
张　彤,衡中2009届329班,普班 ···294

留不住的过去,回不去的曾经
张　辰,衡中2011届392班,普班 ···296

只因过往深刻,青春永不褪色
郭　睿,衡中2012届402班,普班 ···298

奇迹是努力的另一个名字
徐　蕾,衡中2013届422班,普班 ···303

人生就是总和力
宋玉婷,衡中2013届436班,普班 ···307

身在高中不做过客,人在大学不做旅者
王　越,衡中2014届478班,普班 ···311

既要激情似火,又要心静如水
肖舶远,衡中2014届479班,普班 ···315

越努力越幸运
马晋瑞,衡中2015届513班,普班 ···318

九分耕耘或许零分收获,但十分耕耘必定十分收获
闫文斌,衡中2015届513班,普班 ···321

从衡中走向清华

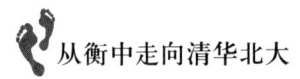

卓越状态，厚积薄发，一心所向，高考必胜

李榕榕，衡中2014届493班，省理科状元

6月的高三，抑郁深蓝。

2013年6月，带着对高二一年破烂不堪成绩的模糊印象，我开始了与本部亲爱的同学分隔一年的生活。不能和最好的朋友在一个校区奋斗高三，没有熟悉的朋友在一个班级分享喜怒哀乐，跟着一个除严格再无第二印象的老班，我收起了欢乐的笑脸，坐到了靠窗的角落，相信着高三如一张白纸，心里只想平平淡淡，做个默默奋斗的无名小卒。

7月的高三，野心紫色。

一调结束，年级91名，老班分析成绩开始提到我。本来以为自己能够做到始终以学习为原动力，不被成绩好坏左右，但心情还是出现了波动，还好我总喜欢自我剖析的方式。一个月，一篇200字的日记，将自己解脱出了那小小进步带来的干扰：明白自己的目的，兴趣所在，躺在前一星期的旧簿上，不会带给我成功的喜悦，追求卓越也算一种野心！

8月的高三，行动橙色。

20天的假期之后就是300天誓师。一位学长激情澎湃地问我们："明年想不想站到台上？"旁边的同学回应得很大声，我也很想很想大声喊出"想"，可是还是胆怯了，怕实现不了，怕被周围同学听到，只是默默地在本子上为自己做着规划。300天，就是15个刚刚过去的假期的时间，有比爸爸妈妈更严厉的家长（我的老班）在身边，将这300天划分，我心里充满了自信、行动的激情，期待着15个快乐单纯学习的"假期"。

这就是衡中的力量吧，我喜欢的力量。它总能在那特定的时刻以特定的行动给我们莫大的支撑。这种支撑更是在学子之间一届届的传承。

9月的高三，投入淡蓝。

一周周周测反思在不断翻篇，中间不乏调研考试后对分数与名次的幻想，但是给自己列的各种计划都以失败告终。在班会上又听到"绝对实力"的话，想到两年前自己是被这样的话激励着踏进衡中，两年后却已经将这句话抛到脑后，心里不住地悲哀。把绝对实力重新设定为自己的目标，怀着追求卓越的心，抛却不切实际的幻想，这一个月，我在努力投入，不计回报。

10月的高三，珍贵金色。

运动会，走完方队，和舍友欢乐地吃着橘子，围着操场溜达，看男同学踢毽子比赛，为短跑同学大声喝彩，跟获奖同学抢毛绒玩具，还看到了老班罕见的频频露出的无比灿烂的笑容，不亦乐乎。等到兴奋点过去，我只能丢人地成为那个运动会上睡得最香的人了，糟糕的睡相还被偷拍！不过，玩得高兴，又休息得好，谁能比呢？小得意啊。三年运动会，每年都有不一样的惊喜，每年都是珍贵的回忆。

放假回来，第一次那么冲动地想去找老师沟通，犹豫了半节自习，我终于来到了办公室。总是感觉来自自己的动力不足，担心来自父母的学习动力早晚会淡化，想着他们的不容易，说着说着，自己就止不住流出了眼泪。老班静静地听着，说着他的经历、他的看法、他的期望。那段长长的谈话具体内容已经模糊，但是效果我还记忆犹新。

从那天起，我成了班里中午、晚上回宿舍最晚的人，课间依然安安静静思考的人，有什么问题立刻解决的人……一切朝着"高三状态"的方向行动。

漫长的学习生活，有时候我们就是需要那么一个人来倾诉，需要那么一个人来给你做出改变的力量。我很庆幸自己在衡中，拥有衡中老师作为这样的力量源泉。我更庆幸自己的转变发生在那金色的10月，不晚也不早。

11月的高三，成长紫罗兰。

200天誓师快到了，却突然感觉自己不是在高三了一样，有一种说不清的感觉，一直在寻求着每一点点的进步，可就是感觉不对劲。总觉得意识上的习惯削弱了自己行为上的目的性，以至于回忆起上一周都感觉是空白的，找不到突破。200天誓师，王老师给我们讲到了邓亚萍的"给我一个输的理由"，娓娓道来的话语起到了意想不到的安抚作用。我喜欢这些我们一起开大会的日子，我们一起聆听，我们一起感悟，我们一起成长。

12月的高三，灵感银色。

我们班的复习生充满感情地给我们开了一场班会，尽全力想将上一届的感悟告诉我们，让我们全班走得更好。还记得他说的"高考就像还钱，能还多少钱就还多少钱""寂寞是一个人思想的狂欢""如果你的爸爸妈妈坐在你身后，你该是什么样的学习状态""自信心，来源于超越自己，表现于超越他人"。最后一句，被我写在了垫板上，每天看着、实践着。那一晚上，灵感迸发。

1月的高三，坚强青色。

远离手机电脑的假期第一次不感觉无聊，就这么厌倦了再去触碰它们，好像每一次触碰都是一个大罪过。每天被闹钟唤醒，开始假期的课程。不记得告诉自己几次要坚持，只记得坚持住了足时训练，记得坚持住了整理后的复习积累本，记得坚持住了针对作业错题的高考题训练。无所谓有没有刻苦的表现，我只是做了我要做的。

第一次有了对未来的恐惧，害怕自己的努力得不到应有的回报。

但终究坚持了下来，因为我们相信虔诚的付出，我们不必浪费时间去恐惧。这是衡中给我们的信心。我们相信她。

2月的高三，温和黄色。

"卓越状态，厚积薄发，一心所向，高考必胜"是我给班里想的口号，更是为自己立的誓言。班里的男生们很强，他们霸占着班里的前5名，他们在宿舍挑战中昂扬斗志，激情呐喊。偏偏我听到他们的呐喊感到刺耳。"我和谁都不争，和谁争我都不屑"，所以我只是温和地学习着，等着超越他们的那一天。

3月的高三，犹豫棕色。

离高考越来越近，笔下也控制不住地加速。物理作业总想快快写完，得到的却是很多红叉；自习课总想多多复习，得到的却是空虚。我的斜后桌速度很快，效率高到我望尘莫及。真是没想到，自己就这么不堪一击了。犹豫着，忧郁着。

4月的高三，纯粹白色。

距离高考50天前的晚三，老班给我们前10名开了个小会，让我们说说自己对50天的想法。他们有的说节奏快，有的说复习压力大，我只是短短地说我告诉自己不能懦弱。50天的特定的日子和暂时靠前的成绩都给了我莫名的眼泪，可是心里终究纯粹得如水晶般，因为不想输，所以要赢得漂亮，所以要纯粹地奋斗吧！

5月的高三，希望绿色。

班服发下来了，是我最喜欢的能给人带来希望的绿色；二调却也来了，是我最想不到的低谷。班里有个同学说"天道有常，反常者不久"，我认为考得不好应该是自己回归正常了,所以才那么淡定地接受了年级三百多名的烂名次吧。可是在成绩分析完的班会上,老班把他迟迟没发下来的百日誓师的卡片放到了我的桌上,一句"你在创造可能"已经让我哽咽。班里考得不好、失望的不只是我们自己,更是他这个日日付出的班主任。我不想让他失望,不想让他的希望只是希望,所以我要如他所言,毫不怀疑地拼下去。绿色的夏天,我被赐予了绿色的希望。

6月的高三,能量红色。

自主复习,考前指导的日子过得不是一般的快。我心里唱着《光阴的故事》,却没有心思去想分别,去想高考完的欢呼,每天像吃了很多菠菜的大力水手一样,不知疲倦地忙碌着,奔向几天后的终点。最后的日子里,之前的恐惧、担心都主动地烟消云散了。没有父母与老师方面施加的压力,每天期盼的不过是好好度过这一天,不给自己追悔莫及的机会。

一年高三,不是每个月都能用简短的一段话所能概括的,无尽的感情落到笔上却不知道该怎么抒发了。无论如何,我的高三没有黑色,它的最后是美好的颜色!

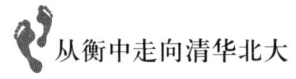
从衡中走向清华北大

所谓好运气，不过是实力强大到不惧怕任何坏运气

李曼茜，衡中2017届638班，省理科状元

我先简单说一下我的经历。我是一名物理奥赛生，在高一、高二两年学习竞赛，很遗憾，只取得了省一等奖的成绩，并没有通过奥赛进入理想的大学，于是在2016年10月15日，一轮复习的最后阶段，我进入了638班，开始我真正的高三生涯。由于四个月没有学习高考课程，刚进班的三调考试只考了年级300名，学号是班里的16号，之后的几次考试一直进步，从300名到100名到80名再到30名，当时的我可以说是踌躇满志，以为可以一直保持进步的趋势，也许是过于自信，也许是过于紧张，下一次的考试只考了年级100多名，自信的我相信这只是一次意外，但往往就是这样，有时候越想考好，反而越考不好。我迎来了高三的低谷，连续四五次的退步，一直退到了年级三四百名，尽管我越发地努力，拼命地告诉自己我一定要考好，但仍眼睁睁地看着年级名次在一点点地后退。在学习上一直顺风顺水的我第一次感到了深深的无力感与绝望感，也许在旁人看来有一些可笑的矫情，但对于一个想要上清北的人来说，400名和4000名没有区别。但我始终相信，努力在成绩上的体现是有延后性的，这一阶段的努力也许并不会在下一次的成绩上体现出来，但一定会在以后给你回报。很庆幸，我没有放弃。当初高一、高二由于以学习奥赛为借口偷懒留下的漏洞，现在需要我付出比别人多得多的努力，老师的批评，偏科生的任务，我照单全收；家长的失望，我埋在心底。无数次的希望在无数次的失望前撞得粉身碎骨，无数次的激扬在无数次的颓丧下摔得头破血流。每个人都比昨天更加明白理想和现实之间那道不可逾越的鸿沟，同时也比昨天更加拼命努力挣扎，试图挤过那道窄窄的独木桥。而我能做的，只是逼着自己埋进去，埋进书本，埋进试卷，埋进密不透风的黑茧，为的是有朝一日的破茧成蝶。我一次次告诉自己这是上帝的巧妙安排，他让我在高考前吃尽了苦头，这样我就可以在高考中顺利过关了；也一次次在彷徨和迷茫中走了过来，因为我一直相信，我们的未来都不是梦，未来的成功与每个人都是等距离的，从来只有拼出来的美丽，没有等出来的辉煌。事实上我怀念那段日子，并且

永远感激它。不只是因为在那段时间里我完成了自己的过渡与蜕变,更是因为那时的一切深深烙在了我正处于可塑期的性格中,成为这一生永远的财富。人生中再也不会有哪个时期能够像那时一样专一地、单纯地、坚决地,几近固执而又饱含信仰和希冀地,心无旁骛及至与世隔绝地,为了一个认定的目标而奋斗。当我在若干年后某个悠闲的下午,回想起自己曾经的努力和放弃,曾经的坚韧和忍耐,曾经的执着和付出,曾经的汗水和泪水,那是怎样一种感动和庆幸,怎样一种欣慰和尊敬!是的,在这个过程中,请允许我重复一遍,最重要的是我自己。我感谢父母,感谢他们无言的支持;感谢老师,很幸运,我在高三遇到了最好的老师,将直抵心底的温暖注入心房;感谢同学,感谢朋友,感谢所有关心我帮助我的人;但我最感谢的人,是我自己,就像毕淑敏在《山路》中写道:有些事,只能一个人做。有些关,只能一个人过。有些路啊,只能一个人走。一切痛苦都需要自己咀嚼。我相信,这也将会是我终身受益的东西。

　　终于在经历了近四个月的低谷之后,我的成绩开始逐渐步入正轨,学号也成了班里的 2 号。也正是从这时开始,我有了自己的状元梦。很巧的是,一模考试,我取得了和高考一样的成绩,总分 715 分,年级第一。那一段短暂的辉煌过后,又是一段沉寂,二模、三模考试都是年级 100 多名,但我固执地相信那是黎明前的黑暗,依然倔强地在心愿墙上写下"状元"二字,依然每天早上 5 点 41 分第一个到达跑操位置,没有这么做过的人永远不会知道踏着铃声冲出宿舍楼由于困倦或是突如其来的光亮而微眯双眼,飞奔在操场上感受着耳边吹过的风的声音与校园中此起彼伏的"我要上清华!""我要上北大!"的声嘶力竭,是一种怎样的感动!即使自己不去喊,也能让人热血沸腾、泫然欲泣!依然每天 12 点 41 分去吃饭,将午饭时间压缩到两三分钟,常常是到食堂买一碗饭,边往外走边吃,走到食堂门口将剩下的饭倒掉,跑回宿舍。有时去晚了饭菜早已卖完,只能饿着肚子。那种嘴里塞满食物跑向即将关闭的宿舍门的心惊肉跳的感觉至今难忘。依然每天午休起床后 13 点 37 分跑到教室。以前每两三天就要洗的头发也慢慢变成了 5 天、一个星期,甚至 90 天。在最后的 100 天,常常会莫名心慌,莫名失眠;青黑的眼圈,浮肿的眼袋,干燥的皮肤,焦虑得起了痘的额头,早已没有形象可言。即便如此,每晚回宿舍路过水房,总要去照一照镜子,摆出大大的微笑,一遍遍地默默在心里说:"等着吧,我要你见证一个奇迹。"我知道,这世上的确没有什么不可能的事情,但我从来不知道压力大到一定程度时居然可以把人的潜力激发到那种地步。我是一个极其不安分的人，可是那段时间我表现得无比耐心沉稳，踏实得像头老黄牛。事实上无数次我都面临崩溃的边缘了，只是，忍不住的时候，再忍一下。坚持的确是世界上最伟大的一种品质。那段时间我唯一的休息方式就是站在楼门口看远处的天空。我用我所有的经历和体会去实践而且证明了一句话："意志的力量，是决定成败的力量。"

人们总觉得我一直都是那么优秀和一帆风顺的，其实只有我自己知道我的生活是怎样的，我承认我的运气比大多数人好一点，承认我的脑子比大多数人好使一点，但我也比大多数的人勤奋一点。我知道有些同学很聪明、很有才气，看不起那些认真学习、刻苦努力的同学，总觉得他们是笨鸟先飞，是先天不足。可是我想说，你只是懦弱！你只是不敢尝试，你只是不敢像他们一样去努力、去刻苦，因为你怕自己刻苦了也比不上他们，刻苦了也考不了第一，结果反遭人耻笑。你宁可不去尝试，只是因为有失败的风险，而你甚至连这一点风险都承担不起，因为，在你心底，你根本就没有把握。但最可怕的恰恰就是，比你优秀的人比你还要努力。我所做的一切，都是为了那个在当时看来已经几乎不可能的梦想，就像我的化学老师陈咏梅老师问我："状元为什么不能是你？"

也许是有了之前那段低谷的铺垫，也许是天性的乐观，这一段高考前突然的成绩滑坡并没有给我带来很大的影响，在距离高考只有50天时，我仍能每天以饱满的、全新的充满憧憬的心去迎接新的一天。那50天，没有紧张高压下的不堪重负，反而似乎是高三最轻松愉快的时光。备考简单化、平常化，给了我不一样的心态。考前考中考后直到出分都是非常平稳的、非常平和的，有一种"尽吾志而不能至者，可以无悔矣"的感觉。因为我坚信，当实力足够强大时，根本不存在心态问题。所以我想送给同学们一句话："所谓好运气，不过是实力强大到不惧怕任何坏运气。"一如衡中，我们不追求巅峰，我们创造巅峰，我们就是巅峰！我相信，并且坚定地相信下一次站在这个台上的不是我，而是你自己！我在清华等你！

谢谢大家！

高三是用一段很短的时间把很长的一段路走完，不到最后一刻不成定局

王昭雨，衡中2012届412班，全省理科第四

衡中到清华，不到300公里，我走了三年。

生奥，高考，经历了许多；军训，远足，成人礼，一步一步成长。

在衡中学到很多，知识倒在其次，内心的坚强与心智的成熟是衡中给我的最好的礼物。我记得遭遇挫折失意不再胆怯，而明白"我不勇敢，没人替我坚强"的倔强；我记得面对迷惘困惑不再犹豫，而喊出"人不辉煌枉少年"的信念；我记得面对陌生的班级不再拘谨，融入这个大家庭，与亲如兄妹的同学一起欢笑、一起哭泣……我不再是那个脆弱拘谨的孩子，不再是那个懵懂幼稚的少年，三年中自己真的变了，真的长大了。

我遇到过许多困难：初入学的不适应与对家的思念，年级名次的数次连续退步，生物奥赛学习的困顿，最终无缘省队的遗憾，最终"领军计划"不如意的哀伤……

我无数次想过放弃，但我明白那不是我的选择，我可以被梦想抛弃，但我绝不抛弃梦想；我可以受制于命运，但我绝不向命运屈服，我有对我梦想的虔诚。我一直相信，命运不给我想要的，是想给我更好的。于是，生物联赛结束后，我一边准备保送考试，一边实现连续六次进步，稳居年级前三。在"领军计划"结果公布后，失望与沮丧过后，依然屹立的是对梦想的虔诚，少给我30分，我多考30分不就够了！你不认可我，那么我会用我的实力让你认可的！于是，半年的奋斗后，我来到了清华建筑系，这个曾经梦想的地方。

有人问我学习动力是什么，回答"梦想"也许很老套，但支撑我走下去的就是——对梦想的虔诚。

但只有梦想不一定能成功，学习方法也十分重要。

首先，我认为学习是一个积累的过程，积累的内容不仅是知识，还有错误与方法。学习也是个心理过程，老师可以督促你，但关键还看你自己。

第一，总结

对于一道错题，改正不是全部，只是贴在改错本上也没有意义。我们不只要知道怎样才能做对，还要明白为什么做错，以及如何避免相似错误的发生，还要思考暴露了哪些知识漏洞，与之关联的知识点的掌握是不是也存在相同问题。一道错题衍生出了无数的可能，当你运用这种方式去总结，你会发现知识结构是非常清晰的，许多零散的知识点都归入一条明晰的线索，当你的积累达到一定程度时，你就会发现所有的问题都十分简单，只是过去题目的重复或改编或累加。

第二，反思

对于自己的每一种做法，无论是好是坏，好则反思其他的做法能不能仿照它改进，坏则思考如何更适合自己，加深对自己学习方法的理解。反思内容可以是时间安排，自习做哪一科作业效率比较高，如何给自己分配任务，既不太多导致无法完成，又不过少而导致自己松懈、浪费时间；或是课间利用方式，候操时背诵内容，做哪些任务收获大。也可以反思具体的学习方式，怎样听课更适合，自助利用情况，课外题量训练度的强弱，等等。你过的每一天都是一次实验，不要让实验结果浪费，让它们去指导你以后的策略，避免每天忙忙碌碌结果却不好的悲哀。

第三，实效

用形式上的勤奋代替思维上的积极求索是最愚蠢的懒惰。学习不是时间与收获的简单对应。不要把勤奋定义为用时多，用最短的时间去做最有效的事才是真正的勤奋。高效来源于高要求，事先确定任务的时间，逼迫自己按时完成。有时候，逼自己一把，真的会创造自己都不相信的奇迹。另外，做好要做的事，既然付出了时间，为什么不做好？一件事只有"做好"和"不做"两种状态。

第四，坚持

在寒冬坚持，在酷暑坚持，在绝望时坚持，在无人相信时坚持，在自己坚持不了时坚持。坚持，你会发现你可以成为一个领域的精英。不要去想放弃，不到最后不要选择放弃。高三是用一段很短的时间把很长的一段路走完，这段路当然艰难，当然有许多考验。但一定要知道，不到最后一刻，不成定局，要努力到最后一场的结束钟声响起。中途的成功，不算什么，它不意味着最后的成功；中途的失败，不算什么，它不能阻挡你最后的胜利。

就这样，在衡中的三年，我磨砺了自己的意志，内心变得坚强，自我约束力更强，在这些收获面前，高考的成绩都显得暗淡无光。

走出衡中，才发现衡中的不可思议。在清华，"我来自河北衡水"的自我介绍可以引发"骚动"，新西兰留学生会点头说："嗯，我知道衡中！"在路上走，在食堂吃饭，很容易遇到衡中同学，给人仍在衡中的错觉。自豪的同时，更为高兴的是，衡中的辉煌也有自己的一份力。

虽然社会对衡中有种种非议，虽然许多学长也对衡中一些规定颇有微词，但是身在其中的我们仍然感激衡中，感激她造就今天的我们，感激她的教育。其实，那些非议都源于对衡中的不了解，我问过许多外省同学，衡中的休息时间绝对是最长的。许多人对衡中的时间安排感到不可思议："就这么几节课吗？！"高中到大学的过程，本来就是艰难的，就是一段痛苦的蜕变，每一代人都是如此度过。当过程变得简单轻松时，结果也就失去了意义。衡中是在最有效地利用时间并创造最辉煌的成绩，真的无可非议。

衡中确实有不足之处，因为这世界上不存在百分之百的完美。衡中也在不断改变，人性化，个性化，我相信衡中会更加完善，会创造出新的辉煌！

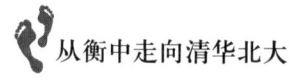

勇于追求，不畏失败

李彦君，衡中2008届300班，保送生

三年衡中时光，见证了我的成长。沐浴着衡中的阳光，我渐渐懂得了许多：我懂得了生活需要简单的快乐，朝夕相处三年的老师、同学将是我一生的朋友；我懂得了年轻没有失败，一心向着梦想前进，要用汗水浇灌成功；我懂得了要追求卓越，拼搏、竞争、成长是人生路上三位一体的动力源泉。衡中帮我插上梦的翅膀，告诉我："没有什么不可能，要勇敢地追求人生的辉煌！"

大道理空谈无益，我用自己的亲身经历，给大家提个醒。

考而不死是为神

考而不死是为神，在学校学习总是与考试相伴，很无奈，但谁都无法改变。考试的结果总会多多少少影响我们的心情，成绩不理想的同学心情压抑，而成绩不错的同学容易飘飘然，这些都会影响我们的学习状态（学习是一件细致的工作，学习时心理波动便没有效果）。真正的境界是不让考试影响自己的心情，时刻保持平和。至少我们应该做到：无论考试成绩如何，每当我们想要学习、需要学习的时候，都能全身心地投入。你可以试着集中百分之百的精力去做一道题，然后集中精力去完成下道题、下下道题……很快你就会进入状态，摆脱坏心情的干扰。

我努力，但我不白费力

教我们班化学的董丽红老师曾经说："大家每天都感觉自己很忙，但是我们应该想想我们都忙了些什么。"我们中不乏勤奋的同学。比如，有些同学的笔记本、改错本、积累本写了一大摞，认认真真，分门别类，这的确是一笔不小的财富，但是许多同学的错误观念让它们大大贬值。他们说，这些是留在考试前、高考前复习用的。其实，这些内容应该是我们平时掌握的。如果我们平时没有把本子上的内容化为自己的能力，那么考试前翻出一堆自己还未掌握的东西，去浏览那些陌生的"面孔"，只能让自己心里更没底。平时把做题中遇到的问题积累下来，不求多，但求积累一题就掌握一题，这才没白费力气。

聪明其实是勤奋的另一种形态

或许我们周围有些同学非常聪明，我们看不出他们很勤奋，这是一个误区。其实，除了整天埋头做题，还有一种更高效的勤奋——思考。面对一道难题，我们不只关注怎样去解题，而是更关注为什么这样解题，这才叫勤奋。这种勤奋不仅让我们见识大量的习题，更让我们逐渐形成自己的思路。我们不应该吝惜时间加深对所学知识的理解，我们应该愿意花时间反思自己做过的习题。"这道题我和答案的差距在哪里？""这种方法是从哪里入手的？为什么我的方法行不通，不简便？""这道题我可以积累什么样的解题方法，让我对什么知识又有了新的认识？""这道难题我可不可以自己解决？我有没有更好的方法？"如果我们能很自然地问一些类似的问题，能力和自信都会慢慢提升。或许这就是"聪明"。

任何时候都不放弃努力

总期待自己成为黑马而不肯竭尽全力，这是把自己的青春扔进老虎机赌博；认为自己没希望了，不尽力提升自己的水平，这是把自己全盘抛弃。现在不是怀疑自己的时候，你已经被推上了竞技场。没到比赛结束的那一刻，跑道上千万名选手的名次时刻都在变化。可以想象，当你踏踏实实地努力并虔诚地相信自己的努力没有白费时，你已经超过了一个一个的选手，你已经离你的目标更近了。天空没有留下我们的痕迹，但我们已飞过，我们尽力了。做到无愧，才可能无悔。

人不是为失败而生的，你可以摧毁他，但是永远无法打败他！

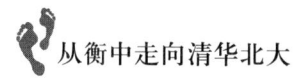
从衡中走向清华北大

若做不到放松应对，尽最大努力就好

何鑫宇，衡中2009届319班，保送生

时光飞逝，记忆中仿佛还是在那片土地上挥洒汗水的少年，记忆中与可爱的老师、同学们并肩战斗的情景还分外清晰，记忆中那个属于我们的鲜活的六月刚刚过去，可是转眼才恍然发现，离开挚爱的衡中已经多年了。

回首往日，高中时的点点滴滴依然在目，那是被泪与汗浸湿的三年，那是被困惑与求索占据的三年。在那只有白纸黑字的岁月里，我们用拼搏描绘五彩缤纷的未来。回望那不寻常的三年，我们的心不能平静，我们有太多的话要说，或是经验，或是留恋，无论怎样，都已成为一段不可追回的时光。对每个学生来说，高中的时光都是刻骨铭心的，那段不再自由散漫，不敢胡思乱想，不愿放过一秒，那段单调却也单纯、多愁却也多彩、紧张却也充实的高中岁月是不曾经历的人所想象不到的，也是经历过的人永远忘不掉的。

有时候不禁想，在衡中三年，我们最大的收获究竟是什么？我想，应该是一种衡中精神吧。那是一种追求卓越的精神，一种敢于吃苦的狠心，一种宠辱不惊的大度，一种百折不挠的韧劲，一种绝不退步的责任，一种真心待人的坦诚，一种历经万险矢志不渝的执着，一种集体荣誉高于一切的奉献，一种凭实力说话的硬度，一种靠汗水收获的踏实，一段花开不败的誓言，一份青春无悔的付出，一种努力拼搏的美丽……

应该说，能在衡中学习，是我们一生的荣幸。衡中不仅是知识的殿堂，更是梦想的阶梯；不仅有全国一流的硬件设施，更有绝对纯粹的求学环境；不仅有情同手足的兄弟姐妹，还有严谨敬业、无私奉献的良师。我们的老师，是当今校园最可爱的人。每天清晨，我们起得比太阳还早，他们起得比我们还早；每次跑操，他们与我们迈着同样有力的步伐，喊响同样坚定的口号。为了给我们备好课，他们甘愿熬夜到凌晨四五点，第二天早晨却依旧神采飞扬；为了不给我们落下一堂课，他们宁愿忍受着病痛，手扶黑板声音颤抖地讲课。他们，永远守护着我们，指引着我们，祝福着我们，感动着我们。每次当我觉得自己又苦又累，觉得自己没有信心缺乏信念时,只要看一下我们可爱的老师们,便又会全力以赴地投入战斗。一年又一年,他们与我们同样忘我、同样充满激情地付出,与我们一起感受着冬去春来,品尝着冷暖交替,过着比我们还要紧张还要忙碌还要周而复始的日子。为了一种高尚的信念,为了一种崇高的信仰,他们在这片热土上年复一年地付出,看过了太多的笑、太多的泪,洒下了太多的心血太美的希望,咽下了太多的辛劳、太多的痛苦,于是,才有了茂盛的桃李,才有了令全国各校惊羡不已极力效仿却永远不可能学去的辉煌,也才有了今天的我们。谢谢你们,我们的恩师。

高中三年,白驹过隙,青涩而充满期待的高一,忙碌而习以为常的高二,奔跑而只争朝夕的高三,就在我们不经意间轻轻地来了又走了。时间不停地往前走,每过一天,高考的脚步声就又近了一天。高考毕竟是高考,是在一定程度上决定我们命运的关键一战,因此想要完完全全放平心态轻松应对,只怕是圣人才有的境界吧。备战高考的日子,使我悟到也许前面的困难还有很多,但未来不管发生什么,不论遇到什么,都是很正常的。没有谁的高中是一帆风顺的,有压力,有浮躁,有惆怅,有怀疑,这些都是很正常、很普通的。不过面对各种困难,我们所要做的也很简单:尽最大努力做好。全力以赴了,比曾经进步了,现在的所作所为对得起自己,对得起大家,也就问心无愧了。不用想结果是什么,不必想未来会怎样,该来的总会来的,只要积极准备、用心生活,每天都会有新高度。高考虽然有运气的因素,但还是要靠实力。提升自己的水平,依靠自己的实力,才是硬道理。

感谢母校,让我们能够通过奋斗实现梦想;感谢母校,让我们拥有了锲而不舍的恒心、舍我其谁的雄心、永不言满的虚心、宠辱不惊的平常心、和衷共济的责任心……无论何时何地,我会永远牢记,我是一名衡中人,追求卓越,拼搏不懈!

看今朝,母校如此多娇;待明日,风景这边更好!

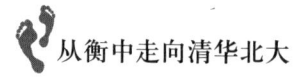
从衡中走向清华北大

为从未放弃而感动，为全力以赴而鼓掌

尚智伟，衡中2012届411班，保送生

回首衡中的往事，总会让自己有一种莫名的感觉，这种感觉只有经历过才会明白。

从一名普通的学生，到学生会常务主席，再到班长，再到校学生会主席；从年级的几十名，到前十名到前五名，再到几百名的轮回；从奥赛的一无所知，到后来的觉悟，再到最后时刻的冲刺拼命，直到最后的保送……衡中赐予我的不仅是一张清华的录取通知书，更重要的是丰富的成长经历，还有一份沉甸甸的感动……

衡中，是天堂！不管是生活还是学习！衡中是经历过的人的天堂，是旁观者的地狱。亲身经历衡中你才会知道，什么是真正的纯粹，什么是真正的奇迹，什么是真正的感动。

全年级统一的作息时间表，五点半统一的起床时间；紧凑得不能再紧凑的跑操队形，嘹亮得不能再嘹亮的口号；安静得不能再安静的自习课，活跃得不能再活跃的新授课……一切的一切在我们衡中人的眼中是那样熟悉、熟练、熟知……

这是我曾经的一天的生活——早上五点半听见铃声立即起床，因为赖床1分钟就一定会迟到；然后洗脸、刷牙、叠被子、铺床单（被子、床单一直是军训的标准，否则就会被扣分），最多只用7分钟的时间完成；然后是整齐划一的跑操，班主任总是在旁边紧紧地跟随；然后是早读时间，早读的声音一定要洪亮而且要洪亮到底，不然就会被记作早读状态不好；然后是早饭时间，算上上厕所、买东西的时间最多只有25分钟；然后是早预备时间，紧接着是上午五节课；然后是午饭时间，最多只有20分钟（我自己10分钟就可以了）；然后是一小时的午休时间；然后又是重复的起床、叠被子、铺床单、上五节课，吃晚饭；晚上三节自习课……

以上是每一个衡中学子的必经之路，这并非不可能，最好的证据就是我们学得很好而且活得很好！

当然从衡中到清华并不是那么容易……那些经历,那些人,那些事……

作为一名衡中学生总不免有说不完的故事:初入衡中就在班会上豪言:"不让清华北大只是梦想!"不过后来的经历让我觉得没那么简单,即使我从来都没有忘记过最初的梦想!

进入衡中的学生都是优中选优,谁都曾风光过,我也不例外:曾经顶着班长、学校学生会主席的头衔;曾经成绩持续年级前十;曾经不知多少次在年级大会上发言;曾经不知多少次组织实验班的活动、会议;曾经不知多少次与教导处的老师、年级部的老师、班上的任课老师交谈分享;周围总有那么多的人请教问题;路上总有人打招呼"班长好""主席好""连长好""师父好""常务好"……

强中更有强中手,谁都曾遗憾过,我也不例外——从来没有在大考中取得过年级或是班级的第一名;从来没有做过班级的一号;"十佳班长""十大学星""省优干"都因种种原因与我无缘;没有带领自己的班级连续获得"双优班级";曾经对学生会的成员许下承诺,可是没有完全兑现;曾经与老师发生过矛盾……

风光过也遗憾过,而这风光与遗憾之间总有让我爬起来并且坚持下去的理由!

多愁善感的我总会在那一份份的感动中寻找坚强!成绩落后时老师留下评语,诸如:"班长,你的成绩退步我很自责……""你甘心这样吗?""让我看到你的实力!"……总会让我感动得热泪盈眶;当在演讲台上被批得一无是处,总有人跑到后台陪我难过、陪我聊天,在竞选结果出来的时候跑过来哭着对我说"其实只差一票";当月考结束成绩一塌糊涂时,总会有一张张字条安慰我、鼓励我,替我加油……因为这些感动,我要坚持下去!

肩上的职责总是提醒我,我不仅仅是一个人,我代表着一个集体,不管怎么样,我要坚持下去,因为学生会的事情需要我去打点;我要坚持下去,因为上课时我要喊起立,下课后我要擦黑板,跑操时我要喊口号,放学后我要提醒大家快一点别迟到;我要坚持下去,因为班级士气低落的时候我要提醒大家,班级成绩骄人时我要鼓励那些为了班级奉献过的猛士!因为这些责任,我要坚持下去!

心高气傲的我,总是要在一件事情之后说一句"凭什么!"——凭什么我没得满分?!凭什么我没得第一?!凭什么这道题我不会?!凭什么给我减分?!凭什么我的思路不对?!凭什么他的成绩比我好?!因为不服输,因为要追赶,我要坚持下去!

学得专一，活得纯粹，效率第一的我总会在短时间内完成要完成的任务！能静下心来，所以能在一半的时间内完成一套物理试卷和一套数学试卷；能耐得住平淡，所以能在 10 分钟之内解决连去带回的一顿饭，不管吃什么；能坚持住原则，在如此紧的时间里，每天都刷牙、洗脸、洗脚、洗袜子、洗头。

同时会做一些别人不会做的事情：总会觉得桌面杂乱无章，于是就花费甚至一节课的时间美化环境；总会觉得用双色笔记笔记略显单调，所以就会买来荧光笔，把笔记里面的东西勾画出美观的图形；总会觉得书本上概念的勾画线条弯曲，于是从此开始尺不离手；总会觉得改错本的边沿容易折皱，于是就会在每一个要用的本子边上粘上宽胶带。这些习惯从一开始就没有停过！成绩不会因这些小小的习惯而受到影响，那么干吗不坚持下去！

因为……

很多很多不放弃伴我从衡中走向清华！每个人都应自豪地为从未放弃而感动，为全力以赴而鼓掌！

现在回首，总是感觉当初的自己是那样伟大，当初的心酸现在看上去是那样温暖……就是这样，当你做出一些让你自己感动的事情的时候，你就会情不自禁地为自己鼓掌。

学生生活不仅仅只是学习，要是让我对学弟学妹的高中生活提一些建议的话，我只说一句话："你能做好的除了学习还有很多！有了承担才会有责任，有了责任才会有规划，有了规划才会有效率，有了效率才会有一个全面的自己！"

从衡中到清华，路在人走，事在人为！

有一种优秀叫无可争议，有一种第一叫望尘莫及

周 勐，衡中2012届413班，保送生

在经历了快乐与忧愁、喜悦与哀伤、开心与痛苦之后，在体会过众人一心，感受过孤寂落寞之后，在一起没心没肺地笑过哭过、彻彻底底地爱过恨过之后；在欢欣、失落、激动、淡然，一切的一切都已随着时间远去之后，就如同山溪淘尽了底部的沙，唯一剩下的，就是对那里深深的怀念——我们的衡中。

刚走进大学那段时间，有关衡水中学的问题接连不断，记得班会上介绍同学这个环节提到我来自衡中时，同学们抛来一个个问题："你们学校今年考进来多少人？""你们清华名额占了河北的多少？""据说你们管得特别严是吗？受得了吗？"我都耐心地一一做了解答。我知道我们这届考进清北96人，我知道占了河北名额的很大比重，但我们也不过是莘莘学子中很普通的一个个；我也知道我的母校确实管得很严，但是没有人受不了，而且每个人都很习惯，因为这已经成了我们生活的一部分，无法割舍的一部分。

我们可以在每天早上五点半从睡梦中醒来，洗漱、叠被子，5分钟内就在操场上整齐站好，开始记、背知识点；我们可以每个班一个方阵，整整齐齐地跑操，脚步踏得整齐划一，口号喊得震耳欲聋；我们可以在自习课上保持绝对的安静，教室中可以听到笔尖在纸上不断划过的声音与纸页翻动的声音；我们可以脱离手机、脱离杂志，做到纯粹的学习，真正进入精神世界自由遨游；我们即使身处寄宿学校看似与外界隔离却依然可以每天从新闻与活页中了解时事热点；我们可以做到严格遵守校规校纪，不仅为自己，也是为他人创造一个好的环境；我们可以在同学需要帮助的时候全力相助，即使以牺牲自己的时间、金钱等为代价，因为我们不是只顾自己只会学习的机器，我们一样有深深的手足情，甚至更深……确实，我们感谢衡中，感谢它的执行力，感谢它给我们创造的纯净积极的学习环境。衡中的特殊性并不在于它的校规校纪比其他学校严多少。据我所知，各高中的校规校纪都是大同小异的，但唯一的不同就是，虽然规定了，他们未必百分百做得到，而衡中做到了。正是这一点，造成了巨大的差距。

每一个不曾起舞的日子,都是对生命的辜负。这句话在衡中体现得淋漓尽致。我们每一个人都在拼搏、奋斗,为了共同的目标,怀着共同的信念,向着同样的目的地,全力以赴。我们所经历的,我们所承担的,我们所战胜的,不是衡中人很难想象。在一些学校的学生还在睡梦中时,我们早已精神饱满地开始晨读;在他们的思维四处神游不知所终时,我们正聚精会神地听课思考;在他们听歌玩手机闲聊时,我们正努力多做几道题……就是在这一点一滴中,我们艰难却又坚定地向前迈动着脚步。所以,我们并不是在所谓衡中保险箱里轻轻松松走出来的高才生,我们也是很普通的学生,我们有着自己的目标、自己的信念、自己的梦想,我们还有着敢于为这一切做出拼搏的心。这里的所有人都是这样,没有高下之分,目标也并不仅仅局限于清北,这个范围有点狭隘了,因为好多的清北人,如果高考在河北参考是进不了清北的!在河北这样一个高考大省,面对这样高的分数线,衡中能保持如此高的升学率,不能不说是一个奇迹,而这个奇迹是由所有的衡中人创造的。

我是一个奥赛生,在复赛失误错失省队后,回校继续准备高考,准备保送考试,而在这一心态的转变中,我并没有给自己哪怕是一天的时间来调整状态,来颓废懊丧,因为我知道结果已经确定,这样是毫无意义的,比我悲惨的人并不少,我要做的,就是紧紧抓住跟随而来的下一次机会。我依然是每天马不停蹄地学习,和另一位班长一起处理每日的琐事,默默承受着该承受的,给身边的人以积极的感染,虽然每天睡觉前头脑沉沉的,可也仅仅期盼第二天能略好一点儿而已。付出有了回报,保送考试我以高过分数线几十分的成绩通过,提前离开了学校。但我一直没有停止对大家的关注,我们是一个集体。我会在学校每一次调研考试过后,反复查看成绩单,在分数查询系统中一遍遍试学号去查找那些熟悉的人;我会在偶尔因事返校的时候,给我的班级带去一些鼓励,带去一些不同的气息。因为我想让大家知道,我并没有拼了命去逃开这个地方,我在关注着他们,我是与他们并肩作战的,我们在一起。高考中,我也见到了许多黑马的杀出与好多高手的落寞,结果不是谁能保证的。我们都不过是普通人,有压力,会紧张,需要鼓励,需要安慰,我会衷心祝贺那些杀出的黑马,也会怀念那些曾创造辉煌的落寞者。在我们的旅途中也都经历了大大小小的挫折坎坷、起落顺逆,但是我们又不普通,我们所有人所经历过的那些翩跹起舞的日子,都值得收获一个名牌大学,收获梦想中的清华北大!

高考后,估分、等分、报志愿、等通知,同学们等得纠结不安,我也并没有多轻松，因为我们同在。我努力与我的亲人们共同分担一点焦急，为他们在心中一遍遍默念他们想去的高校，为他们祝福。后来，我们都走向不同的省市，开始了又一阶段的生活，我们叫它——大学。

衡中的可贵之处，还在于她不仅仅让我们学习了知识，更重要的是，她培养了我们的学习习惯，锻造了我们的意志品质。到了大学，一个最大的转变就是，一切需要自觉了，没有人要求早上你几点起床，没有人查你有没有旷课，没有人管你上课、睡觉、聊天、玩手机，没有人督促你什么时候上自习什么时候不该玩什么时候要睡觉，一切的一切，都靠自己安排。在这个转变中，有很多人懈怠了、懒散了、放松了（当然也不排除一些人天资超人，无须如此努力），但这绝不是我们衡中人，我们衡中人永远是那勤奋的一小部分。在人人网上曾看到一个同学的留言："我不知道你们眼中的衡中人是什么样子，但我知道自己该是什么样子。"简简单单的一句话，道出了我们的心声。我只不过在早上比舍友早起一小时，只不过每天坚持拿出一点时间背单词，只不过每天尽量完成当天的作业，只不过是在有问题不明白的时候尝试自己去想、去查，凭自己的能力来解决……向上，成就一种姿态，只是这样而已。确实，衡中人是寂寞的，因为少有人能理解，但我们恰恰都是耐得住寂寞的，我们能够坚持走我们选择的道路，坚持我们的习惯，凭借着坚韧的意志力，迎接迎面而来的每一个困难，因为有一盏灯时时在心里点亮，它就是信仰。我们有共同的衡中精神——追求卓越！

"有一种优秀叫无可争议，有一种第一叫望尘莫及。我们要的就是优秀，我们要的就是第一。"又一次想起了我们班的这句誓言，想起了我们的宣誓，突然间就好像回到了那间教室，简单、素净、明朗，站在讲台上，一声"起立"过后，眼前，是所有站得笔直的亲人；耳边，豪情万丈的呐喊久久回荡，斜照进来的几缕阳光，灿烂了他们的半边脸颊，勾勒出了自信的笑容……

我们从衡中这一个点，走向大学，走向社会，分散到全国各地，但是我相信，地理上的距离是可以无视的，因为我们永远是一个整体。心灵相通，就无所谓距离——一棵蒲公英，吹散出无数漂泊的幸福。

从衡中走向清北，我们，带着所有人的期冀在路上。

在翩跹起舞的日子，飞扬我的青春！

从衡中走向清华北大

我不爱分数，但爱为分数奋斗的过程

郑小艺，衡中2011届400班，自招获加分

想不出什么文艺的题目，也找不到什么合适的基调，来写我的衡中，来描述我的衡中生活，来回顾我在衡中那段亦喜亦悲的日子。

还记得开学第一天，我最后一个到教室，小声地喊了声"报告"，满屋陌生而犀利的目光朝我袭来。我默默走到教室最后，莽莽撞撞找了个位子。忐忑？害怕？第一节班会，我一直低着头，听着老师激情澎湃的致辞、同学自信满满的发言。当时想，这就是衡中，我来到了这里，生活要重新开始了。

选择自己的路吧，哪怕没有人看好，哪怕没有人同意

很偶然，入校时我的学号是1号。在衡中，学号是一种比成绩单更有力的警示。三个月在理科实验班的学习，虽然说不是最突出的那一批，但跌跌撞撞还过得去，成绩一直在年级前100名。班主任找我聊天时说："你就选理科吧，你的理科成绩挺好的，文科优势没有那么大。"父母也说："学理科吧，就业面宽。"填文理志愿的小假期，凡是我见到的人像商量好似的，极力劝我学理。其实，我内心更偏好文科，地理、政治、历史能让我有踏实的感觉，而于理科，我像个永远不会开窍的木头，一直照搬各种解法，没有举一反三，更别提创新。开始的时候，我还在极力地和身边的人辩驳，说文科考验的是思维，不是你们想的死记硬背，后来，我动摇了——所有的人都不看好，是不是我太叛逆？最后，我把自己关在屋子里想了很久，决定赌上这一次，管他人怎么想，于是，我成了一名文科生。

付出可能会有回报，但不付出一定没有回报

出乎意料，分班之后我依旧是1号。其实每个人心里都清楚，这些历史遗留的成绩并不能说明什么，尤其是到了一个新的竞争环境。但是，我的压力与日俱增，对于名次的担心超过了对知识的渴求。果然，几次考试之后，1号的"光环"不属于我了，我却没有预想的伤心，反倒如释重负。我一点点看书，一点点听课，一点点整理笔记，利用星星点点的时间，找到零零散散的问题。

这样点点滴滴地学了很久，我以为会从低谷中走出来，而事实是即便没有了以往的心理负担，我还在退步。那是第一次在衡中为分数哭吧，或者说为自己的努力而哭，那也是我第一次主动去找老师交流。老师告诉我：从一个位置滑下去很容易，但想要再爬上来需要很长很长时间；付出可能会有回报，但是不付出一定没有回报；不要质疑现在的努力，而要想怎么才能让努力不白费。这些听起来没有实际价值的话，我品味了很久。最后，我决定坚持努力，不管什么结果，至少给自己一个交代。

什么都有可能，相信变化，相信自己

都说高二是转折期，高三是冲刺期，如上所述，我的高二一年是低谷期，高三的开端可能比别人更快地适应了快节奏，所以成绩好一些，且连续几次考试都还不错。每天早晨5点30分起床，5点35分就能站在操场上背书；中午可以只用四五分钟吃饭，然后踩着午休铃跑到宿舍躺在床上；课间也能很安静地做题、看书；晚自习可以全神贯注，不再发呆。之前，听了很多场优秀学子报告会，看他们满脸幸福地回忆当时奋斗的日子，想象着自己飞奔在教室、宿舍、食堂的场景，当时的一声声赞叹，现在也可以给自己；当时的一句句不可能，最终在高考的逼迫下也都一一实现了。

200天誓师大会，我领了誓词，那时候还很迷茫，不知道什么才是最适合高考的状态。100天时，又一次全体誓师大会，我让每一个誓词都铿锵有力。100天，不努力的人也都知道拼命了，努力的人更是拼尽全力。50天，不再倒数日子，不再想一共还有多少未完成的任务，只盯住手中的一道题，只记住眼前的一个知识点。抓住一点，我就有变化；日积月累，我一定会有飞跃。记得高考那两天班里的气氛比平日还要轻松，一种想要在考场上展示成果的心态远比紧张不安的心态宝贵得多。

禁得起多大的诋毁，就承受得起多大的赞美

其实，我从小对于清华北大这种高等学府并没有太多印象，只是老师家长都在说，这是好学校，这就应该是你的目标。让我稍稍有触动的是学校定期举办的"清北学子报告会"，做报告的学长、学姐仿佛带着别人所有的羡慕与希望。当时，台下的我就想，我有一天也会坐在上面，给他们分享我的故事。慢慢地，我开始注意清华、北大的信息，发现那里的知识气息与人文氛围是无可企及的，所以，我也有了一个清北梦。

走进清华，不得不提当时的自招历程。高三上半学期，我学习成绩还不错，兼任学生会主席的职务，让我获得了一个宝贵的清华校长实名推荐的机会。在清华的考试很顺利，拿到了35分的加分。回到学校之后，偶然陆陆续续听到一些不好的议论声，当时心理防线很弱，听到别人议论纷纷，不免心神不宁，有时候上课都会胡思乱想。也是那段时间，我上课不断被提问，经常哑口无言。还好，有朋友，有老师，一张张鼓励的小字条，一句句温暖的话语，让我不再畏惧少数人的讽刺，让我想用实力证明自己。

临近高考，我也排除了一切奇怪心理的干扰。像是一段路，我一步一步走向了一个终点，可喜的是，我也站在另一个起点，从衡中走进了清华。

写到这里，大家也许会觉得我是一个非常看重成绩的人，会觉得成绩的起起落落算得了什么。但是，分数在我看来是对一段时间努力的肯定。我不爱分数，但我爱我为之奋斗的过程。

我适应了清华的一草一木，适应了清华的生活节奏。忙乱的时候，脑海中还会浮现衡中的生活，会试着找到当初的心态，慢慢平静。衡中给我的不只是一个阶梯，更是一个重新认识奋斗意义的机会。

用机械地重复去代替积极的思考是最愚蠢的懒惰

孙子腾，衡中2012届405班，自招获加分

三年的衡中生活，把我引向了梦想中的清华园。回顾三年的衡中生活，这个不断铸就奇迹的学校真的赋予了我很多很多，它让我收获了成长，收获了友谊，收获了快乐，当然也收获了梦想。

学习无捷径，练习出奇迹

衡中最流行的一句话就是"通往名牌大学的路是用卷子铺成的"。其中确实有一定的夸张成分，但它强调了练习的重要性。大量的练习能保证你对知识点有充分的思考，从而对知识有更充分的理解。有些知识点你看上去认为自己掌握了，其实不然，你的知识点还是要经历自己的思考过程，而做题正是这种思考的最好方法。衡中每天每科都会发三张卷子：学案、作业和自助，还会定期发一定的错题重做、经典题总结之类的卷子。充分的练习让同学们较快地熟悉了各个知识点，也对各种题型的思路有了较好的掌握，这样在面对考试的时候就会显得游刃有余，这让很多衡中的学生都受益匪浅。另外，就是定期的考试。在考试中，大家会暴露很多自己的问题，包括知识上掌握得不牢固、考试心理的不成熟、答题技巧的失误等。正规考试的锻炼能让一个人提高对考试的把握程度，尽最大可能发挥出自己的水平。不要说什么应试，既然你有这个实力，为什么不把它充分地发挥出来呢？

大家练习时需要注意两点。

1. 练习时要努力攻克难题，不要遇见难题就退缩（这点在下文会重点提到），如果一直不敢去做难题，就会养成一个很不好的习惯，你在真正考试的时候也会习惯性地没有勇气去战胜难题，难题就摆在那儿，你做也得做，不做也得做。

2. 练习时要力求把题做对。不要只追求数量而不追求质量。如果你在练习时总是做错，那么你的心中就会留下一个很坏的心理暗示，在做题时总是会犯嘀咕，"我到底做没做对？"而这一点是很忌讳的。考试的时候，最需要的是信心。

所以平时练习时就养成习惯,把题做对,这样在考试的时候你才能没有顾虑地完成题目,才能做到高效。

掌握正确的学习方法

当然学习还要掌握正确的学习方法,从某种意义上说它是学习的捷径(当然,学习不存在真正的捷径)。也许你会发现这样两种人:有一种人整日一副"玩世不恭"的样子,看上去上课也不认真听,作业也不好好写,还经常干一些出格的事,但人家的成绩就是很好。另外一种人呢,整天屁股不离凳子,两手不离桌子,眼睛不离卷子,脑子全是式子,但卷子上全是叉子……这种貌似不公平的现象总是困扰着大家。当然,我们不得不承认,这固然一定程度上取决于智力上的差距,但我认为更多的是学习方法上的差距。首先,学习不是体力活,所以一定要动脑子。积极思考是学习必需的法宝。我高中的班主任曾说过这样一句话,我也希望大家记住这句话:"用机械地重复去代替积极的思考是这个世界上最愚蠢的懒惰。"有些人整天坐在座位上不停地做题,有人问他,你今天收获了什么?他很高兴地说:"我做了很多的题!"再问他,他的回答还是:"今天我做了很多的题!"问他今天在哪些知识点上有进步,他说不出什么。因为他整天都在重复那个做题的动作,而没有用心去思考在这道题中到底能收获些什么,最终他的收获就仅仅限于做了很多题的满足感,没有什么实质性的进步。这便是缺乏思考的典型。

思考的过程主要有这样两种体现:第一种是努力去攻克自己掌握不扎实的题目。有些人有个做题的坏习惯,做题的时候喜欢跳,遇见简单的、一眼就能看出来的就做,稍微有点困难的题目就跳过去。这样,在卷子上跳来跳去,做完一套卷子还空了不少,却接着做下一套卷子……还自鸣得意地看着同桌在纠结第一套卷子上的某道难题。我们不得不为这种人感到悲哀。他所做的,只是在机械地重复自己本已掌握得很牢固的知识点,而不去思考自己掌握得不牢固的知识点,这样做题只有一个结果:就是会做的还是会做,不会做的永远也不会做。所以,做题练习的时候一定要积极思考,在思考中提升自己。第二种体现是整理自己不会做的题和错题。在和一些学弟学妹的接触中我发现,很多人都存在这样的问题。老师上课讲过的题自己本来听明白了,但遇到相同类型的题目还是不会。这个问题也一度困扰着我,直到有一天我才明白这个道理。其实大家上课跟老师听一遍课只是被动地接受,大脑的思考是很少的。只有自己把这些题做一两遍,这样才能真正体会到做题的过程、思考的过程。老师在讲台上讲得很起劲，你也听得兴致勃勃，但你没有意识到，每个人的思维方式是不同的，对知识点的掌握程度也不一样，其实并不知道真正在做题的时候会遇到什么样的问题，很可能遇到连老师也根本没有想到的，所以只有自己做才能真正掌握这道题的方法。我给大家的建议是，不会的题听老师讲一遍之后，一定要离开答案，离开笔记，把这道题完完整整地做一遍。如果能独立完成它，这才算真正掌握了这道题；如果做不下来，一定要去问老师，问同学，把它弄明白，然后再完整地做一遍，再不明白就继续问，如此下去，直到弄明白为止。有人认为这样很浪费时间，不如多做点其他的题。但你要意识到，你做题的目的就是要找出自己的薄弱环节，找到有问题的知识点，你不去解决问题，做题就没有任何意义。所以，希望大家一定要落实这个环节，我认为这是高中学习的核心，注意，没有之一。

下面我想谈一谈我们学习中的两"本"——课本和积累本。课本是我们学习知识的来源，但很多人认为理科生学习完知识点就可以扔掉课本了，我要纠正一下大家这一错误的看法。理科尤其是新课标下的理科课本是非常重要的。比如，高考中大部分题目都可以在课本的练习题中找到原型，物理的第一道选择题也是考查大家对课本的熟悉程度，化学、物理更不用说，很多填空题都是直接考查课本上的语言，有一年的一道生物大题直接就是把课本上的一段原话挖去几个关键词就变成了一道题，所以课本是非常重要的。当然理科生不用像文科生那样去背课本，只需利用闲暇时间休息时翻翻自己的课本就足够了。再说积累本。衡中很有特色的一点就是它的积累本，每个人每一科都有自己的积累本，积累自己不会的题和经典的题型，不定期地进行复习，它的有效性已经被无数优秀的衡中学子证明了。我谈谈我自己写积累本的方法。大部分人写积累本就是把题目抄一遍，然后对着答案把过程完完整整地誊写一遍，我认为这样做毫无用途，因为你根本就没有动脑子。以后看的时候看看题，再看看答案把这道题顺下来，就认为自己会了。觉得自己高明一点的呢，是看完题把积累本放在一边，然后自己做，做不下去了就瞟一眼答案，顿时茅塞顿开，认为自己会了。其实你会了吗？你如果不看那一眼，你能做出来吗？所以我认为写积累本要有以下几点。第一，这道题是你自己提炼出来的思路；第二，你当初没做出来这道题是被哪些知识点卡住了？第三，记下这道题的得数，便于你下次复习把这道题再做一遍的时候验证自己有没有做对。如果你有把握做对，那么得数都不用写。你把解题过程抄在积累本上是为了再复习这道题的时候忘记了怎么做还能做下去，但其实你只需要把思路和卡住的知识点写在上边就完全可以完成这个功效，而且提炼的过程本来就是思考的过程，你对题目的印象也因此得以加深，这样可以避免你在做题的时候一不小心瞥一眼而得到"灵感"从而放弃思考。

对待考试和练习的态度

到了高中，大家一定会被各种练习题淹没，被各种考试纠结得晕头转向。无论你是大神还是菜鸟，都或多或少地被考试打击过。但大家完全没有必要把考试的成绩看得太重，换一个心态，你便会豁然开朗。下面是我认为对待考试应有的心态。来衡中做报告的王金战老师给考试下了这样的定义："考试是学生查漏补缺的最好环节。"在这一点上我遵循了他的说法，也因此收益颇丰。我们通常所理解的考试就是，答题，判卷，出分。考试的意义似乎只是为了把学生区分成三六九等，我考的分低我就比别人差，其实平时考试的过程和意义远远不止这些。考试分为两种：一种是高考，另一种是除了高考之外的高中生涯的其他所有考试。高考是一种选拔性考试，为了选拔祖国未来的人才，它当然会用一个分数去区分大家的水平。而平时的考试则不然，它没有必要也完全没有资格去把大家区分成三六九等，它的意义是为了让大家明确自己上一阶段学习上的收获与不足，从而让你去弥补那些学习上的漏洞。首先我们承认一个事实，高考要考的知识，无论你有没有遇到过它，无论你有没有掌握它，这些知识都是会考的。高考出题的老师不会因为谁谁谁没掌握这个知识点，今年就不考它了。所以，平时遇到自己不会的知识应该庆幸这不是高考，还有机会把它弄明白。平时考试的意义也就在此处得以延伸，如果你用刚才我说的办法（也就是自己做一遍，不会的话再去问，直到弄明白为止）去把它弄明白，这会帮助你提高，这时才实现了日常考试应有的作用。有的人平时经常在年级前列，而高考的时候却考得很差，这其中固然有发挥、心态之类的原因。但不得不考虑的是，很可能之前考的东西都是他掌握得比较好的，而高考考的恰恰是他掌握得比较差的部分，所以他高考没考好也是比较正常的。每个人都有自己掌握的知识，也有没掌握的知识。可能你觉得比你厉害的人会得多一点，你会得少一些，考试你没考好，他考了满分，很可能是因为考的东西是他掌握的那些，所以他并没有明显的进步，而你不同，你被扣了很多分，你把这些分的知识弄明白了，你会的东西就又多了一点。所以，你有什么理由为你没考好而悲伤呢？冷静分析结果，在考试中提升自己，才是对待考试的正确心态。

自强不息，厚德载物

作为一名进入清华的学生，我想我有必要在这里宣传一下清华的校训，"自强不息，厚德载物"。每个人都应该有自己的骨气，有一种自强不息的精神，在困难面前不低头、不退缩，勇往直前。在高中三年的学习中，谁都会遇到这样那样的困难，我也不例外。高中的前两年我进行了数学奥赛的学习，一直希望能够通过奥赛进入省队，然后保送进入清华大学，大家也都比较看好我。我对奥赛的投入是比较大的，这占用了我一定的学习时间，耽误了一些课程，所以前两年我的学习成绩也一直不是很突出。但当数学联赛的成绩公布之后，我却发挥失常，只获得了联赛一等奖，省队无情地把我拒之门外。回到学校进行的月考，我又史无前例地考了全校900多名。那真是一段极度灰暗的日子，我有一种失去所有的感觉，奥赛没有取得理想的成绩，而考试成绩也一落千丈……到现在我还清晰地记得自己在被窝中以泪洗面的失败感觉。但我骨子中那种不服输的心气让我从失败中走了出来，我又全身心地投入了高考的学习之中，一个月之后，我便进入了全校前百，这也是我努力的回报。随着成绩的回升和全国联赛一等奖的成绩，我获得了参加清华大学保送生考试的资格。但生活再一次给了志在必得的我一次打击，保送考试的再一次失败宣告了我只能通过高考才能进入自己理想中的清华大学。这时上海交大、浙大、人大等全国名校的保送资格正摆在我的面前，我有两种选择：我可以选择保送进入这些全国名校，在大家眼中也并不算失败地提前结束我的高中，但这将意味着我要放弃自己从小就立志的理想学府——清华大学；而选择高考我将有机会再一次冲击清华大学，却不得不面对最难熬的余下的高三的半年。是退缩，还是再拼一回？我想过退缩，能进入那些名校也足以证明自己的成功，但当我想起自己心底的那个清华梦时，我便有了克服一切困难的勇气，于是，我选择了后者。终于，我迎来了高中生活的又一个春天，高考成绩不断进步，到了年级前列。在清华大学的自主招生中，我也以优异的笔试成绩和满分的面试成绩获得了20分的高考降分和30分的专业降分。在6月的高考中，我终于通过自己的优异表现进入理想的清华大学，实现了自己的梦。当我手握清华大学的录取通知书回首这一切时，心中的幸福真的难以形容。我和大家说这些当然不是一种自我标榜，而是希望通过我的经历告诉大家，不要在打击面前低头，不要在打击面前放弃自己最初的那份梦想，你的路永远由你一个人决定，心有多高，舞台就有多大。

  高中三年就是我们人生的微缩版，我们在其中体会着成功与失败、友情与亲情、喜悦与忧伤……有些人会拿出一副玩世不恭的态度，认为高考成绩差并不代表自己的能力差，这固然不无道理，但我想告诉大家的是，大家可以问问自己的父母，问问自己的老师，问问自己的学长，这世界上有什么事情比完成几道习题、理解几个概念、背诵几首诗歌、记住几个单词更加简单、更加容易完成呢？如果在高考的面前你都无法战胜它，那么你凭什么去告诉大家，你能战胜生活中那一道道远比高考习题难得多、复杂得多的生活难题呢？高考就是给大家一个证明自己的机会，证明自己能够通过自己的努力去取得自己人生的一个又一个的成功。所以最后的一个期望，就是希望大家能够全身心地投入自己高中的学习中，在高中的学习中去历练自己、证明自己，实现自己的梦想！希望在高考结束之时，你也能微笑着面对自己，不为自己的高中生活后悔！

与人相差万里决不垂头丧气，
与己进步一毫也是巨大胜利

潘寅旭，衡中2012届410班，自招获加分

学习态度

衡中三年，终身受益。回顾往昔，觉得有几点可以跟大家分享。

一、不要厌恶

不要厌恶你的学校和老师。我中考时的分数并不是很高，勉强进了衡中，但我并不为此高兴，因为我早听说过衡中是多么"可怕"，要不是家长的劝阻，我可能会在县里上高中。就这样，我带着一种厌恶的情绪进入衡中。我高一的第一任班主任是大名鼎鼎的孙文盛老师。孙老师严名在外，这种感觉也影响了我对其他老师的看法，以至于影响了我高中初期的学习，使我一开始就落后于人，这也是我学习基础不牢的原因之一，反映在高考成绩上，就是我的分数刚刚达到清华的分数线（加分后），因此没有一点选专业的余地，只能任人调剂。所以我要以过来人的身份给正在高中拼搏的学弟学妹们一句忠告：不要厌恶。

二、不要抱怨

衡中的老师是比较严厉的，衡中的作业又是异常多的。这些特点到了高三就更加明显，于是我经常会抱怨：为什么英语总是留那么多的作业，为什么化学老师总是要求那么苛刻……这些抱怨使我自己处于一种消极的情绪中，几乎没有心思去学习。

这种抱怨是很害人的。首先，抱怨不能解决任何问题，这个道理有许多老师和前辈说过，但直到高三后期我才渐渐明白了这句话的意思。不过就算高三才明白也不算太晚，怕的是你一直处于抱怨中，厌恶高中的一切最终会害了自己。其次，抱怨会减少你解决问题的时间。与其花时间抱怨，不如花时间去解决问题。如果不抱怨，你可能早就把貌似很多的作业写完了；如果不抱怨，你可能早就达到老师貌似苛刻的标准了……既然这样，我们何必抱怨呢？

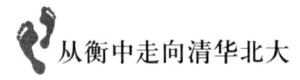

三、不要和别人比，只看你自己

进入清华很容易发现，衡中的学生与其他学校的学生有一个最大的不同：别的学校的学生大都是学校的铁杆前三，而衡中的学生可能只是年级的前几十，甚至有人在学校里考过几百（比如我，名次常徘徊在二百至四百，有时甚至跌到一千），所以像我这样的学生在衡中生存，就要有一种在别的学校没有必要的态度：不和别人比，只看自己。在衡中牛人太多了，在班里考一次第一都是相当艰难的事情，所以你可能很难突出自己。如果你处处都去和别人比的话，可能会发现自己处处不如人，觉得自己一无是处，进而产生强烈的自卑感，丧失信心，厌学。

所以不要和别人比，只看你自己就可以了。与人相差万里决不垂头丧气，与己进步一毫也是巨大胜利。这样你才不会被牛人们强大的气场所伤，而在进步中看到自己的亮点，才会有信心、有兴趣去学习。

四、不要忌妒，学会欣赏

这一条是在衡中特别明显的特点。人应该对自己有很高的预期，希望自己强他人一点，这没什么错。但如果你真的不如别人时，这种预期过高会产生忌妒的小邪恶。小邪恶充斥心灵，会污染人心，让你做出邪恶的事，打击报复比自己强的人，就更别提学习了，不如学会欣赏。

我在学奥赛的时候，面对那么多的强人，就是用的这种态度。当高手们在课堂上讲出自己绝妙的解法时，怀一种欣赏的态度，你会感到别人是在与你分享智慧，而不是在向你炫耀能力。

五、自恋一点也挺好

人是需要一点自以为是的，尤其是在自己身处"牛棚"的时候。当某人很傲慢地向你展示他的水准的时候，你大可以在心里说一句："呵呵，这小子不过如此，我比他强多了。"你要认为自己在某些地方比别人强，这点自以为是是你自尊心的基础，也是你对自己的一种要求。当自己的优势岌岌可危时，你要以一种积极的态度去使自己达到心中的预期目标。

六、关于目标

这里说的目标，就只是单纯指的大学目标。我一进衡中，目标自然是清华，虽然动摇过，但最终仍然是清华。

目标不一定要喊出来。衡中是个神奇的地方，有许多在其他学校难以想象的事情。比如，开班会的时候，会有同学一个接一个地大喊"我要上清华""我要上北大""我要上……";一个班里,会有超过80%的同学的大学目标是清华北大;每天早起或是晚上,会有某哥或某姐不怕扰民地高呼"我要上港大"……此类事情时有发生,不一一列举,我对这种做法是不赞同的,我觉得目标应该是藏在人的心里,使人有动力去行动,而不是下力气大喊大叫,因此我很少说自己的目标是清华。把目标藏在心里有两个好处:一是给自己减轻一点心理负担,二是免除老师给你的压力。

目标可以很疯狂。在衡中,我意识到仅凭我自己的高考水平是不能进入清华校门的,所以必须通过其他办法,于是我选择奥赛,并且学得有点不计后果,奥赛失败后,又进入更加痛苦的高考学习中。因为落下很多课程,基础又差,很多东西是从零开始的。我要把自己的高考成绩从班里倒数提升到班里前十几名(最终也只是达到这个水平,甚至有几科是比平均分还要低的,这就是基础不牢的后果),动力自然来自目标。清华这个目标对当时的我来说是很不切实际的,但目标不是用来实现的,而是用来引导你进步的,所以目标大可以不切实际。衡中常会定一些貌似不切实际的目标,但正是这些目标,拉动了衡中的发展。

目标应该坚持。我说我的目标是清华,但我并不是从未动摇过。我动摇过不止一次,但最终还是坚定了目标,坚持了目标。在我奥赛和保送都失败的时候,我很怀疑自己的能力是不是能够达到这个目标,所以后来我开始考虑上其他的大学。自主招生的时候,我甚至想要放弃面试的资格,我父亲为此还和我闹了一通。后来我去了,事实证明是对的,没有这自主招生的10分,我是进不了清华的大门的。所以坚持目标格外重要,尤其是在自己处于劣势的时候。

学习方法

学贵在法。有法可依,事半功倍。

一、预习及自学

我在高中才开始预习,是在孙文盛老师的引导下开始的,这点要非常感谢孙老师。无论是在高中还是在大学,课容量是非常大的,上课老师讲的内容不够帮你理解要学的,所以不要太依赖老师,你应该自己提前看看。上课时只等老师提一下重点、讲一下难点就可以了。不预习或是不自学的话,上课会非常吃力,自然是学不会的。

二、独立思考

与老师讲授，自己跟着思考完全不同的是，独立思考会有更加不同的体验。因为是独立思考，思维难度要大一些；独立思考，会有更加细致的体验和更加深刻的印象。衡中时间很紧，有时候遇到一些难题，很多人就不去花时间想，把难题放在一边，去做别的任务了，反正老师不会因为你一道难题没做而难为你，但从长远来看这是错误的。总是听老师讲，思维会有依赖性，失去锻炼自己思维的大好机会，难道不是一种损失吗？

三、从做题中找经验

我不知道为什么社会那么反对题海战术，反正我是很提倡做题的。做题不仅能熟练知识，学会运用，还能找到自己的不足，提升自我。做题也并没有想象的那么枯燥：难题思维量大，挑战性强，做出来便会激动不已；中档题最练能力；简单题让你最有成就感，但要仔细。从做题中找经验：找解题思路，一类题目往往有类似的流程；找思维漏洞，总是在哪个地方犯错，以后便要多加小心。

四、做点计划

当你时间很少，却要完成很多事情的时候，做个计划是很有必要的，计划可以包括生活和学习中的各个方面。下面是我在2012年10月3日做的计划。

1. 早操

记第一单元单词前10个。

2. 早预备

数学学案，化学改错，生物看课本第10～12页。

3. 公共自习

做数学、英语学案，做物理自助。

4. 中午饭后

生物改错。

5. 公共自习

写完物理作业没做完的题，英语改错。

6. 晚饭后

看新闻，记语文素材。

7. 晚自习

做数学自助，物理改错。

当然，计划在中途也可以有一些调整，但必须确保在衡中的每一天都能充实地度过，绝对不能荒废公共自习和空余时间。

五、改错

这是衡中的老传统。起初我并不喜欢改错，但在老师的劝导下我坚持了下去，今天看来，改错确实帮了我大忙。很多问题只有改错之后才能真正理解，印象才会深刻。

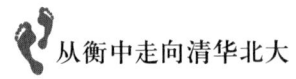

三载孕育，一朝花开

陈佳煜，衡中2015届400班，自招获加分

想了很久，衡中三年的日子，用一个什么词语概括呢？我觉得用"花期"形容最恰当了，我们每一个学生就是一株含苞待放的蓓蕾，经过三年的风吹雨打和老师们的施肥、浇水、除草，在6月这个季节竞相开放。

在这三年里，我经历了两年的奥赛竞赛过程，一年的回归高考的日子，这三年的历练在我人生中是浓重的一笔。话说高一奥赛志愿征集的时候，当时回家商量，我妈告诉我，如果选择奥赛就是选择了一条艰难的路，让我考虑清楚。从小不服输的我回到学校毅然报名，进入了物理奥赛班。当时的心态就是不想承认比别人差，但是这种态度也确实帮到了我，在以后的学习中，即便遇到再大的挫折，我也不会气馁。

在奥赛班确实会有压力，大神云集，并且人人都很强，容不得你半点懈怠。我从小学开始就对自己的头脑很有信心，然而到了510班以后，发现所有人都是相同的看法，没有人比你差，大家都是抱着拿到最高奖牌的理想来的，在这里，没有人以聪明自居，过分的自信反而会拖累自己，倒不如静下心，仔细找找和他人的差距，努力提升自己。奥赛的经历不仅让我拥有更丰富的知识和开阔的眼界，更重要的是它历练了我的身心，让我更有信心和勇气去面对以后的挑战！

在此期间，我也曾面临过巨大的挫折。当时进省赛时刘旭升教练就跟我们说过，我们奥赛班的孩子谁进省队都不意外，谁进不了也不意外，拼的就是谁更稳定。经过角逐我在全省排名26，以全省最后一名的分数进入省队。到杭州参加决赛的衡中6人中，3人保送清华，1人保送北大，另外1人北大降一本线。在决赛现场拿到国二的我，在现场签的是上海交大一本线。当时的西湖美景对于我没有任何吸引力，马不停蹄地回到学校，带着深深的遗憾和挫败回归了高考。

回归高考后，我进入了512班，当时的心情无比忐忑，不知道迎接自己的是什么。记得第一天是班主任魏素霞老师亲自迎接的我，她笑着给我搬了一个凳子放在第一排，说了一句我至今都备感温暖的话，她说："佳煜，你是个好孩子，我早有耳闻，只要静下心复习，清华北大不是梦。"就是这暖暖的话语又激起了我冲击清华的决心。接下来的日子真的拼了，我让家人把奥赛的书全部带回家，真正地回归高考，奥赛的日子成了往事，成了我前行的动力。回归高考的前半年都是在拼奥赛，回来后发现原来不偏科的我竟然语文、英语、生物都有断档的感觉，第一次考试在全班排名21，年级排名400多。虽然临回班前，刘教练就给我提前打过预防针，说肯定会有一个追赶的过程，要尽快适应迎头赶上，但排名落后是奥赛决赛失利后又一棒，原来佼佼者的感觉荡然无存。

经过第一次的考试后，本来不善言辞的我更加沉默寡言，静下心分析自己的现状，给自己定下目标，每天比别人晚走5分钟，回到宿舍熄灯后躺在床上把白天的内容回顾一遍，总结哪里还是自己的薄弱环节。尽管十分努力，成绩还是起起伏伏，甚至有时周测、月考物理成绩也不理想，一时间我有点一蹶不振了，找不到出路。魏老师发现了我的异样，在百忙之中找我聊天，帮我分析一直没有起色的原因，并且给我调换同桌，让我真正融入512班这个大家庭里。期中考试时，我状态非常好，一举进入班内前三，年级排名60。

接下来，一天天进入高考倒计时，在一次家长会后，我妈含着眼泪告诉我，说魏老师亲口说我现在具备冲击清北的能力，只是学习方法需要再提炼，查漏补缺方能成功。人是有惰性的，唯有真正的伤痛才能让自己前行。一模、二模我的成绩又像是停摆的钟表停滞了，又出现了一个瓶颈，没有大的进步，成绩距离历届清北录取分数线相差甚远，我又一次陷入了困境中。这时候魏老师又找我谈话，并且告诉我一个振奋的消息：我通过了清华自主招生海选，直接进入了初试！正像魏老师说的人生能有多少个12年在准备同一件事，必须不能留有遗憾，患得患失只能让我有思想包袱，制约我放手前行。接下来老班在班会上讲述往届状元的成功经验，讲述排名1000多的同学在高考时考出了排名100多的成绩。在众多励志实例的激励下，我耐下性子，像一个期待战争的勇士时刻准备奔赴战场。

6月8日走出考场，我从来没有这么踌躇满志过，妈妈问我考得怎么样，我自信地回答应该过700分了。

等到真正走出校门的时候，我的眼睛潮湿了。三年的高中生涯终止了，明志楼已经在我身后，路边的郁金香在绽放着，正如我们在花开的季节，6月就是我们绽放的花期，其间经历狂风，经历雨打，但是最终开出了绚丽的花朵，来点缀我们的母校——衡中。

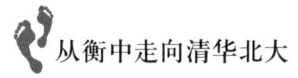

高考的迷人之处不在于如愿以偿而在于阴错阳差

赵 宇,衡中2016届547班,复读生

有人说,没有经历过高考的人生是不完整的,而对于经历两次高考的高三复读学生来说,高考的意义早就超过其本身。因为第一年未能如愿以偿,在这段补习的日子里,我更加学会了等待。这段经历,也是我收获的珍贵的财富。

我曾经喜欢用"顺其自然"来敷衍人生道路上的荆棘坎坷,却很少承认,真正的顺其自然,其实是竭尽所能之后的不强求。其实就算第一年得知不理想的高考分数后,我也没有下定决心走补习这条路。然而高考的迷人之处不在于如愿以偿,而在于阴错阳差。到如今,当我熬过这一年的时候,我或许才敢对我当年填报的高考志愿说一句"顺其自然"。

如果用三个关键词来概括这一年的学习生活,那就是"克服""放松""感恩"。

首先便是克服自己,或者说是克服自身天性上的局限。其实我的高中三年和许多衡中的同学比,更多的是安逸和散漫,凡事得过且过。比起想通过这一年赢得什么荣誉,我更想通过这段经历去克服自己的学习惰性。从某些方面来说,克服,即是意义。

至于如何克服,我只做了两件事:第一是仰望星空,第二是脚踏实地。我选择去仰望星空,这一次我想要去看看自己的天空到底多广阔。极不切合实际的清北梦,对于第一年的高考失利者来说,一样可以让人产生最大无畏的胆气。与此同时,我坚持脚踏实地。补习开始,在制定一个相对长期的目标的同时,我就制定了一个符合自己实际并且较易实现的短期的学习目标。达到一个目标之后再制定下一个目标,确保一个目标一个目标地实现。在实现目标的过程中,我认为时间的通盘计划和错题管理尤为重要。制订的较为详细的课后时间安排计划表,可以使课后时间做到充分利用,哪怕课间10分钟也不例外。合理安排,严格遵守,坚持下去,形成习惯。而错题本的使用,其中包括写出原题、错因、正确答案及举一反三、归纳提醒等步骤,也使自己将许多知识点掌握得更透彻,掌握了错题、难题就等于高分在手。

其次便是学会放松。高补这一年，我注定要承受很大的压力。来自父母的，来自昔日同学的，更多的是来自自己的。这时学会放松就尤为重要。在高考前最后一次模拟的时候，我也考过年级两千多名的成绩，那时离高考只有一个星期。我所做的就是端正态度，树立信心。我相信之前的努力不会白费。努力也许改变不了命运，苦难或许也不会变成财富，但同样的粗茶淡饭、起早摸黑，有人如饮毒酒，而我奋起直追。我一直相信，我所做的一切或许不能决定未来，却可以决定当下充满朝气、充满期望的状态。决定命运的不该是未来的那个结果，而是此时此刻你可以放松下来，踏踏实实好好学习的状态。

最后我想说的是感恩。饮其流者怀其源，学其成时念吾师。感恩衡水中学的培养，当今时代，不是所有衡中之外的人都能理解这里的管理方式，学生却明白其中的良苦用心。感恩班主任，虽然只有短短一年的陪伴，但是您常常去帮助，总是去抚慰，感恩您，感恩您为学生做的一切。

亲爱的学弟学妹们，高中转瞬即逝，每分钟都不应被虚度。希望你们能好好珍惜衡水中学这一省级重点中学的学习环境和资源优势，在这里，争取在学习上取得优异成绩，更要不断磨炼心智正视挫折，今后定能成为一名高智商、高情商兼备的人才。最后以汪国真的一首诗《学会等待》作结，送给重走高考路的同学们。

不要因为一次的失败就打不起精神，
每个成功的人背后都有苦衷。
你看即便像太阳那样辉煌，
有时也被浮云遮住了光阴。
你的才华不会永远被埋没，
除非你自己想把前途葬送。
你要学会等待和安排自己，
成功其实不需要太多酒精。
要当英雄不妨先当狗熊，
怕只怕对什么都无动于衷。
河上没有桥还可以等待结冰，
走过漫长的黑夜便是黎明。

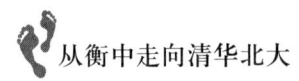

从衡中走向清华北大

唯愿笔底刀锋起，且借碧血洗长空

樊亚男，衡中2008届300班，奥赛生

多少年来我将你视作激励我追求卓越、永不止步的精神象征，多少岁月里我在记忆的角落中回味那高中三年酸甜苦辣的曾经，多少回我在迷茫的路口徘徊游离时想起你的名：衡中！衡中！

当年的高中作文最喜欢用的句子就是"时光匆匆如水，弹指一挥，又是几番峥嵘岁月，生死轮回"，而今，那些美丽却感伤的句子已成为现实。不知不觉，离开衡中已多年，于不经意间回眸，那逝去的三年光阴，究竟是怎样的日子？

依然记得每天用10分钟甚至更少的时间吃完一顿饭，依然记得每年冬天在寒风中跑操时的班号，依然记得夜里躲避检查和小心翼翼地宿舍群聊，依然记得写在纸上也记在心里的那句"挟一往无前之志，具百折不回之气"……高中的生活紧张而充实，乏味而痛苦；高中的生活是一个动人的传奇，足够我们用一生的时间去咀嚼回味。

有人问我，衡中究竟教会了你什么？我说，衡中教给我的，不是赖以考试的能力，不是通向清华的梯子，而是一种一往无前、义无反顾的坚毅，是一种愈挫愈勇、永不放弃的执着，是一种惜时如金、天道酬勤的信念，归结起来就是"追求卓越"！

我常常回味衡中，以一种英雄缅怀战场的悲壮情怀。高中的我乐观自信，从来以清华为奋斗的目标，一直名列前茅的成绩也给了我自信的资本。但当高二下学期的生物奥赛结束之后，我迷茫了，我忘不了那段灰色阴霾的日子：生物奥赛只得了二等奖因此失去了保送的资格，接连后退的成绩让我再也没有信心奔向清华这个目标。从年级第10名一路退到第176名，至今触目惊心，如在昨日。太过放松的心态，过于散漫的风气，失去了勤奋专注的学习精神和拼搏到底的斗志，注定了要独饮失败的苦酒。庆幸的是，我身处在衡中这驾永不疲倦、向前赶路的马车上，她用最真切的事实和身边的例子告诉我怎样在废墟中重新站起来。忘不了满桌书本、漫天卷子的忙碌，忘不了每晚在心里默背课文直到深夜时伴我的那轮孤月，忘不了高三寒假闭门谢客苦读 10 天所下的决心，忘不了独自一人在五楼教研室沉思反省的自我剖析……从峰顶到低谷，再重回巅峰，这其中多少辛酸苦痛教会我，无论在任何时候，即使一败涂地，也一定不要放弃自己的理想！追求卓越，只要拼搏、再拼搏，就一定有机会重新站起来！而今，每当前路迷茫、生活堕落时，我总会看到书桌前自己写下的这四个字——"追求卓越"，从而激励自己向着目标不断前进！

提到衡中，我一直记得我高中的班级 300 班，那是一个代表了悲壮、痛苦与不屈的班号。总也忘不了我们徘徊在实验班后两名的境遇，总也忘不了被普通班挑战时的尴尬，总也忘不了老师们每次考试讲评时的声声叹息……从高二开始我们一直在努力，一直在拼搏，一直在追逐高一下学期五科第一的奇迹。没有谁会比我们更渴求胜利，但现实总是令我们慨叹不已。但是，谁又能说我们不是一个奋进的班级，不是一个温馨的集体？我们也许学业上并未头筹，也许并没有获得多少荣誉，但是我们更加珍视学习的过程以及付出的努力。登山的乐趣不仅在于登临绝顶的喜悦，更在于攀登过程中的汗水和疲惫，正是这些付出的汗水才让登山如此有意义。放下成败，充实过程；埋头耕耘，莫问收获。当三年的岁月流逝，回头望去，我们做到了问心无愧！我们永远铭记曾经一起为之奋斗的日子，记得在那紧张的学习生活中结下的深厚友谊！即便是时光老去，300 这个班早已成为衡中的记忆，而我们这份情谊，一直都在！

提到衡中，最令人难忘的是那严格的纪律和竞争的氛围。但衡中严格的纪律培养了我极强的自制能力，竞争的氛围则让我时刻感受到学习的压力与动力。高中的我，学习之余仍然担任了一些社会工作：近三年的班长、一年的校学生会副主席，此外还有学习委员、宿舍长、课代表等。选择做的事情多，学习的时间就相对较少，而这一切，让我比他人更加明白时间的紧迫与可贵，让我学会如何处理学习与工作的关系，也让我知道，既然选择了比别人更多的东西，就要比别人付出更多，除了做好，没有任何推脱、失败的理由。我想，这就是衡中给予我与他人不同的东西。后来的我，在学习力学专业的同时攻读经济学双学位，同时在院系中担任一定职务。高中的经历告诉我，你没有任何在学习上不如别人的理由，而我也一直严格要求自己在各方面争创一流。进入大学的两年间，我不仅在攻读经济学的同时接连获得学业优秀奖学金、综合奖学金，并且在社会工作上获得了"优秀新生干部""优秀学生干部"等多项荣誉，很好地契合了清华"双肩挑、两手都要硬"的育人传统。

　　提到衡中，就不能不说我的老师们。他们对学生的关心、对工作的敬业都让我肃然起敬，他们不同的人格魅力更是让我终生难忘！三年来，我的每一位老师的工作都让我铭记于心：班主任在冬天的早上随我们一起跑操，在节假日给不回家的同学送水果；老师们每天从早到晚备课、批作业、选题，每次考试后找同学谈心……点点滴滴，我看在眼里，记在心里，他们用实际行动告诉我何谓付出何谓敬业，无论何时何地，他们的言传身教都让我感到一种责任与期许。衡中的老师不仅可敬而且可爱，即使在离开衡中之后，我仍然能够记起他们身上的"闪光点"：记得勋哥看到数学题时眯起的眼睛和坏坏的笑容，记得黎叔那含糊的普通话和走路颤颤巍巍的八字步，记得旺哥物理课上讲到激动时的手舞足蹈，记得小强生物课上千奇百怪的记忆语句，还有乱哥治理班级的"暴政"、隋姐在无人花时间学语文的无奈、红姐《一剪梅》的歌声，以及国哥、先姐、琴姐、倩姐……衡中的老师是父母，给了我们无尽的爱与宽容；衡中的老师是朋友，给了我们足够的理解和尊重。蚕丝吐尽春未老，烛泪成灰秋更稠。春播桃李三千圃，秋来硕果满神州。

　　身在衡中的时候整天想着早日毕业，进入清华之后很想再回衡中看一看，重温那曾经的岁月，然而，我不知道该以一个什么样的身份回去。离开高中后，我就再也没有那么紧张过，那么单纯过，那么拼命过，那么踏实过，我不知道我该如何面对那些在高中仍然为了理想拼命学习的孩子！我已找不回当年高中那种纯粹为了清华执着无悔拼搏的日子，找不回那份为了梦想共同奋斗的战斗的友谊，找不回那种"唯愿笔底刀锋起，且借碧血洗长空"的王者霸气，因此，对于现在奋战在高中的孩子们来说，我注定只是一个匆匆的看客……

　　人说，不如归去；我言，不如不去，唯愿相逢在梦里……

　　衡中三年，给予我的是一笔巨大的精神财富，那追求卓越的校训、天道酬勤的信念已深深地铭刻在我的心里，我将不懈追求，用自己的实际行动为母校献上一份生日的贺礼，向祖国交上一份满意的答卷！

上什么样的大学只取决于高考成绩，
而过怎样的大学生活完全取决于个人的目标和毅力

耿孟林，衡中2012届404班，奥赛生

是什么推动着我走进了清华，一所莘莘学子梦寐以求的大学？这是很多尚未参加高考的同学关心的问题，每一个清北学子会给出不同的答案。是学校的管理？学校的确为我们提供了最适合学习的环境。是自己的努力？诚然，这非常重要，如果自己不努力，没有谁能够拯救我们。然而这些东西就足以把一个学生送进清北了吗？ Obviously not. 还得靠运气？又有了不确定的因素，实在没办法用文字描述、用公式衡量。

清华北大是内地最高学府，这一点不容置疑。但这并不意味着进入清华就是成功。每年都会有这样的例子，清华学生因为不适应或者过度放松而遗憾地离开，也有很多在不知名大学读书的人做出了令人惊叹的成绩。所以说，上什么大学只是取决于高考成绩，而过怎样的大学生活完全取决于个人的目标和毅力。如果要问我的高中三年给了我怎样的印记，我可能无法简单而直接地回答，因为很多东西都被深深地印在了思想里、骨子里，成为注定终身相伴的东西。这其中，目标和毅力尤为重要。

目标

目标可以阐释为要达成的愿望、要到达的高度、要实现的梦想等，是用来指引方向的东西。有句话叫作"求其上者得其中，求其中者得其下"，如果一个人只想着在平原生活一辈子，那么永远不可能登上珠穆朗玛峰。明确而合适的目标，往往能带领我们最快地到达所要到达的地方，请注意，我用到了两个定语："明确"和"合适"。明确，是指自己的目标一定可以度量，可以写在纸上一条条地对应实现。像有些人喊着"我要好好学习""我要认真做作业"的口号，就是假大空的目标了。寻找一些诸如"数学要考145分""吃饭只用10分钟"的目标，可以方便检验完成情况。合适，是指根据自己的水平来定目标。一个刚学会游泳的人，定下一天之内横跨长江的目标是可笑的。定下的目标，既不能太简单而导致失去了奋斗的动力，也不能太困难而导致失去了努力的勇气，这之间的平衡需要仔细揣度。

很多人在进入衡中的时候是没有明确而合适的目标的，其实这并不妨碍你的学习，因为会有老师一直监督你，帮助你给自己定好位，找到目标，并且去实现它。你也可以自己找到属于自己的方向，只要你能证明你可以。其实上了大学会发现，我们面临的仍然是这样的过程，彷徨、受指引、逐渐清晰、坚定不移。这样的过程，如果已经在中学体验过，那么在大学接受它就会很简单。以后每一次环境的变动，都会有随之而来的这一系列过程，适应就会很容易。

我们可以同时确立多个目标，互不影响、互不干涉地运行，也可以分成短期目标、中期目标和长期目标，这是一个规划的过程，也是一个认识自我的过程。找到了目标就会有方向，就不会在别人都向前冲刺的时候无所事事地等待或者不知前往何方地徘徊。在我们想松懈的时候，心中的目标就会提醒我们，继续向前；当我们有所成就的时候，目标又会告诉我们，还不够好。

在衡中，目标意识体现得直接而强烈。学校的目标是争夺N连冠，发展成为一流中学，不断突破教学成绩的纪录；老师们的目标是把自己所教的学生培养好，无论从知识上、能力上、人格上都要成为精英；学生们朝着想上的大学不断努力。当然这只是拿学习一个层次来说的，其他方面也都有各式各样的目标。大家会把目标写在条幅上，贴在桌子上或是挂在床头上；会每天一遍遍地用呐喊证明自己的努力与存在。我承认这有些疯狂和不可思议，但是的确有效。总结起来，可以用衡中的校训来概括：追求卓越。这是一种不断超越、不断进取、不断创造新的自我巅峰的意识，这是一种激励着无数人勇往直前的信念。

毅力

"顽强的毅力可以征服世界上任何一座高峰"，这是我想到"毅力"这个词时的第一反应，这句话被深深地植入了我的脑海。衡中的学生对这句话应该有深刻的体会。无论做什么事情，坚持坚持再坚持就一定能收到效果。或许这种说法有些绝对，但大多数时候就是这样的。命由天定，事在人为，只有付出了足够的辛勤汗水，才有资格收获胜利的果实。因为毅力，衡中人把无数的不可能变成可能。

在没到衡中的时候，没有人会相信自己可以在5分钟之内起床、叠被、刷牙、洗脸、冲到操场，也没有人会尝试为了吃饭而飞奔不止，更不会有人理解看似魔鬼般的生活背后的欢乐。只有当你融入其中切身感受的时候，你才会明白，这是一群胸怀梦想的少年和一群兢兢业业的教师在共同用毅力创造奇迹。看似枯燥的重复训练下，有无数的梦想生根发芽、茁壮成长。没错，这就是衡中给我们的，一种相信自己、靠毅力赢得一切的坚定的决心。

这里的毅力也可以理解为一种广义的毅力，不是一条路走到天黑的钻牛角尖的坚持，而是根据实际情况，坚持什么，放弃什么，做出最合理的选择，然后义无反顾地坚持下去。这与第一条是一脉相承的，就是要有明确而合适的目标。绳锯木断，水滴石穿，坚持下去就是取得胜利的最好保证。

总有人在夜里流泪问自己，受这些累吃这些苦是为了什么？拿到一个很高的分数又能带来什么？的确，苦也吃了，累也受了，结果也有了，却发现前方等待的是更大的挑战，似乎没有尽头。其实生命本来就是这样，没有尽头，没有止境，甚至说，没有退路。当你畏惧向前的时候，你会发现，后退之后，你连原来的位置也达不到了。所以，不必问为什么，只需要认认真真一步步地做下去，你就会在不知不觉之中收获。

有人说衡中是培养疯子的地方，可是事实证明衡中走出来的学生都很正常，而且很优秀。没有必要担心自己有什么做不到的事情，只要别人能做，你也可以做；只要别人能适应，你也能适应。人的体内都是蕴藏着很大的潜力的，开发出来是一个很痛苦的过程，衡中就是给了孩子们一个这样的平台：大家都痛苦的时候也就不觉得痛苦了，甚至还会衍生出各种欢乐，留下终生难忘的美好回忆。

从衡中走向清华北大

努力争取是必要的，但上清北不是人生唯一出路

孙巍峰，衡中2012届404班，奥赛生

总结一下我学奥赛的心得，希望对正在奋斗的学子们能有所帮助。

首先，知识是触类旁通的。

我们不应总是问"哪些东西考""哪些东西不考"而应来者不拒。竞赛中反映了一种观点、一种看问题的角度。只有了解的知识多了，立场才能更高，才能更全面看到问题的内涵。我们应关注更多的知识，关注每一个细节，这样才能游刃有余。

其次，学竞赛要善于思考、勤于探究。

当我们看到一个巧妙的证明时，千万不要去想"这个证明太巧妙了，不是我做得出来的，只能记住"。凡是证明总是人想的，哪怕是大的定理、著名的结论，绝不是天外来石。我们觉得它巧妙，是因为还没有真正理解它，这时就应反复琢磨：为何这样呢？要是我该怎么证明？为什么我想不到？直到有一天，你觉得这个证明稀松平常了，觉得"不过如此嘛，很自然，没什么巧妙之处"，那才算真的掌握。这时再遇到新的问题，解答便一目了然。

最后，作为考试的一种技巧，多做些题是有帮助的。

竞赛中还是有很大的概率遇到旧题，或者换汤不换药的所谓"新题"。对于做过这些题的人来说，省去了"探究"的过程，节省了不少时间。我学竞赛时间不算长，而且不太重视多做题，只是把做过的题想得很清楚、很明白，因此也在竞赛中吃过亏。毕竟除了极少人以外，大多数人没有把握能把所有题目都做出来，而见过原题的人或熟悉出题背景的人做题的把握无疑增大了许多。

不得不说，想在竞赛中获奖是需要一点运气的，即使再有把握的人，也不敢保证能考入清华北大；而进入清华并不意味着什么，专业学习的生涯才刚刚开始，并不比其他高校的人多什么。清华的考试很严，甚至有约10%的学生因不及格而毕不了业，所以我觉得高中的同学不一定非要把目标锁定清北。努力争取是必要的，但上清北不是人生的唯一出路。

成功者往往不在于智商胜人一筹而在于非凡的执行力

赵晨佳，衡中2012届404班，奥赛生

走进清华大学，最明晰的感觉是在衡中的日子最美好，那是最紧张的三年，是最疯狂的三年，也是最充实的三年。那三年，一分一秒都不曾虚度；那三年，每时每刻都在追逐。

"衡中是监狱"，这是绝大部分局外人对衡中统一的评价，我们在外人眼里永远只是这样碎片般的印象：统一的校服，令人震撼的跑操，无理的规定，如山的卷子，书呆子般的学生。这些都是片面的，更确切地说，这些方面的认识大部分是错误的，没有在衡中读过书的人无法体会衡中的幸福。

每一天的清晨，5点30分起床之后不出1分钟，便会有撕心裂肺的呐喊回荡在校园，"我要上清华""我要考港大""北大我来了"。或许你觉得很有病，但请尊重我们那份对梦想的痴狂。

每一天的7点10分，一间间安静的教室便像约好了一般传出声声铿锵的呐喊，"若为风，当暗淡所有春光""我一定要上××大学"。那是我们的集体宣誓，或许你觉得太形式化了，但请相信那是我们心灵的呐喊。

每一天的22点05分，都会有一个个飞奔的身影冲出教室，如电般闪过，冲入宿舍，然后3分钟之内爬上楼、洗漱、铺好床、躺好。你或许觉得何必把自己弄得这么紧张呢，我不得不告诉你，在衡中我们都按秒过。

每一天的……

这便是衡中人的每一天，但是我们的生活绝不止于此。我们还有正式大气的晚会、轻松开怀的元旦联欢、高水平高质量的运动会，十佳竞选、远足、成人礼、校庆等种种活动，团活课、心理课、体育课、艺术课、口语课等各种文化素质课，所以在衡中的日子虽然紧张，虽然疯狂，但我们绝不是只会读书、做题的书呆子，我们也时尚，会文艺，爱张扬，能玩会学，收放自如。这才是真正的衡中人。

衡中把我送入清华，但衡中给我的远不是一张清华的录取通知书，还有伟大的衡中精神，还有那些难忘的经历。

初入衡中，我被分在了普通班，但班内仍是高手如云，那时我觉得自己不过是一个垫底的人而已。军训后开课便到了十一，那年国庆外加甲流，我们一下放了14天假。作业还有飞轮效应是假前班会给我最深的记忆。那个假期，我坚持每天5点30分起床给老班打电话汇报、早读，然后完全按学校时间直到22点10分，因为我知道假期是分水岭，是没有硝烟的战争。说真的，那14天的日子很难熬，那14天我没碰过电脑、电视、小说。这之后所有的假期都是这样过的，每一个假期都很难熬，但是每一个假期都熬过来了。

十一之后进行了高中的第一次考试，我考了班级第2名，但离实验班依然很遥远。那次的总结大会我代表普班发言，"身在普通，心在巅峰"，那是我到目前为止最精彩的发言。从那之后，5点35分我便准时出现在操场，22点05分才冲回宿舍。我还记得当初午饭后教室里空空的，只有我一个人。世上有很多容易做到的事，但一旦一群人里只有你一个人做的时候，你会发现比登天还难，还好我忍住了诱惑与孤独，成功地进入了实验班。

进入实验班，满心恐慌，我再次以垫底人的身份默默努力。"战战兢兢，如履薄冰，如临深渊"，这是我高一一年最好的写照。也许是得益于这种心态吧，高一那年所有调研考试我的成绩一直进步，从300多名到年级第2名，在衡中一年之内成绩一直进步的人非常少。

高二换了全新的老师，奥赛的任务也重了许多，那时候周旋在奥赛老师与高考老师之间，个中滋味，"苦""累"形容都显得太过单薄。我不得不承认那是我最忙碌、最狼狈的一年。圆锥曲线、导数学得一塌糊涂，每天被物理老师、化学老师找去谈话，还有各种面批。与高一的辉煌比，高二是那么暗淡，那种天上地下的落差难以忍受。但是即使过得再狼狈，我都不曾有过一丝放弃奥赛的念头，因为每一个奥赛人都知道"自己选择的路，跪着也要走下去"。既然选择了奥赛就注定比旁人吃的苦要多得多，而且一旦踏上这条路就不能再转身。对自己要狠，对选择要绝，对梦想要忠。

高三的上半年我从奥赛生成了普通生，老师、对手、同学、父母，包括我自己都以为我能东山再起。挣扎了半年，成绩却从前50名掉到了史上最差的343名。那时有个怪圈，每到周测都能考班里第一甚至系列第一，然而一到大型考试就出现各种"失误"，后来自己总结一下是因为没有把周测与大考做到一致，也就是说周测的经验完全用不到大考里。所以那句"考试平常化，平常考试化"还是非常有道理的，真正去实践了，高考十拿九稳。另外我想告诫学弟学妹的是千万不要对老师有任何抵触心理，我用我高三惨烈的上半年深刻地理解了这个道理，这里郑重提出告诫，可以让学弟学妹们少走弯路。学习中最重要的是有归零心态，过去都是零，现实才是一。

接着高三分班了，我进入了一个新的班级，老师告诉我我们都是一张白纸，写出什么篇章全靠自己的表现。我以343名为基础开始默默努力。平静的生活刚刚开始便被保送考试搅乱了，我不幸成为清北非保送生的第一个，看着自己一个个昔日的对手、朋友都获取了保送考试的资格，那种失落至今都刻骨铭心。接下来我面临着一个重大选择：保送一所非清北的学校还是选择拼一拼清北的自主招生。由于当时直线下滑的成绩真的让我觉得高考考不上清华，保送非清华更稳，高考则变数太多，而且之前有太多失败的学长学姐的先例。我从来没有像那些天那样纠结过，班主任、父母都说让我自己拿主意，因为没人能为我的选择负责。在期限的前一晚，我跟我的年级主任进行了一次刻骨铭心的谈话，我记得他说："如果我是你，我就孤注一掷地试一试，即使失败了，我也不后悔。"后来我冷静地思考了一下，从小到大我的大学梦一直是清北，从来没有让位给其他的任何一所学校，为什么我要背叛自己最初的梦想？所以我留下来高考。面对那么惨烈的成绩，面对那么多人的不解，我只是默默努力。再后来我又因为专业不符合自己的理想放弃了清华的自主招生面试，这一次班主任也来劝我，让我别放弃太多，不留后路。可是我知道只有我自己了解自己想要什么，我不会为了跨进清华的大门背叛自己的心，哪怕破釜沉舟我也会孤注一掷地去试。

百日誓师的时候，我在写给自己的信里有这样的话："专注地把自己打造成极致然后颠覆。"在高考一天天临近的日子里，虽然我也有过迷茫，有过浮躁，可是我从未停止过打造自己，也从来没在考不好的时候后悔过。沉潜只为飞跃。

我把高考的辉煌绝大部分归功于临场的心态，不想过去，不想结果，只是想我的任务就是把会做的做对就可以了。因为我知道只要我把会做的全部做对，我一定能考上清北。虽然考前也失眠到凌晨一点半，但是完全没在心理上有任何消极暗示，因为那时只关注当下，用最纯粹的心去面对。

至于学习方法呢，我觉得有以下心得吧。

首先要知彼。比如语文的论述文阅读会从因果倒置、绝对化、扩大范围等方面出题，文言文最后一题会在年代、地点等方面设陷阱，古诗鉴赏有形象题、意境题……理综呢,生物选择无非就是考细胞、图像题、遗传定律……不做一一列举,沿着这种思路想下去,理清了高考的重点才能做针对性的练习。每做完四五套理综题之后,总结经常在哪种题型上出错,弥补一类题的漏洞,一定是事半功倍的。

  其次是要知己。根据高考重点,排查自己知识网上的漏洞,着重弥补。另外就是要专攻那些自己发怵的题,考试的规律就是越怕啥就越考啥。

  语文重在积累。每天一页的积累是我不变的安排。

  英语重在练习。我也不知道究竟是什么支持着我每天一篇完形三篇阅读,从不间断。

  数学重在总结题型。我还记得当初不惜花一个自习的时间整理一道题,天马行空地自己编题自己做。

  理综,就我个人而言,我喜欢做题,然后把各种新鲜的题型放到自己的题库里。

  高三的生活貌似单调,但你要学会从中找寻快乐。我喜欢语文老师雅俗共赏的讲课方式,语文课是我每天的心情驿站。我喜欢一脸膜拜地看着老班潇洒地解出我想了一天都没做出的数学题,喜欢数学课上大神们争先展示自己的方法。我还喜欢英语早读大声地喊,喜欢我们萌萌的英语老师,喜欢每天习惯性地做一篇完形三篇阅读。最喜欢的是周末的自习在溜进教室的阳光里做一套理综,然后紧张地对答案判分。心情不好了,就整节整节课地写日记。那样的生活真的很唯美。

  其实我所说的、所做的不过是一些最普通、最不起眼的小事,可能你已经听过 N 遍。但听过是一回事,做又是另外一回事。一个人会成功,往往不在于他的智商高人一等,而在于他有非凡的执行力。

  "要有最朴素的生活和最遥远的梦想,即使明天天寒地冻,山高水远,路远马亡。"路,就在脚下。菁菁清华,等着你。

相信"相信"的力量

李　萌，衡中2012届405班，奥赛生

夜风习习，撩拨着我的回忆，离开那个熟悉的地方之后，总会觉得自己有种莫名的失落感，再也找不到那些熟悉的笑脸，再也找不到那种拼搏的滋味，再也找不到那种跌倒了爬起，再跌倒再爬起的倔强。回不去了，记忆中的美好只属于那段闪光的日子，只属于衡中——一个梦开始的地方。

三年前，我第一次迈进衡中的校园，像无数的新同学一样，我们都是各自初中学校的佼佼者，有着一股傲气、一份不羁，有着初生牛犊不怕虎的倔强。我倒要看看传说中的"牛棚"有多牛！还记得自己曾经对着校园外清华、北大学子的照片墙许下这样的誓言："三年之后，我必定也会出现在这面墙上！"

然而理想很丰满，现实却很骨感。整个高一的上半学期我全在适应，适应以前没经历过的集体生活，适应一年四季从不改变的作息时间表，适应所有人争分夺秒的紧张节奏。当我被突如其来的生活搞得筋疲力尽时，却发现高一仅仅开学一个月，就已经有同学中午坚持学习到十二点半，然后急匆匆地奔向食堂，和高三的学长学姐抢饭，再花上5分钟填饱肚子，回到宿舍午休。一瞬间，我觉得自己距离那些目标如此遥远，身边的人比我有天赋还比我勤奋，那我还剩下什么，我凭什么去战胜别人，凭什么去实现清华的梦想。那时，我只是一遍遍地告诉自己：尽力就好，做到自己的极致，何必去在乎什么结果呢。在这样的纠结之中，我迎来了高一一调，那是我高中三年印象最深刻的一次考试，开始因为对教室不熟悉找不到教室，后来看错表数学答得一团糟……种种不顺几乎都降临到我这个不幸儿身上。考完第二天，成绩揭晓，还来不及感叹衡中改卷的神速，一个数字就蹦到了我的眼睛里，"79"。呵呵，竟然是年级第79名、班级第9名，虽然比不上初中的遥遥领先，但我看到了付出的收获。或许这个"炼狱"并没有想象中的那么可怕，或许看似不可战胜的学霸并没有那么强大。你可以放低自己，但你不可以放低自己的梦想！相信自己，没有什么不可能！

渐渐地，我摸到了在衡中生活的规律：每天凌晨五点半，从开始的10分钟，到5分钟,到最后的3分钟——3分钟可以做完穿衣服、叠被子、洗漱、上厕所等一切工作,然后抓起书迎着风奔向操场。当时有位舍友总是赖床,为了提醒自己,他在头顶的墙上贴了一张大白纸,上面写着:"你可以再快点!"每天早上一睁眼,看见的便是这句话,就这样,他一直坚持了3年。我并不知道他最后去了哪个大学,但是这种只有在衡中才会有的体验是我们一生的财富。没有人可怜弱者,放纵自己就是毁灭人生。或许高中的生活难有波澜壮阔,或许高中的日子里充满着艰辛苦涩,但正是这些日复一日的重复,日复一日的坚持,才有了厚积薄发,才有了次次辉煌。

衡中有一句话,"高一是基础,高二是关键,高三是决战",哪一步都不能放松。高一的日子过得很稳,学习上基本稳定了自己的名次,虽然还有些起伏,但我还是看到了清北的希望。每天好好听课,认认真真做笔记,尽力完成自习上的每张作业,第二天趁热积累知识点和错题,还有无穷无尽的学案自助。这些普通但又是必须做的琐碎小事,基本上陪伴了我们高一、高二的每一天。但就是这些琐碎小事,做好的人慢慢走在了前面,做不好的人被落在了后面,差距往往都是一点一滴之间形成的,细节决定成败一点都没有错。一步一个脚印,到了高二的期中考试,我终于考到了年级第一。积累了一年半,在适当的时机总会得到释放的机会,就像荆棘鸟,自它出生的那一刻起,便奋力挥动起那薄弱的双翅,向着远方飞翔,不论酷暑严寒,它只是偶尔停下取食草籽、雨露,然后又一路向前。直到有一天,当它遇到一片荆棘林时,便用力冲向荆棘刺的尖端,在胸膛被刺穿的那一瞬间,唱响它这一生最响亮的一曲,也是唯一的一曲。一生积蓄只为这最后的一次歌唱。

高二的记忆还有很大一部分被选学星占据,所谓学星,学习之星,为了这个在上千人面前的演讲,我整整准备了三个月。虽然开始是班里可爱的同学们在我不知情的情况下帮我报的名,但我还是很感谢他们,因为这次学星选举完全改变了我高中三年的道路。在这之前,我基本上没有参加过什么演讲比赛,在这里还要感谢曾经在414班的那些亲爱的同学,是他们一个个帮我提出各种方案,是他们牺牲自己午休的时间帮我改稿子,是他们在我几乎想放弃时对我"生气",让我坚持……感谢我身边的每个同学,他们都是我高中三年路上的战友,更是我值得一生珍重的朋友。但是现实远没有那么简单,就在距离正式比赛前两天的最后一次彩排上,我牺牲了N节自习和N个午休时间,聚集了好多同学心血的稿子被毙了，可以说是完全被否定，当辅导老师帮其他选手做改进时，我却只能一个人在角落里从头再来。当时特别想哭，我拼死拼活干了三个月，学习成绩从年级前10名掉到了年级70名，和同学一起花费了好长时间，换来的竟然是这样的后果！我不甘心，凭什么老天就这样对待付出的人！我不明白，凭什么别人都有回报而我却一直看不到希望！那天下午，就当我打算放弃这次选举时，我收到了一张来自另一位选手的字条："相信自己。我知道你很难受，有什么问题我可以帮你。"谢谢那位同学，在我最困难的时候给我的温暖（虽然最后她没有选上学星，但在我心中，她当之无愧）。后面的两天，我无时无刻不在想着稿子，甚至唯一一次逃课去教研室练习，但无论多苦，我的身边都有一个好兄弟，他陪我改稿，陪我练习，走上场前陪我放松紧张的心情。没有他，没有那些在台下支持我的同学，我不会有最后的成功。是的，我成功了，拿着仅仅两天就改好的稿子，我战胜了不可能，战胜了胆怯，战胜了自己。我没有让那些默默支持我的兄弟姐妹失望，就像我当初说的那样，我一直"忘不了我们军训时洒下的颗颗汗水，忘不了我们远足路上的张张笑脸，忘不了我们成人礼上的壮丽誓言"。高中三年，你不是一个人在战斗，相信自己，相信身边的兄弟姐妹。

当然，除了同学，我们学校生活中最重要的人是我们的老师。高中三年老师教会我很多东西，课本上的，人生路上的，他们以自己的言行时刻指引着我慢慢前行。衡中的老师是很辛苦的，早上学生五点半跑操，那么班主任就要在五点半之前赶到跑操地点，晚上还要催促学生早点进入休息状态，查完宿舍才会回家，那时基本上也是11点左右了。如果说衡中的学生过的是"非人"的生活，那衡中的老师过的就是超人的生活。如果住在学校家属楼还好，要是住得离学校比较远，老师们早上5点就得来上班，晚上11点多才可以回家，中午就只能勉强在办公区的桌子上趴一会儿。顾得了学生，就顾不了自己的孩子，他们才是衡中奇迹真正的缔造者——一群敬业奉献、爱生如子的老师。高三的班主任对我产生了巨大的影响。刚到高三，我们从生活了两年的西区"被拆迁"到了东区，期中过后又再次分班，离开了在一起两年多的班级。也就是在这个新的班级、陌生的环境里，我认识了高中时期的最后一个班主任——王文霞老师。乍看上去，王老师是个很和蔼的人，或许是20多年长期在讲台的播种，让她一直和孩子们在一起也有着几分孩子的气息。她是个上进心很强的人，班里的成绩不好，班主任比谁都着急，找完科任老师找班委，找完尖子生找退步同学，她的一腔热情全用在了自己的孩子们身上，她有时像慈母，悉心疏导着高三学子们紧张的神经；有时又像严父，执行着她的"批评教育"。我尤其喜欢每周日的班会，幽默也好，俗语也罢，"出水才看两腿泥"这样的话我这辈子是忘不了了。真正改变我的是她的一句话："相信'相信'的力量。"相信本身就是一种力量，一种催人奋进的动力。相信自己，相信老师，相信梦想，希望就在前方！

　　元旦以前，某个周日晚三，老班带来了一个震撼405所有人的消息：她的身体已经超负荷运转，一颗肿瘤正在时刻威胁着我们亲爱老师的生命。她为了学生，为了不让一个405人掉队，毅然决定带着我们走完高考，这是怎样的一种精神！那些青春面庞上的泪滴，是对这个无私举动最纯真的感动！尤其是高三后期，当我的成绩直线下滑，最迷茫的时候，是王老师一次次的谈话给了我支持，可能一直到最后我都没有实现自己对老师的承诺，但我努力了，我相信过，我也一直相信着，走过，无悔，才是青春。

　　有些事注定只能留在回忆里，有些人注定一生要珍惜，有些梦注定一生追求，相信自己，相信"相信"的力量。赶路吧，朋友！纵使前路坎坷，你只需留下一个潇洒的背影。

用近乎愚蠢的虔诚坚守，梦想就会回报你

董宇喆，衡中2012届405班，奥赛生

时光流逝，离开衡中，进入了无数人梦想的清华园，在"六教"和逸夫楼中继续追寻自己的梦想，每当回首那段峥嵘岁月时，总会冒出一个我被问过多次的问题："你是怎么考上清华的？"

以前被问到这个问题时，我都会瞬间语塞，然后找些话搪塞过去，而今天，当我从三年的衡中时光里细细找寻时，三个法宝在脑海中渐渐清晰，也正是这三个法宝，帮我从众多考生中脱颖而出，进入了中国最好的大学。

法宝一，乐观的心态

我在高中学习数学奥赛，高三上学期11月奥赛结束，一张"省二"证书宣告着我两年的辛苦化为了泡影，而高考科目的成绩也因长时间的封闭训练有了大幅度的下滑，紧接着几次考试都发挥得不理想，也因此失去了清华北大的自主招生资格。即使在高三下学期，我的成绩也没有进过一次年级前一百，而在衡中，只有多次杀入年级前三四十名才会有较大的可能在高考后圆梦清北，但就是在这种情况下，我依然有点阿Q般乐观着、坚持着。我会在每天早晨跑操时面朝初升的太阳，对着自己说一声"Today is a new day"，然后开始新一天的征程；我会在每次成绩单出炉而自己的成绩又不理想时，在本上写下"这有什么，又不是高考"，然后继续自己有点"愚蠢"的努力。终于，在最后的高考中，我从衡中的300多名变成了全省的34名，在最后一次考试中我的乐观给了我最好的回报。

法宝二，坚定的目标

我相信，每个刚刚踏进高中的孩子，都会有自己的目标大学，但随着高中的时光一天天过去，有的孩子在一次次失败后对自己的目标不再是那样渴望，梦想在一次次的失败中逐渐褪去了原有的光环，有的孩子在一次次打击中降低了自己梦想的高度，而这些孩子很难再到达他们本能到达的高度。我很庆幸，我没有让我的梦想褪色，即使是在第866名的情况下，我还是坚守着我的清华梦，没有一丝的退让，我还为此放弃了上海交通大学的自主招生资格，只为了不给我降低

梦想的高度留下退路。所以，不管你现在的处境有多么困难，请不要降低你的梦想的高度，用近乎愚蠢的虔诚去坚守，总有一天，你的梦想会回报你。

法宝三，衡中教会我最好的学习方法是写改错本

首先，要给改错本和错题一个正确的定位，我为什么要写改错本？是为了在检查时不被老师批评吗？错题对我来说有没有价值？其实，高中三年，只有错题才对你有价值，如果你花了两小时解决了一张数学卷子，得了120分，实际上你并没有任何的提高，每个人的知识都像一张正在修补的网，里面会有大大小小的漏洞，而每次你发现并改正了一个错题，你就补上了一个漏洞，到高考时，谁补上的漏洞越多，谁的胜算就会越大。我们每天都要做许多的习题，这些习题是老师们精心为大家准备的，可这些习题有多少是对你自己有效的，你能从中汲取多少营养呢？改错本是你为自己打造得最好的武功秘籍，并且这个秘籍只对你自己有效，所以一定要把改错本放在一个十分重要的地位上。有了这个正确的定位，就要肯付出时间来做改错。不要认为只有做了多少题才算是收获，当你把错题改正时，你的收获可能比做出一道题还要大，用来做改错的时间应该成为效率最高的时间。

写改错时也有三重境界：第一重境界，是应付改错，也就是在老师收改错本的前夕开启"改错也疯狂"的模式，把改错本写得自己看了都觉得恶心，也不愿意去看，这种人做改错只是在浪费自己的时间。第二重境界，就是中规中矩地抄改错，把错题或贴或抄在本上，答案也用同样的方式来做。大多数人都会选择这样的改错方式，但我只能说，第二重境界只开发出了改错的一少部分的作用。第三重境界，就是真正地写改错，和第二重境界相比，只是处理答案的方式不同，不是简单地把答案粘贴或抄写下来，而是把错题当作新题再做一遍。达到这种境界的人少之又少，但如果你想要发挥改错本的作用，就必须使自己不断逼近第三重境界。

最后，把错题都整理到本上之后，该怎么对待改错本？这里也有三重境界：第一重境界，很多人在此时如释重负，因为老师在检查时自己可以高枕无忧，不会受到批评了，从此将改错本束之高阁。第二重境界，有不少的人在此之后就只是看积累本，而不再去动笔算或再亲自做一遍以前的错题，这样做有一定的收效，但不会太多。第三重境界，我将其称之为真正的"做改错"，要做到这重境界，需要在写改错本的时候不要将答案和题目离得太近，要达到这样一种效果：重新翻看改错本的时候，看到的不是带着答案的题，而是一道道对自己来说答案未知的新题；重新回顾积累本的时候，也不是只用眼睛看，要去动笔算这些题。当你达到第三重境界的时候，改错本便可以化身为你的智能题库。在这里我还想多说两点：第一，将错题写到改错本上只是第一步，在这以后需要不断地进行复习巩固，将错题的思想和解题方法刻在脑子里才是最终的目的。第二，改错本并不是一项立竿见影的工作，也许你努力了一个月，甚至是一个学期，还是没有太明显的结果，这时候千万别放弃，只要继续虔诚地做下去，总有一天，你定会将改错本的作用发挥到极致。

无论多么不舍，衡中的生活经历也已经只能于回忆中找寻，我很幸运，经历了三年刻骨铭心的高中生活之后可以在清华继续我的求学之路，但在清华生活却依然享受着衡中带给我的美好。如果说有哪个学校能让自己的学生受到其他许多学校的同龄人的惊叹、艳羡或是尊敬的话，不是西工大附中，也不是黄冈中学，而是我的母校——河北衡水中学。这里我举一个小例子：班级第一次班会进行自我介绍环节时，一个毕业于衡水二中的同学站起来发言："我是来自衡水二中的。""哇！"出现了一点骚动，那位同学赶忙说："别激动，这里还有衡水中学的呢。"骚动更大了，只不过这次焦点对准了还坐着的衡中人……后来和曾经的高中同学交流，基本上所有的人在大学都受到了这样的礼遇。我想也只有衡中，可以让她的孩子不管走到哪里，不管是在清华还是在河北师大，都能因为曾是衡中的孩子而感到无上荣光。

曾经在高考后无数次地憧憬美好的大学生活，没有了早晨 5 点 30 分的起床铃，没有了上课时还要注意你状态的老师，没有了固定的教室，甚至一周上的课不及原来 3 天的课多，但当我真正迈入了清华的大门，我才发现，一切的憧憬都只是聊以自慰而已：没有起床铃，依然会在 5 点 30 分看到拿着书念英文的学生；没有注意你状态的老师，上课时依然紧跟老师的身影；而每天即使到了很晚，还是会有很多人在自习室、图书馆奋笔疾书，对着书本或是电脑奋斗着……每当这时，我便会不自主地想起衡中，想起一天天伏在课桌上与试卷缠斗的时光，我想，也正是因为有了那样的经历，才可以让我很自然地成为清华人群中的一员，不知疲倦地追逐着更高的目标，在奋斗中收获着更大的快乐！

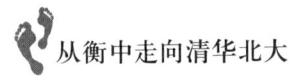

从衡中走向清华北大

无论多大的成就记得山外有山，
无论多差的成绩总有突破之时

张植程，衡中2012届410班，奥赛生

一直觉得，我还是那个很小很小的小孩子，看得见妖怪，遇得上彼得·潘，去得了数码宝贝世界；一直觉得，我不会像那些传说中的学长学姐一样，面对高考，面对拼搏，面对挣扎。不过一转眼，我就要18岁了，可是，我还是要书写小孩子的传奇，想小时候就在想的事——这是我高考一年前的日记。

在衡中这种遍地高手处处杀机而又充满爱的地方，我只是一个水平中等的人，正如我的好友说我已经做到了道家的境界：长相、智力、记忆力一点都不会引起人忌妒，在班里担任一个巨小的"官职"而且自得其乐，还不时"以权谋私"帮助别人。能有幸写这篇文章，无非是一时幸运进入了清华园，没有什么心得与大家分享，只能和大家说说我小时候就在想的事。

你永远没有自己认为的那么好，也没有自己认为的那么不好

记得那时候班里一旦氛围不好成绩不好什么的，都会归结于两种人：一种自认为自己学习方面什么都行所以拒不参与班级事务，连上课都不认真听讲埋头于自己准备的题，更严重但是更普遍的是在语文课上做数学题。另一种自认为自己学习上什么都不行，所以要么自暴自弃不问世事，要么只顾埋头题海不问世事。不必多说，这两种心态，于学习，于班级，于自身都不好。我觉得，我们永远也没有自己认为的那么好，也没有自己认为的那么不好。无论多大的成就，山外有山；无论在某一方面有多差，都有突破之机。正如我的数学还算不错，但是每天的学案、自助、作业、改错一样不落，而且还会腾出时间总结题型；而英语一直在实验班名列倒数第一，但直到高考的英语考试结束，我都没有放弃英语，牢牢记住京华老师所言，学好英语至少持续努力五个月。

不知道别人的苦，别说自己苦；不知道自己的幸福，就别说别人幸福。

可能各位同学在毕业后回忆自己的高中生活，都不会觉得苦，那是因为当

年的痛苦已过，留下的只有欢乐与成绩。而我们还在高中时，却很少有人能一路欢歌。所以，在此我不是想让大家不断保持好心情，不断调节自己，我说的心情调节并不是自我安慰，而是要明白，自己还努力得不够。宝方老师有一句话给我启示很大："世界上没有'非知识性失分'，那是编出来安慰你们的。"的确，一时没想起来，马虎，甚至抄错了都不是失分的理由，而是因为我们对知识不熟悉造成的，每一次失分，失的每一分都需要我们去复习这个知识点。所以，成绩不好的根源就是我们的努力没达到，在这种情况下，考试结束成绩不好，我们没有时间感慨自己付出没回报：之前的一个月已经比别人少努力一点，现在更没有时间被别人落下。

歧视是靠自己消除的

其实衡中是个充满"歧视"的地方：老师们"歧视"实验班，包括每回作业都加几道题等。衡中又是个极度公平的地方，一切尊重与荣誉都来自自身的能力，包括学习能力、领导能力、解决问题的能力等，但是个别人把它扭曲了，一些人只看人的学习能力，直接简化成了学习成绩。于是各种"歧视"就或多或少产生了，不过大部分歧视是被歧视者自己多心。譬如说高二的时候把每次考试的前多少名统起来，名之曰"清北班"。当我的三个同桌，前面一排只留我一个，全去清北班开会的时候，自我歧视就产生了。我要说的并不是调节自己的心态不计较这些，而是用行动消除这些"歧视"。不得不说，我在高三下学期成绩进步，跟学习上的自我否定有很大关系。既然歧视是自己找来的，就得自己把它变成动力。

时间就像食堂的虫子，要找总是有的

无论多先进的国家多先进的学校单位，只要是食堂，必然能找出虫子来。而时间并不只是一天 24 小时那么简单，关键在效率。老实说，我在自主复习那段时间每天按时、保质保量吃饭睡觉，完成学校的五套听力训练题，写完习字，改完错，复习完改错本，写完半套高考题，还能腾出时间写一篇日记，文配图的那种，并且和朋友感慨我们怎么一点都没传说中那么累啊。时间来自效率，效率来自目标，目标来自信仰。

最后一句话，只可意会，就不解释了——只要认准了结果，过程反而不重要。

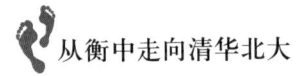

唯有自己才是自己的上帝，没有人比你更了解你自己

贾　川，衡中2012届410班，奥赛生

回想自己高中三年，像一场梦一样。三年前的我，想象不到我可以做到这么好。高中三年，给了我太多收获。

首先，一定要记住，我们自己才是自己学习的主人。学习不是给别人学的，不是做样子给别人看的，是真真正正、实实在在让自己受益终身的。我们是学习的主人，就意味着我们要有独立探求知识的能力。换言之，我们须有独立的思想体系，即有独立的判断能力。把每一个知识点真正弄明白，把每道题真正做对，是对自己负责。

其次，要把自己的事情安排好。一定要为自己制订个计划，把时间分配好。制订计划，除了把自己的任务安排好，更重要的是让自己紧张起来。没有计划，完成多少任务也无所谓，不知不觉效率就低下来了。有了计划，就有了目标，每天的学习才是实实在在的，才能有收获，才能有个好结果。

在高中，分数和名次很重要，但千万不要把成绩和分数看成是最重要的，这样会使你的目光狭隘、短浅，视野受到限制，得不到你想要的结果。高中绝对不是只有学习那么简单，到高三后期你就会发现，我们根本不是一个人在战斗，我们是以一个班级为单位在战斗。班级凝聚力很重要，千万不能把自己孤立起来，妄想着孤军奋战，把别人甩在后面，那根本就不现实。

我一直觉得，衡中三年我收获最多的，不是什么知识、分数，而是一种心态，一种从容不迫的心态，学习只是生活的很小一部分。生活中不可能事事顺你心意，也不可能事事如你所料，我们常会遇到极为棘手的事。怎么办？是手忙脚乱、慌里慌张、闷闷不乐，还是心平气和、按部就班、循序渐进，一项一项地完成？答案很清楚，但做起来并不简单。正所谓当局者迷，旁观者清。控制自己的内心，学会自律，做到当局者清是一种能力，一种非常重要的能力，它让我们一直保持一颗冷静的头脑，做出最正确的判断。

关于学习，尤其是学习方法，最最关键的还是要靠自己。我相信一句话："唯有自己才是自己的上帝，没有人比你更了解你自己。"所以，最后我只想说，要做一个懂得思考的人。

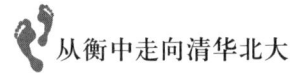
从衡中走向清华北大

没有最好的学习方法，适合就是最好的

邢康宁，衡中2012届410班，奥赛生

一、我的衡中生活

来到清华，突然想到了刚进衡中的时候，感受竟这么相似，陌生中又感到如此亲切。

刚到衡中，也是慕名很久，也是被一群牛人包围，也是生涩又战战兢兢，也是难忘的军训作为开始。其实进入衡中的第一感觉是：衡中，我终于来了！很兴奋自己即将开始一段封闭的住校生活，激动地想自己离梦想又近了一步，也为即将到来的激烈的竞争和紧张的学习感到一丝忧虑。校园在衡水已经算不小的了，树很多、很美，教学楼分三座——格物、揽月、明志，分别对应高一、高二、高三，其实想想还是蛮符合的，高一的时候摸索高中学习规律，从细微处一点一点学习，丝毫都不放过。到高二就颇有些浪漫主义了，学习难度增加，却比高一游刃有余，活动最丰富，也最锻炼人的综合素质，学得尽兴，玩得开心。没有高一的生涩和高三的沉闷，称为高中最美好的一年一点都不为过。高三则是为了高考的大学梦想冲刺了，单调但志向明确，呐喊的口号，埋头一片的教室，都是最真实的高三写照。

说到衡中就不得不提衡中的跑操。母校的跑操真的是名不虚传，我现在都想不到还有哪个学校可以把跑操作为一个既锻炼身体又是文化建设的活动来搞，并且年复一年地坚持下去。衡中的跑操，齐是外表，团结是内心，好比读书是外表，珍惜时间是内在的潜意识。学弟学妹们也许会像我们当年一样在学校埋怨定点的跑操和严肃的纪律，但是当你走出这个学校，真正享受衡中所做的看似无用的东西带来的好习惯的时候，你就知道，衡中给你的，绝不仅仅是清北的录取通知书而已，更多的是衡中文化和纪律带给你一生受益的心灵上的沉淀。

除了跑操，衡中更广为流传的还有八十华里远足和成人礼活动，这绝不仅仅是对学校的宣传，本身还是对学生发自内心的教育。八十华里，没有一个人掉队，不留下一片垃圾，试问这不是团结、顽强和环保意识的潜在教育吗？成人礼，家长的一封信，学生的成人承诺，不是责任与担当的感悟吗？还有学星评选，校长明确指出，所谓学星，是学生之星，而非学习之星，这不是素质教育的真实写照吗？还有各种各样的评选，学生自主管理的历练，谁说衡中是地狱？衡中是有心人成长的天堂。我想，也只有衡中，才会把我从一个生涩的小男孩培养成人；也只有经历衡中生活，我才会走向清华。

二、学习方法浅谈

首先我想说的是，无论哪种方法，首先要适合自己，这是可以称之为好的学习方法的前提。成绩好的同学之间往往方法各异，下面我仅谈一谈自己的方法，供大家参考。

1. 计划性

计划的重要性我不必多说，这里大家可以从两个方面进行：第一，目标计划。高中不过是三年，不妨把这一千天的时间分为一百步，每一步十天或是一周，给每一步设定好目标：是要学会多少东西，还是要做题速度赶上某个同学？总之是跳一跳可以够得到的目标，这样自己就会有源源不断的动力和成就感。第二，细节计划。我们每天的自习、课间、候操等时间或长或短，其实零散的时间很多。提前做好计划，如多长时间做完哪张卷子，或者改错用多长时间，什么时候完成之类。只有做好计划，才会明确自己要做什么，做了多少，还差多少，才能对自己的学习时间安排了然于心，也就不会忙了半天不知道自己忙什么。

2. 做题与改错

有人说，多做题好，有的人则偏爱改错。其实我认为，这两者都不可或缺。做题是改错的前提，只有做了足够多的题，在改错时才能把同类题型进行总结归纳，才能体会到题的精髓，进而达到下笔如有神的境界。但是，改错同样重要，不改错，错过的题岂不是白错了？会的还是会，不会的依旧不会。改错只是弄明白但不写在改错本上同样无效，谁能保证一直会深刻地在脑子里记到高考？写在改错本上，既加深印象，又给以后的复习打好基础。再者，改错不是纯粹的抄题、抄答案，而是要在弄明白的基础上有自己的感悟，比如某一类题的切入点，或是遇到某种式子怎样化简等，都是改错本上可以出现的内容。题目如果长可以粘贴，但是答案一定要自己默写下来才有效。改错也不是什么都改，一定要对自己有效果。

3. 心态

心态的重要性就不必说了，简单说就是不能过度紧张也不能放松，因人而异。我曾经很看重成绩，就是有点患得患失，这在一定程度上也就影响了我的正常发挥。之后又不知怎么变成一点都不紧张，没有激情。其实我想说的是，既不要过度紧张，又要有考试的激情，才会正常发挥乃至超常发挥。平时，更要保证心态的平和，不急不躁也不懈怠，一步步走，走得稳才好。

4. 身体

身体是革命的本钱，有好身体才能保证学习的效率。平常最重要的是吃好正餐，不能用零食代替。其实，衡中的食堂算是不错了，虽然有些拥挤，但可以保证营养全面、安全卫生。同时，还要加强体育锻炼，上好体育课和体活课，只有强健的身体才能保证良好的学习状态。

最后我想说，感谢衡中，是衡中教育了我，也是衡中成就了我。一路走来，在不断地摸索中明白，只有适合自己的方法才是最好的。找准方法，以踏实、认真的心态来努力，必将迎来属于自己的明天。

◎ 各类学子分享

别为昨天悔恨，因昨日已去；
别坐等明天，因未来无人知晓

王佳兴，衡中2012届410班，奥赛生

当年，我进入了这个许多初中生梦想中的高中——衡水中学，人称衡中。

初入衡中，给我留下印象最深的是老师们的笑脸，从他们眼里我看到了对我们的希冀，也感受到了衡中老师们美丽的心灵。

在一周严格的军训后，我正式开始了在衡中的学习生活。由于初高中衔接等问题，刚开始我对学习的节奏很不适应，甚至有一些科目根本跟不上，但我没有沮丧，也没时间沮丧，衡中的老师无私地给我帮助，但绝不是同情。在不断的失败中我明白了，世界不会同情弱者，而衡中也一样，她只能推着你变强。所以，我没有沮丧和停滞不前，我努力地寻找自己的节奏，尽管迎接我的还是一次次打击。

说到这里，我不禁联想起在清华的生活，不得不说，清华是一个"大神"云集的地方，什么高考状元、竞赛金牌都集结于此，所以会有很多以前傲视群雄的人感到不适应，有很大的挫败感。而我就不会有这种感受，感谢衡中给我磨砺，假如没有刚入衡中时那些内心的痛苦与挣扎，我到现在也许还不会懂这个道理：你不可能一直比所有人都强，其实做个最好的自己就是强者了。

说起衡中的生活，不得不说说衡中的纪律。外界传闻衡中军事化管理，我进入衡中前也是心怀忐忑，后来我发现传闻只是传闻罢了。衡中的纪律确实很严，几乎不会出现什么打架、吸烟这种恶劣的违纪现象，这得益于铁一般的纪律。严确实有时会让人很头疼，但说实话这确实有益于个人优秀习惯和意志品质的养成。没有这样那样的拘束，我的高中可能会自由一点，但绝对会失去重要的东西，那就是其他都无法替代的——磨炼。这一点来到大学后我深有体会，大学里再也没有了那些条条框框，期盼已久的自由却显得那么苍白，因为自由永远是相对的，那些所谓的不自由只不过是没有把心思投入自己想做的事情中罢了。

衡中的效率是衡中能取得这么好成绩的核心因素。外界有很多传闻，比如说我们一天只睡5小时，暂且不说那些散布谣言的人是什么心态，这种说法本身就是和衡中的理念背道而驰的：衡中最大的优点就是在对的时间做对的事，而且一定要做好、做快。从作息时间来说，衡中的作息绝对是科学的、有规律的。晚上10点10分准时熄灯睡觉，早晨5点30分起床，中午一小时午休，一年四季周而复始，既保证了充分的休息，给白天的学习创造了良好的条件，又避免了不必要的时间浪费，而且始终不变的作息时间让同学们体内的生物钟能顺利地发挥作用，不会出现突然不适应的情况。当然，这只是体现效率的一小部分，最重要的还是课堂和自习效率。课堂暂且不说，衡中的自习效率绝对是最高的，"从自习考试化"这一口号就可以看出，学科自习的时候每个人都集中所有精力做题，真是没有一点放松的空间，做40分钟想要有45分钟的效率，用每一节自习都竭尽全力形容一点也不为过。而自己支配的自习我同样不会放松警惕，为了提高效率，我学会了制订计划，每节自习以前都清楚地知道这节自习要干什么，干成什么样，这样就避免了时间白白浪费的现象。

　　说到上课，当然离不开老师，衡中这些年的辉煌最大的功臣就是我们这些亲爱的老师，暂且不说他们学识多么渊博，学历怎样，就凭他们的敬业精神和对学生的用心就值得受到社会的尊重。都说衡中的老师累，一点都没错，有些老师早上比我们还要早起床，晚上还要在家备课到很晚，但他们上课时还是激情四射；有些老师为了我们，放弃了本属于陪家人孩子的时间，但他们从不对我们抱怨。和这些老师一起学习，我感觉自己身上又多了些干劲。衡中老师用他们的激情和热血潜移默化地影响着我们，老师和我们一样，都是追求卓越的衡中人。

　　我是一名奥赛生，走的路与高考的同学稍有不同，学竞赛的日子真的很苦很苦，一方面要接受难度系数很高的竞赛知识，一方面又要兼顾其他科目不能落下，所以我们付出的比其他人多得多，当别人假期中可以自己稍微调整一下时，我们在听着听不懂的课，做着做不出的题。要说是什么支持着我矢志不渝地走这条布满荆棘的路，我想只有四个字，"乐此不疲"。奥赛的学习让我看到了兴趣对一个人的支持到底有多大，当你深深地爱上这件事时，你真的会觉得付出多少都值得，而且这种付出是不图回报的。这一点是我在奥赛考完试之后才体会到的。省赛发挥得不理想，无缘省队，这些都曾让我的心情沉入低谷。现在想来，我真的很感谢那段"黑暗"的心情，那段时间我觉得我的心智一下成长了不少，我第一次深刻地理解到什么叫拿得起放得下，什么叫不以物喜不以己悲。我第一次尝试着在大起大落的心情中学会淡定，学会静下心来做事，这也许是衡中和奥赛给我的比清华的录取通知书更有价值的礼物。

突然想起我高三时写在日记本上的一段话：

保持积极乐观，以最向上的姿态做好最坏的打算。

别为昨天悔恨，因为昨天已经过去了；别傻傻地等待明天，因为未来无人知晓。

活在当下，享受今天。生活的每一天都值得珍惜，不管你处在怎样的境地，一点也别浪费，青春禁不起虚度。

不应付，不敷衍，做就做到最好。

困难永远只有一个，不要畏惧，做最勇敢的自己。

别眼高手低。

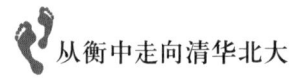

优秀的人不是持续保持辉煌而是创造新的奇迹

李步宇,衡中2012届410班,奥赛生

"你高中是哪个学校的?"

"衡中的。"

"就是那个衡水中学对吧?知道知道,你们学校考了很多清华、北大的吧?"

刚踏进清华园时,类似这样的对话在我身上发生了很多次。的确,无论是上大学、出国,抑或是工作了,我们永远都有一个名字——衡中人,衡中也永远是我们的骄傲。

可能在外人看来,衡中是一个监狱一般的地方,极端的纪律、无尽的习题培养出一群学习的机器、考试的奴隶。然而,只有衡中人知道,三年的酸甜苦辣给了我们多大的财富,只有经历过衡中的生活,才知道衡中精神的伟大。

我们可以在早上5点30分起床,于5点35分在操场集合完毕,所有人都拿着书或笔记本认真地背诵,而后我们便像军队一般用整齐的步伐与嘹亮的口号释放我们的激情与活力。来校参考者若在此时到宿舍察看,一定会惊讶于那整齐的被褥与干净的地面。

我们可以在课间的10分钟内保持教室自习一般的安静,甚至有的同学可以高效地完成一张化学或生物学案。

我们的奥赛生可以在繁重的文化课压力下兼顾奥赛,当人们都称赞其优秀的文化课水平时,他却已然挂上金牌,提前踏进清华的校门。

我们的班干部可以顶着巨大的学习压力,查量化成绩,组织班会,把班级管理得井井有条。

我们的同学可以在教室时静若处子地学习,而在运动会上如离弦之箭般奔跑,在联欢会上声如天籁般地演唱。

……

这就是我们,集高效、严谨、责任、才艺于一身的衡中人。

而我作为衡中一员,也有着自己独特的经历与感悟。

最初踏入衡中，全省的高手聚集于此，我感到自己渺如沧海一粟，前路茫茫。我还清楚地记得，第一堂语文课，我被一位同学动人的朗诵折服；第一次物理作业，我因为对公式不熟而面对大量的习题手足无措；第一次英语测试，我考了班里四十多名，受到巨大的打击……

虽然受到不少挫折，但我心底有一股不熄的烈焰，我不服，我相信我能够成为强者。在入学不久的一次班会上，老师问大家，谁的目标是清华、北大，我毫不犹豫举起了手。可是，第一次调研考试，我便考得不理想，虽然不算太差，但离目标还很远。考后的班会上，老师又问，谁还依然坚持清华、北大的目标，我又一次毫不犹豫举起了手。因为我知道，拥有坚定的理想，全世界都会为你让路。

是的，纵然难过但我从未放弃。我在英语改错本前写下了"I will never give up！"之后，薄弱的方面问老师、练题型、改错总结，复习学案……我尽最大的努力去超越自己，向更好前进。高一下学期，年级第三，年级第二，年级第一，我终于站到了顶峰。

经历过一学期的辉煌，我多少有些飘飘然，经常会当堂跟老师争论，现在想想真是幼稚，因为我一个人耽误了大家的学习进程，这真的很自私。当然，那种不可一世的感觉并没有持续太久。高二，一方面由于奥赛备考的压力，一方面由于对有些新知识的不适应，我无法保证成绩稳定在班级前十。但是我从未服输，这主要归功于我的班级。我们班一向在全年级领先，而在高二第二次调研考试中全班大退步，受到了竞争对手的冷嘲热讽。考后年级组织过一次警示与激励性的会议，我代表班级做出庄严承诺："我们要的不是拿回以前的辉煌，而是创造新的神话！"此后我感到班里的每一名同学胸中都有一团火，我们在奋发，在努力，在耻辱中涅槃。终于在期中考试中，我们班各科成绩全是年级第一，年级前十名我们班占了四名，"王牌班"的名字从此远扬。

我想说的是，有一群朝着共同目标一起努力的兄弟姐妹真的很幸福。不仅是在学习上，其实处处都有集体的力量。记得在高二运动会的接力赛跑中，我跑最后一棒。由于前一棒的同学摔倒了，结果我接棒时已经被落后很远。我本已经泄气，但刚跑了两步就听到班里同学们穿云裂石的呐喊，冷寂的心一下被激情的火点燃，我拼命地狂奔，呼吸困难，双眼发昏，脚步却不曾慢下来。最终，竟然硬是追上近50米的距离，超过了一个人。

回忆在衡中的成长经历，我的内心永远都是澎湃的。

我还清楚地记得物理老师得知我自主招生没通过后给我讲了上届的一个学长的故事。他保送、自招都考得很好，却由于一些恩怨没被北大录取，然而他硬是坚持下去，高考考上了清华。于是，我抛开一切，将自己完全燃烧，来一个彻底的破釜沉舟，向高考冲刺。

我每天跑操第一个到位，放学最后一个走，空余时间几乎全都用来做题。我的成绩也一点点在重归巅峰，二模、三模都是年级前十，我真的找回了自己的位置。

可是在高考倒计时 5 天时，灾难又一次发生了，我感到胸口疼，去医院检查，发现是严重的气胸，医生建议手术，并说如果立刻手术，还能赶上高考，要是硬撑着后果难以预料。短暂的绝望后，我冷静地打电话通知了家长，然后以最快的速度准备手术。

气胸是指肺泡破裂，气体进入胸腔造成对肺的巨大压迫。我的手术是插管进行排气，管子大概有拇指般粗。第一天晚上我疼得基本没睡着觉，然而更大的痛苦是，医生要求咳嗽来促使肺膨胀以排气，事实上这个排气装置并不是向外抽气，只能主动咳嗽把气体"挤"出去。刚开始我怕疼，咳嗽不用力，气排不出来，医生很着急，丢下一句，"要想赶上高考就得使劲咳嗽"。我如遭晴天霹雳，要知道，我现在只剩高考这条路可以通往我的理想，不能参加高考，我还不如去死。于是，我忍着剧痛咳嗽，疼得麻木，疼得几乎晕过去，妈妈心疼得掉眼泪。当然爸妈都没有阻止我，因为他们知道我对理想的执着，我坚强到足以把自己感动，而这一切来源于衡中培育出的那种坚韧、敢打敢拼的精神！

6月6日下午，我出院回到学校。6月7日，我走进考场。我不记得有多疼，更不知道什么是紧张，我感到这个世界只有我的存在，我在挥笔书写着我的理想。

当我接到清华大学的录取通知书时，我真的丝毫没有激动，因为我知道，这是我应得的，上天不会抹杀我的努力。

后来，漫步在清华园中，我仍时常想起当年拼搏的点点滴滴。衡中，永远是我最珍贵的回忆，是我一生的珍宝。

每个人都是有潜力的，只是需要一个引爆点

沈鹏翼，衡中2012届412班，奥赛生

夜已深，人已倦，梦依远，忆难还。

一段感情，不论是苦是涩，是爱是恨，总要记得才有价值。我追求平静，但当平静如潮水袭来时，我不禁开始怀念曾经热血沸腾的地方，那是五点半的太阳照耀的地方——衡中。

从小生活在衡水这座北方小城，就像小学、初中上学要按校区一样，似乎注定我的高中就只有衡中一个选项，尽管前行的路上仍有一些曲折……中考过后，我度过了记忆之中最快乐的一个暑假，只因当时年少，不懂前途坎坷，只知要去上一所成绩很好的高中。"我当初是被忽悠进来的吗？"这是我在衡中常自问的一句话，现在回首想想，不觉一笑。

衡中的半军事化管理是从军训的时候开始的。当初兴致勃勃地向教官学习如何叠方块被，只是觉得这像是一项很了不起的技能；自然而然地成为体委，我有机会从队外欣赏衡中跑操方队的整齐；每天五点半起床，穿衣洗漱整理内务，开始以速度衡量质量……一切的开始都是从那时起吧，我们的相遇相识，渐渐地了解，衡中是一所管理很严格的学校。

一个因疼痛哭喊的孩子，当他哭累了、睡着了，再醒来的时候也许还会痛，还会哭，但是慢慢地，哭得轻了，男孩便渐渐变得坚强。

度过了最初的磨合期，我们的车轮渐渐也行驶上了衡中的正轨。熟悉了清晨的微凉和深夜的初霜，稀疏的扫把总是遗落陨落的柳黄，玻璃窗上的雾气氤氲出梦幻的氛围，而其中忙碌的身影却将此景带回现实。接受了衡中的规章制度，从此便有量化记录我们的点滴脚步；熟悉了安静的教室和紧张的节奏，因为总有试卷铺满案头；开始了奔饭的脚步，目睹了最快入睡的纪录，朝朝暮暮细数在衡中。

《莫林的眼镜》中说，每个人都是有潜力的，只是需要一个引爆点。漫画中的触发装置是一副高科技的眼镜，而在衡中，只需一种环境和一群人。

衡中的环境是安静的，衡中的学习氛围是极好的。全封闭的校园，最吵闹的声响怕是麻雀的叽喳；短暂的课间，鸟儿依旧是校园的主宰，柔和下来的教学楼中同学们还在老师周围激烈讨论。某君偶尔瞥见了窗外的银白，鸟儿引颈望向灯火通明的窗。老师曾向我们坦言他的感动：学校要求晚上10点10分熄灯睡觉，他却在10点05分目睹了大批同学拥出教学楼奔向宿舍的场景，竟然还是讨论自己上课所讲的难点。他说，这是他作为老师引以为傲的学生；衡中说，这是别的学校来借鉴学习也学不走的氛围。

经历高考，进入大学，在我们的印象中便是作为菜鸟步入了社会，那衡中作为新手训练营，又教给了我们哪些社会技能呢？是坚强。心底里那点小小的温软，从此坚硬如铁。

心理变得坚强，考试中小小的失误都会被激烈的竞争无限放大。有过沮丧，却不曾绝望，因为面前还有试卷可写，明天还有进步可得。情感变得坚强，老师说我们是高考面前同一条壕沟里的兄弟，却也在分班面前变得那样不堪一击。萧条过一个月，而后又是新的战场。肉体变得坚强，清华军训夜间拉练击垮了多少骄子的娇体，可在衡中八十华里远足面前却短得可怜。还记得我们当时一路上唱的那些歌吗？还记得当时道路两边长得旺盛的油菜花吗？精神变得坚强——衡中的高考前没有温书假，有的是5天的自主复习，衡中的3年里没有所谓周末，有的是周六的正常上课和次日的周日测试。

觉得很苦吗？想哭吗？别傻了孩子，洗洗睡吧。

因为明天你会活得比今天更好，也会更加习惯这里的节奏。

有人说，你们这样不值。可是，这种事谁又算得出值不值呢？当你用三年证明自己没有被浮躁的现实世界同化，可以做到昔日推崇的"两耳不闻窗外事，一心只读圣贤书"；当你用三年做完惊人的试卷，就像用三年环游世界一样，见识到了各种稀奇古怪的定理，也惊叹于各处都有神一般的人物；当你用三年的时间完成自己作为学生的本分，还有什么必要去在意外界的评论？窗外麻雀喧闹，窗内学子持笔沉思，不是一幅很唯美的景致吗？

衡中常说"每一个不曾起舞的日子，都是对生命的辜负"，也说"天道酬勤"，这恐怕是所有辛勤努力着的人给自己的共同的激励，然而现实总是像个孩子，没有人可以要求他怎样。于是，在衡中，我们懂得了"尽人事，听天命"，我们谁都不是主宰一切的神，尽管我们都渴望成为神，我们能做的就只有眼下的一切，未来就交给未来。

在衡中最后的日子里，每天都会宣誓；每天都会瞟一眼倒计时的牌子，嘴上嘻嘻哈哈说就快解放了，而私下里拿那个数字狠狠刺激自己松懈的神经；每天都会去望天、望月、望星星，让平静与热血在内心保持完美的平衡；每天都会告诫自己珍惜现在，也许明天就会物是人非……

在刚离开衡中的日子里，每天仍会去望天、望月、望星星，却找不回曾经的那种热血。昔日朝夕陪伴我的试卷，也已打包静静躺在角落中等候它们的命运。

我不知道你们眼中的衡中人是什么样子，但我知道自己该是什么样子。进入大学，我们又何曾丢下过衡中人的称号？解题的笔下画出的仍是衡中人清晰的思路，上课的眼中投射出的还是衡中人专注的目光。原来，衡中不曾远去。

从衡中走向清北，细数一砖一瓦；从清北回望衡中，岁月青葱，少年心意不变。

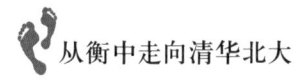
从衡中走向清华北大

要强但不逞强，自信的霸气最可贵

段文思，衡中2012届412班，奥赛生

进衡中前，我还是个浸于矛盾中的局外人。听人说，如果冀中是地狱，那衡中就是炼狱。

进衡中后，我又成为一个泡在矛盾里的局内人。有时自己恨衡中恨得牙痒痒，同学之间开着各种一损到底的小玩笑。但当外人对衡中有所微词时，我们又会忍不住跳出来予以反击。

当经过浮浮沉沉终于跳出衡中成为校友后，耐心纠正着大学同学对母校各式各样的令人咋舌的误解时，我不禁会想，衡中这个大"炼狱"到底炼出了什么？

不得不承认我对衡中某些规矩有些抵触，比如说无时无刻不在进行的监督和同老师考核与工资直接挂钩的量化，单一的学习模式和过于不拘小节的生活模式。但理智地想一想，又有多少高中不是这个样子？一切制度都有其成立的缘由与推行的价值。衡中之所以在有越来越多的学校学习衡中模式的今天仍保持领跑优势，在我看来，很大程度取决于衡中人的效率、热情与敢于追求。

衡中效率是一种值得向社会推广的精华。在中国教育中以苦著称的高中，很多学校打起了时间仗，"通宵自习室"常见诸报端，高中生做作业到深夜12点已被人们认为理所当然。但衡中一直保证学生每天从晚10点10分到早5点30分外加中午1小时的睡眠，并以严格的纪律加以约束。在这种条件下，我们打不起时间仗，只好在自习时干更多的事。

现在写下这篇回忆的时候，耳边仿佛仍是四周沙沙的写字声，连翻卷子都显得那么刺耳。那时班主任总在强调，自习前把所有要用的东西都摆好，安排的任务要多于自己的能力范围。总之，就是不要让自己闲下来浪费时间。记得当初奥赛冲刺的那一阶段，奥赛占用了我们所有的自习。为了跟上课，我们占用所有饭前饭后、课间来做作业、学案和改错。做不完是肯定的，所以这其中有着痛苦的选择，这无疑是对我们效率意识的极大挑战。人不是一道不知疲倦翻滚向前的淌流，而更像一台会耗能、会磨损的有了自主能动性的机器。我们觉得累，需要休息调整，但当我们学习的时候，脑子要不停地飞转，要在有限的时间创造更多的价值。上了大学，仅在大一时我已觉察出了清华的快节奏：路上不停的飞车，十几分钟便已满员的礼堂，偶尔开到半夜12点的会议……终于发现衡中的效率是我如此宝贵的一笔财富。当我一天下午打完3篇实验报告时，舍友那惊异得合不拢的嘴巴让我有了一种小小的欣悦。

而热情，这种概念模糊的东西，在不同的场合、从不同人的身上表现出不同的魅力。

身为学生，因为年少，所以张狂。我们还会在停电的一片黑暗中号叫欢呼；冬天的雪上还会印着我们的班号、散落着破碎的雪球来昭示我们"破坏"的痕迹；生奥考试结束后，我们在包车里大笑大闹不顾外面细雨霏霏，直到康姐"我们的青春哪儿去了"的令人哭笑不得的深情朗诵响起时才稍显安静。我们的热情不狂野，不会在宣誓时声嘶力竭吼得喉咙发硬。但我们的热情又很广泛，大家既会为动漫而疯狂，又会被当时复杂的卡扎菲事件牵动眼球。理科的孩子们不会贴上"呆板"的标签成为书本单纯的殉葬，因为我们正值青春。

而老师则把他们的热情倾注于轮回的奉献中去。（走出衡中，我很少感觉到有老师能把他的作用发挥得如衡中老师一般充分）我们逃脱了自己埋头资料和教科书的海洋搜寻的命运，在老师层层把关精挑细选的题目中锻炼自己的思维。当时学校开放日有一队外校老师来我们班听习题讲评课，那位坐我旁边的老师瞅着卷子难以置信地问我："这种难度的作业你们一节课能做完吗？"我只是淡淡地说："习惯就好。"面对高考各种难度的题型、各种怪异的题目我都只有一种面对平日习题的淡然。衡中的学生很幸福，而这种幸福，就源于老师们给我们的铺垫。面对不一样的面孔，唯一不变的是他们的事业心与爱心。信老师兼任学校领导，仍把班级打理得井井有条，亲手为我们选购月饼、煮汤圆；于老师为便于学生理解，细心地设计流程图，写满一张又一张纸，冒着冷风亲自去车站给我们订票，她说她是衡中最幸福的老师；王文霞老师术后仍回着我的短信："很好，勿念。上大学离开家，要注意身体，不要懈怠。等着听你的好消息。"……数不清的感动与感叹。老师们付出了很多，家庭、身体、精力等，年年如此。我在这里，在昨天、今天、明天都祝福着他们。

衡中人的效率与热情，都体现了一种衡中精神：追求卓越。面对一年又一年刷新的成绩,衡中只说要再造高峰,明年会更好。敲定要办奥赛后,衡中从师资、制度零起点着手准备,从奥赛兴趣小组到奥赛班,一个在这方面尚处于起步阶段的学校创出了令人惊异的战果。只要做了,就要做到最好。要强但不逞强,只是为了打造衡中的气质———一种自信的霸气。

如果衡中是炼狱的话,炼出的就是这些气质。永远不会忘记高中三年每次放假往往返返的行程,不会忘记最终离开母校时蓦然回首看人头攒动处校门越来越远时心中五味杂陈的感受,就像我永远也不会忘记母校给我的财富,那是我走在大学、走向社会的必备背囊。

如今我完成了所有高中生梦寐以求的大学阶段走上工作岗位,并没有"堕落",因为我脑海里刻着衡中的烙印……

当你走遍所有失败的路剩下的就只有成功

高嘉敏，衡中2012届413班，奥赛生

再忆衡中，最先记起的就是那些话，那些在我失意时给我力量，在我抑郁时给我希望的话，它们一点一点推动我的成长，深入心灵。三年的时间，从初次离家的无知脆弱到敢于直面挫折的坚强乐观，衡中带给我的收获，远不止那一张通知书，在这里，我拥有最难忘的成长历程，而那些曾陪我一起成长的话语，承载成长的记忆，伴着我，在清华园里继续前行——

"有一种优秀叫无可争议，有一种第一叫望尘莫及，我们要的就是优秀，我们要的就是第一。"

之所以把这句话放在第一位，是因为它藏着最珍贵的记忆。这句无比霸气的班级口号，是所有04人的誓言，至今仍能记起第一次在挑战会上喊出它时，那种激动和自豪鼓舞我们去追逐共同的梦想；也能记起分班时最后一次喊出它时，点点的心碎和无奈让我们共同珍视曾经的记忆，在不同的班级中续写04的辉煌，包括后来在413班。最初的04，并不是最强，清楚地记得，第一次考试，我们输给了对手，04的兄弟姐妹虽沮丧，却从未放弃。我们一起并肩奋斗，把04推向了极致：跑操、量化、成绩，在我们的共同维护下，渐入佳境。对我来说，衡中的美好不只在于我们在这里拥有了奋斗的历程，更重要的是在这里我拥有一群和我共同奋斗的同学，我们一次次创造新的成绩，一次次证明王牌的实力，一次次把口号喊得响彻天空。如今，纵然告别了衡中，告别了04，再想起这句誓言，仍然能忆起当初用汗水浸润的日子，想起我们共同的骄傲，然后承载着当初的誓言，在清华园里展示衡中人的风采！

"每个人都有各自的生活方式，你无力改变，就应该学会适应。"

第一次离家，总会有很多的不适应，会觉得某人太张扬，某人太冷漠，会奇怪于某人特别的习惯，会不适应某人犀利的语气。当我打电话向妈妈抱怨时，妈妈告诉我这样一句话，听过之后，心胸便开阔了许多。是的，来衡中之前，我们拥有各自不同的轨迹，自然会习惯不同的生活方式，在集体中生活，眼睛里看到的不能只是自己，那样只会使自己变得狭隘。我学会以认同接受的目光去看待不同的生活方式，尊重他们的习惯，渐渐地，发现和同学们在一起的日子很美好。上了大学，有了来自天南海北的同学，我已不再有第一次离家的迷茫，和大家融洽相处，这一堂成长的必修课我已在衡中学会。妈妈告诉我的那句话是我终身受益的一句箴言。

"人，不为失败而生，一个人可以被毁灭，但就是不能被打败。"

高三那年10月的数学联赛，那一战，我输了，输得彻底。没有人真正清楚我对奥赛的付出，我可以不在乎高考成绩的极速下滑，可以不在乎爸妈的反对，却无法面对失败的结果。这是我人生经历的第一个挫折，我曾经一遍遍地放大痛苦，然后把自己逼得崩溃。每一次想到联赛的失败，我就会想逃避，就会失望甚至绝望地以为，努力了还是会失败。每一次难受到无法抑制时，我总会默念这句话，一遍又一遍，听不进课时默念，做不下题时默念，浮躁时默念，慌乱时默念。清楚地记得，联赛归来，距高考仅剩235天，这句话，是支撑我唯一的信念。我不愿因为联赛的失败而输掉自己的梦想，一次次的默念，是一次次的奋起，没有人会为失败而生，坚持向前，终会有抵达梦想的一天。

"当你走遍所有失败的路后，剩下的就只有成功。"

奥赛失利后的日子很难熬，心里总是会莫名地落寞，回归了高考，尽管在努力，却总是畏首畏尾，害怕失败，而这样的结果是三次连续退步，沉重的打击后失望与迷茫一起袭来，我已经完全找不到当初的自己。在最难熬的时候，老班告诉我这样一句话，虽然之前听过很多遍，但只有那一次，才真正明白了它的含义，既然已经经历过了最可怕的失败，还有什么畏惧？我走遍了所有失败的路，我有资格去得到我想要的成功，从那次起，我不再患得患失，不再害怕失败，我平静地努力，一点点进步，一点点达到了自己想要的高度。

"过最简单的生活。"

高三后期，很多人开始浮躁，而我开始努力把自己变得更加宁静，自己奋斗，自己思考，渐渐地，在最忙碌的高三生活中有了自己的节奏。实现目标的真谛是把自己变得简单而专一，不去在乎别人的看法，不去参照别人的节奏，只要确定自己是在向目标迈进，就要抓住一切机会前进。过最简单的生活，会让人变得单纯而执着，便会拥有最集中的力量，去追逐自己最纯粹的梦想。我不会想自己曾经如何失误，也不会想高考过后会是什么结果，我只知道自己要追求什么样的目标，只知道自己应该为了这个目标付出怎样的努力。宁静而淡定，简单而专注，它是帮助我征服高考最强大的力量。

"对得起自己的未来。"

总是问自己，未来想要成为一个怎样的人，千百次的设想后会有深深的彷徨，因为不确定，现在的我所做的一切是不是对得起自己的未来。所以，松懈时，会扪心自问；要放弃时，会提醒自己，现在的我无权破坏未来的幸福。很多时候，当下的付出得不到回报，但未来就是最好的解释。每当我翻看从前的日记，读到这句话时，总会有意无意地停顿，然后明确自己的方向。没有人可以做到永不松懈，只要在必要的时候清醒地意识到自己的方向，然后继续朝目标迈进。记住，现在的每一分努力，都是对未来最好的承诺。

衡中三年，并不能用这六句话完全概括，但这些话，却在高中三年的成长中给了我足够的力量去抵达我的梦想，它们连同我对衡中的记忆一起，陪伴我无论在清华园中还是在工作岗位上都继续前行。

只有不怕输的人才会赢

高雅娴，衡中2012届413班，奥赛生

每个人在回首往事时，总应当有一段使自己泪流满面的日子，那些日子中的汗与泪淌成我们最美的年华图腾。

——题记

我坐在灯下，细细整理着高中三年来学校发的各种资料，确切地说，是这三年来的各色心情。那些记满密密麻麻笔记的卷子是这三年时光的脉络年轮。我不知该以怎样的文字将它们不失原味地描绘出，唯有将那隐约的轮廓勾勒一番，聊表怀念。

信仰初生

犹记得入学后的第一堂班会，那个比我们大不了几岁的老班给我们带来了一次精神洗礼。在《泪洒天堂》的音乐中，她让我知道拥有信仰是一件多美好的事。那节班会后，我走在回宿舍的路上，仰望夜空，脑海里忽地冒出一句话："人不辉煌枉少年。"清华，这座从小听到大的神圣学府应是从那时在心中深深扎根的。

时隔三年，再次回望时才惊觉，那个我原以为是虚度的高一竟给了我最宝贵的礼物——信仰。就像《花开不败》中所写："所有的梦想都在高考的压力下抽象成了自己认定的那座神圣学府。""我甚至没有意识到要用什么样的代价去交换这个儿时就有的美丽的概念，只是紧紧地跟着它，一遍遍默念它。"我在日记中写道："我知道裸分考上清北的人很少，但既然有，为什么不能是我？同样的，虽然有，为什么一定要是我？"前者是为了给自己信心，后者是告诫自己成功需要理由。

基础打牢

高中前两年，我的成绩并不突出，一百名左右，离清华还有相当的距离。然而，那时却不曾有过怎样的压力，唯一知道的便是无论用多长时间，也要把新学的知识弄懂。那时只在乎自己是否真正理解了知识，而不在乎分数和名次，所以一次次的排名靠后也都不曾影响心情，只是把它们当作查漏补缺的绝佳时机。一旦明白知识的核心所在，也就对听课失去了兴趣，考试也并不当回事。当时的我并未意识到这种与主流格格不入的学习方法竟会为日后的复习带来那样大的优势。

就这样，玩多、学少的两年时光一晃而过，在即将开始的决赛场上，我的装备只有坚定的信仰和扎实的基础，却也只能仓促应战。

高三生活便似传说中那样，一年如一日地重复。在这重复里，我却度过了有生以来最为丰富充足的一年。在这一年中，我获得了高考所赠予我最为珍贵的礼物——不是高分，而是一个心怀梦想、渴望成功的人所必备的一些品质。

品质一：目标细化

有位学长说：忘记射出去的箭吧，真正的高手只看得见靶心。于是，我的靶心越来越小，从开始时的为高考努力，到后来的每一次考试都尽力，再到只想着做好眼前这套题，最后到达极致——一切都不存在，只有我，只有眼前这套题。事实证明，这个方法很奏效——专注程度与靶心大小成反比。

品质二：平和心态

平和的心态是提高效率的关键。倒计时牌上的数字渐趋于 0，我却对此无动于衷。我不知道当时的自己怎么会那样坦然单纯，单纯到只知做好眼下这套题而忘记了自己是否该课间休息了，单纯到只想着怎样在每次考试中发挥出应有的水平而无暇顾及结果的好坏，单纯到只知从每道题中汲取经验而无暇去欢乐或悲伤。其实，高三远没有我们想象的那么复杂，一个人的高三越单纯，他成功的概率就越大。

面对分数，也应平和。那时的考试很频繁，一周一次的周测，两周一次的月考，分数成了最刺激人也是最不值钱的东西。每次考完，分数尚未出来，便会有同学围在讲台上的电脑前查询，而我对自己的排名却总是后知后觉。我总认为，一次考试的成败在结束的铃声响起时便已注定。因为只有当事人自己最清楚这次的考试哪里有了突破，哪里出现了失误，对高考有多大的贡献，这才是考试的意义所在，而远非那一个单薄的分数所能体现的。

平和的心态在高考这一锤子买卖中是可以拿来出奇制胜的。在第一场语文考试之前，内心确实有些小激动，或者称之为紧张。我知道，这是考砸的预兆。于是，我望向窗外，心中默念着高三后期的一条准则"尽人事，听天命"，想着老班"只有不怕输的人才会赢"的理论,几个深呼吸后,终于恢复常态。之后的答题便像在做平常的测试一般尽力而为,不问结果。我想,高考中我的语文超常发挥和这个小插曲不无关联。

品质三:厚积薄发

对于一个高三生来说,海量习题是天经地义的事。不必抱怨,更不要想着投机取巧,觉得哪种题考的概率小就偷懒放弃哪种题的练习。老班总告诉我们,过程中的每一次松懈和努力都会在结果中有所体现。谁也猜不准高考命题人的心理,我们唯一能做的便是掌握好每一个知识点,才能兵来将挡、水来土掩。

高三就这样于平静中悄然而逝。我知道,这一年对于每一个高三人来说都是一次成长,这一年中的点点滴滴都将影响到我们以后的每一次抉择。

岁月的裙裾扫过每一寸苔痕,拾级而上,高考已然结束。我回眸,细数高中路上的点滴汗水,方才明白,高考真正给予我们的是成长。也许若干年后,那一千多个日夜的热血澎湃早已泛黄成过往,但成长年轮上的那些年的汗水芬芳,无论何时抚摸,都依旧可以唇齿留香、馥郁满怀。

勤奋也要有正确的方法与目标，否则只会在通向失败的道路上越走越远

王志涛，衡中2012届413班，奥赛生

高中是我最充实的学习时光，而衡中是我最怀念的地方。回首来时路，感触良多。

生活问题

我一直认为学习好比外交，生活好比内政，攘外必先安内嘛。生活上处理不好，学习就会分心，最后就会赔了夫人又折兵，那就"杯具"啦！我过去就吃了很大的亏，半学期都过得浑浑噩噩，往事不堪回首……生活上，首先要保持健康的体魄，坚持体育锻炼。以前觉得衡中的早操挺闹心的，上大学后才发现原来衡中的跑操是多么幸福，大学再不会有人叫你去跑步，不自律就任你颓废到底……还有珍惜体育课吧，多学篮球、排球、羽毛球之类的，强健体魄，将来会有用的。另外，保持生活上的条理性，勤洗衣服，勤整理自己的东西，会有种很棒的感觉；珍惜身边的同学，他们也许是你一生最纯粹的朋友，不要借口学习破坏友谊，那是学习生涯中最愚蠢的行为。遵守纪律、尊敬师长之类，就不用我说了。总之一句话，搞好生活，为全身心投入学习打下坚实基础。对于衡中，过去的千种感觉都化为对她的深深怀念、不得不承认那是我以前学习生涯中最快乐充实的时光。

学习方法

我认为不同的人应该选择适应自己个性的方法。拿我个人为例吧，我自认为是个比较愚钝的人，这对于学习是个极大的缺点，但俗话说勤能补拙，这也给了我努力的绝佳理由，因此我不会缺少按时起床、晚回宿舍的动力。但勤奋也要有正确的方法与目标，否则只会在通向失败的道路上越走越远，我的建议是在该学习的时候投入全身心，拿我们高三老班谢老师的话说就是"一节课下来要让自己感觉到累"，的确，这样才是收获最多的时候。而那宝贵的课下十分钟不要勉强，该休息就休息一下，换换脑子，下节课才更有活力。

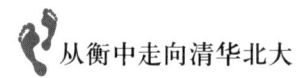

所谓学习，就是先学而后习。早在两千多年前，伟大的孔老夫子就说过"学而时习之，不亦说乎"。值得说明的是，我所说的"习"，并不单纯指"复习"，而是研习，把老师所讲的东西整理出自己的想法，得出自己的结论，领悟出适应自己的技巧，那时就好比将一本兵法融入血脉，到时打仗作战就如砍瓜切菜了。回想一下，我之所以到最后时能取得勉强说得过去的成绩，能娴熟地应对考场上的无数考题，起决定性作用的便是自己曾经积累下来的所谓自己的东西，这也是我在衡中常年的摸爬滚打中探索出来的最宝贵的经验。因为你学得再好，那也是老师的，而自己的东西再差也比不属于你的东西实用。其次要有质疑精神，但也要听老师的话，永远不要觉得老师不行，因为老师毕竟是老师，有丰富的经验，轻视老师，最后只能是自己走弯路。这一点在衡中这个充满强者的环境中特别常见，因而走弯路的人也不少。再者，就是要有自己的节奏，不要受别人的影响。不得不承认的是，人和人之间的差距是巨大的，尤其是在衡中这一卧虎藏龙之地，有的人 10 分钟就能搞懂的问题，一般人却要花多出几倍的时间，这就需要我们自己把握了。

再说一下各科的学习方法。

1. 数学

数学我可是很有成就感的。三年中我形成了一套比较完整的学习体系，学案，上课，研习，做题。重点是研习，我一般会花半小时自己找方法，虽然费时间，但这一关做好了，习题就是你体验成就感的时候了。比如圆锥曲线，好难算啊，但你只要想一想就会发现，其实无论是联立、判定还是圆式方程都是特定的数在特定的位置，如若你的数学素养较好，稍加化简，简直就能口算。还有导数的不等式证明，做多了就会发现老是那么几类，没有新意。

2. 物理

这是一个比较接近实际的自然科学，并且是以数学为基础的，一些人谈物理色变，其实是没有必要的。高中物理分为运动学、静力学、动力学、电磁学这么几大类，不同部分方法、思想都不同，只要适时调整思维方式就行了。运动学就那几个公式，四个物理量，每个公式里都是三个，这样就可以根据需要去选公式了。动力学过程较长，只要有一道题做 15 分的决心，就一定能做得很好。

3. 化学

我本来不是很擅长的，但伟大的祖小莉老师给了我太大影响。由此可见，一个好老师是多么重要,而衡中最不缺的就是德才兼备的老师。

4. 生物

一些人认为它是一门文科,那我只能说,他没有学懂生物。其实,生物是一种极其抽象的科学,没有物理、化学那样生动,如果不具备一种归纳与想象的思维是学不好的,所以要端正态度,生物好,证明你有成为最伟大科学家的潜质。

5. 语文、英语

我感觉只要跟着老师走,就没问题了。

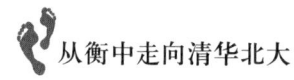
从衡中走向清华北大

过去是白色的，未来是黑色的，唯有脚下的路五彩缤纷

李艺超，衡中2012届414班，奥赛生

2009年夏天，我从河北省西部太行山区中的一个小县城来到衡水。我是抱着卑微的心态来到衡中的，因为当时早有耳闻衡中是一个各路人才聚集之地。在最初的一个学期里，我觉得我很普通，很平凡，丝毫没有出众的地方，是走在人群中丢了也不会有人在意的那种，最初的半年里我都是这么认为的。我觉得自己就像茫茫草原中很普通很普通的一棵小草。但是我也一直相信，真正优秀的人，不管现在怎样，将来的某一天，他总会在某个场景中大放异彩，不必着急。

一、关于开始

入学那年冬天分班，我被分入410班——数学生物信息奥赛班。从那时起，我变成了一名数学奥赛生，走上了数学奥赛之路，并且一直走到最后。

在分班之前，我从来没有接触过数学奥赛。这东西对我来说，完全是个新玩意儿。当时看到班上一个同学抱着一本厚厚的《几何奥赛经典》，我顿时觉得自己真是太弱了。就跟刚进衡中一样，刚开始学竞赛我也觉得我很一般，也从没想过自己可以走到哪一步。很迷茫，真的很迷茫，但迷茫也好，正好可以让我专注于脚下。

借用一个同学的QQ签名："过去是白色的，未来是黑色的，唯有脚下的路五彩缤纷。"真的是这样，我们能把握的只有当下，总是去纠结，真的就会变成一个弱者，不如放下一切专心做好眼前的事情。

之后我开始迷上做几何题。我发现，当我专注于那些图形时，心里就会特别干净，抛掉一切繁杂之事，不必再因为别人而戚戚，也不必考虑太多。我发现其实我可以做得比我想象中要好一点，我认为从那时开始我才进入了我的节奏。我开始当起别人的师父，给其他人讲题，这对我来说，给了我一种莫大的成就感！

二、关于集训

这是任何一个奥赛生都要经历的阶段：充满热血与激情的集训。在距离全国高中数学联赛还有 40 多天的时候，我们进入了真正的集训。

在那段日子里，每天的生活几乎都是重复的：做题，改卷，做题，讲题……但是单调的生活，从来掩盖不了那种为了最后的胜利而努力的决心。那是我最怀念的一段时光：早晨跑完操就去学竞赛，该吃饭时吃饭，该睡觉时倒头就睡，第二天早晨继续……我很喜欢那种可以忘却一切的感觉。对我来说，很多事都容易使我心烦意乱，唯有那种感觉，可以让我充满活力——为了一个梦想，只是单纯地去学习生活。

我很怀念那些简单的时光：2011 年 10 月 15 日，我们开赴石家庄，准备参加联赛；10 月 16 日，联赛；11 月 5 日，我被保送至清华大学数学科学系。

三、关于集体

我认为一个集体可以很大程度上影响一个人走的高度。

我非常庆幸被分到 410 班，这是我在高中阶段最幸运的一件事。

"花开是有声音的。"当我后来骑着自行车在清华的街道中穿行时，听到路两旁的沙沙声，我依然会不由自主地想起那花开的声音。有些感情，是会随着时间的推移而沉淀得越来越深的。当我打开那本班级日志《花开的声音》时，心中总会有一份触动。因为 410 给了我很多，帮助我很多，使我真正从幼稚走向成熟，得以走向更远。

我想，这才是一个优秀的集体所能给予她的孩子的。

我还能清晰地记起，在"十大学星"的演讲比赛上，我带领 410 人喊出的那些口号：

我为成功而生，不为失败而活！

我为胜利而来，不向失败低头！

珍惜分分秒秒，摒除一切杂想！

我将全力以赴，共铸一〇辉煌！

我还能清晰地记起，在黑暗中一起唱的《倔强》……

我还能清晰地记起，2010 年的中秋，揽月楼下我们一起赏月的情景……

我真的很怀念。

当然，后来再次分班被分到 414 班，414 班的一切我同样怀念。

四、关于收获

三年下来,衡中到底给了我什么?说句实话,刚刚进入衡中,我很不适应,但是我现在非常感谢衡中。

当我给现在的舍友讲我们不能带手机,我们的时间表精确到分,我们的跑操,我们的管理,各种奇葩的违纪案例,他们不敢相信,怀疑我是怎么活过来的。我告诉他,我就是这么过来的。

有人说,这是一种磨炼,可我认为这不仅仅是一种磨炼。只有在衡中,我才能感觉得到每个人身上那种朝气,才能感觉得到那种永远不灭的激情。我喜欢这种简简单单的生活,喜欢在这种状态下同学之间亲如兄弟的情谊。当我走出母校的时候,我依然可以挺胸抬头,面对所有人大声地说:我是一个衡中人!

刚刚进入清华,我不敢说自己对大学的生活有多了解。但可以肯定的是,清华的自由与衡中的紧张截然不同。当我漫步在清华园内,享受着草地的清香,看着令人眼花缭乱的各种宣传海报时,我仍希望我能够抖擞我的精神,像曾经的我一样,只是去做好眼前的每一件事情。

因为我始终相信我很优秀。而真正优秀的人,不管现在怎样,将来的某一天,他总会在某个场景中大放异彩,不必着急。

这就是衡中给我的。

最后,以我们高三时的班主任告诉我们的一句话来结束:生命不息,奋斗不止!

没有能不能做到只有想不想做到

樊婷婷，衡中2012届416班，奥赛生

"我来自河北衡水中学。"

这，是一个足以在清华引起骚动的句子。

没错，衡中就是如此出名。

在大多数人眼里，我是一匹高考的黑马，平时从没进过年级前十，似乎也从没考过班级的第一名；我还是一匹奥赛的黑马，基本上平时不很突出，最后偏偏拿到了"省一"，有人说我是幸运的，但我想说，我有自己的一些经验和方法。

人，是需要一些刺激的

我的人生就是一个奇葩经历，不管你信不信，我在还不知道信息奥赛是什么的时候就在那张奥赛志愿表上写了"计算机"，于是，精彩开始了。

电话亭，有个女生哭着喊着："我不要学这个了！我要退出！我什么都懂！"

第一次联赛，那个女生写完第一题，乱写第二题，至于第三题、第四题写出了自己都不知道是什么的代码。然后，成绩出来时，那个女生看着自己倒数第一名的成绩，变得很安静很安静。

其实，没有什么的，本来就不想拿"省一"啊，但是，我老爸老妈刺激到我了，"我们都没想到你还能拿'省二'"，原来我在我爸妈心里就这么个水平？好吧，我承认，因为这句话，我奋起了。联赛走上考场，没有预期的紧张，我真的很从容，从容地看题，找思路，打代码，检查，出考场，等成绩。

没错，是"省一"。

我想说，其实，没有什么事情是你做不到的，只有你想不想做，而某些必要的刺激会激起你的斗志。另外，你以为你学不会一些东西，其实你学不会的真正原因是你不想学！

得之我幸，不得我命

写这句话，不是让大家消极处事，而是学会淡然。

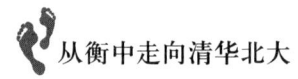

高三一年，我走得十分坎坷。自从"省一"的好消息之后，便是各种悲剧。首先是保送，清华大学的自荐通过不错吧？但，如果代价是考不过保送就高考呢？于是有了苦苦的准备，看着物理、化学、数学竞赛的各种课本，直到到了考场上才发现自己记了那么久的公式基本上都没用！我几乎不记得是怎么从考场回的宾馆，总结一下，笔试凄凄惨惨戚戚。第二天面试，那个面试官一直问："你有什么缺点？你还有什么缺点？能再说一个吗？还有吗？……"我终于讪讪地说了句"真的没有了"。然后果不其然，面试60分，我30分，哎……

结果可想而知，我回来高考了，当然，在这之前，还有一件大事——自主招生。我用了一个寒假的时间看了各种自主招生的书，却在考场上再次泪奔。天哪，这都是什么题啊，我真的不会做啊，我在那一刹那明白了，我还是适合高考啊。

那一段时间，我确实很失落，从一个保送生变成一个高考生的过程是痛苦的，看着一起准备保送的同学一个一个离开，我却要面对高考，真的几乎让我崩溃，我不明白，为什么上天对我如此不公？直到那句"得之我幸，不得我命"，真的，让过去的过去吧，就算死死抓住过去不放又能怎样？真的应该学会看淡过去，看淡失败，整理好心情，走上新的征程。

感谢你身边的人

在我最失落的那段日子里，有很多人做了很多事，我要在这里谢谢你们。

忘不了在机房哭时教练递来的一张纸巾，忘不了心情几近崩溃时同学们的安慰，忘不了班主任的谈话，忘不了……

每个人都会有失落的时候，这时，你便需要一些人的安慰。记住，总有一些朋友，会在你有困难的时候抽出时间来帮助你。可能有人说在高考竞争的巨大压力下同学之间没有多少感情，但我要告诉你，衡中是一个很重视班级的地方，在这里，同学之间更多的是温情，是互相鼓励。

关于方法技巧

学习方法因人而异，不要随意套用别人的方法，要逐渐找到自己的节奏、自己的方法。

我是理科生，所以只负责理科的部分。

1. 数学

考试时，需要的不仅是速度，还有准确度。就河北试题而言，选择填空一个5分，所以很多同学都会小心翼翼、反复确认，在这类题上用大量的时间。我的原则是，选择填空用时控制在50分钟左右，而且绝不反复计算一道题，遇到算得不想再算却依然没有答案的题时先跳过，清醒一下头脑。

2. 语文

很多理科生并不重视语文，但这是个很大的错误，你想，在一个高手如云的地方，基本上大家数理化生的水平是差不多的，但语文是一个能够拉开很大差距的科目，高考我的语文成绩是128分，大家可以想想，128分和110多分的差距，是物理一个压轴大题的分差啊，你还敢说语文不重要？

3. 化学

化学还是有很多东西要记忆的，方程式啊，化学规律啊之类的，另外，就我们那届的高考试题而言，计算是一个很重要的部分，所以，建议大家平时多动手算一算，提高自己的准确度。

4. 物理

大多数同学都很头疼物理的不定项选择吧，要念叨一下你们听了无数遍的话，"宁可漏选不能错选，没把握坚决不选。"至于压轴大题，记住分步骤得分，记住公式也有分，记住分情况讨论，记住即使它是20分也有可能只有很简单的一问，不要把简单问题复杂化。

5. 生物

大家好好看课本，记住各种知识点，多做点题，向满分冲刺！

一些嘱咐

处理好学习和生活的关系，不要因为生活中的一些小事影响心情。

关于情感问题，还是建议大家不要在高中涉及此类问题，比较费时间和精力，处理不好还会成大问题。

好了，学姐的碎碎念到此结束，用一句经典的话结尾：我在清华，等你来。

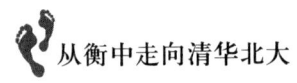
从衡中走向清华北大

没有信仰的生活只能叫生存

吕鹤松，衡中2012届417班，奥赛生

  高三的300多个日日夜夜里的点滴，如一朵朵灿烂的花，开在每个人的心里。并不是每朵花都开得惊天动地，并不是每朵花都能结出丰硕的果实，但那些花真真实实地在每个人的心中最柔软的地方绽放过一回。似水流年，花开花落，我们站在岁月的河边，看流水轻轻划过，河面上是落英缤纷以及曾经的感动。

——题记

  我是幸运的，因为在高考的独木桥上，我最终挤进了理想的大学——清华。

  对母校的思念自从离校后便没有停息。如今，听到母校征稿的号召，我更是高兴能有机会将自己的一些学习经历与感受与大家分享。话休烦絮，言归正传。

学习心得

  套用一句话："失败乃成功之母"。2011年6月，我经历了高中也是12年学习生涯中的最大一次失败——在付出了两年的经历与汗水的生物奥赛上最终却与省一等奖擦肩而过。那个暑假，我是在《老男孩》那悲伤的旋律中度过的。《老男孩》至今仍是我最喜欢的一首歌，它不仅唱出了电影主人公的心声，更是对我当时心境的描述。《老男孩》的旋律一直伴随我到今天，但不同的是，我在高考中用比较满意的成绩弥补了心中忧伤的阴影。都说人要从失败中总结经验，我认为，从失利到从容地迎接成绩，有三个关键因素促成了我的转变。

  首先，最重要的是心态。回首生物奥赛失利，我是输在了心态上。当时的弦绷得太紧，心中只有成功的念想，并且极度恐惧失败。"你所恐惧的将是你的未来。"果不其然，大战尚未来临，我就因过度紧张而自乱阵脚，典型表现就是快速遗忘，新的与旧的知识统统飞速地遗忘。失利后总结，心态是最关键因素，于是我告诫自己不能再输给心态。可是对于这么一个具有主观性的不定性因素，我应该如何调整自己呢？随着高三的学习，我慢慢发现，好的心态来自平常的努力所积淀出的实力，于是，我给自己定了一个目标，让自己每天都进步一点。慢慢地，我发现学习上的漏洞被我一个一个弥补了，自己的信心也与日俱增。最后一天考试的前一晚，我信心满满地跟春哥（我最后的班主任）说："老师，我觉得我高中三年考试状态没有这次那么好过！"虽然有一些人为夸张的因素（也是给自己鼓劲），但客观地说，高考那场考试，真的是我高中发挥得很平稳、心态很平和的为数不多的几场考试之一。平心静气地答题，不过分在意得失，是这份从容淡定让我笑到了高考结束。

其次，是踏实，或者说是毅力。高三时间紧、任务重，有时完成一项工作后真的想放松一下，在某一次考试比较满意后更是想放松一下。但是我明白，状态重于一切。而良好的备战状态来自平日的持之以恒，带着这份踏实，我平稳地度过每一天。最令我难忘的是，大年三十家人欢聚一堂时，我选择一个人到租的房子里看书。踏实，助人成功。

最后，充分准备。都说高考的道路是用卷子铺成的，但我认为，题海战术只能让你有物质上的准备，你还需有心理上的对策。高考是一场考试，考试结果受多种因素制约，但它是制约你命运的最重要因素，所以临场状态最重要。那么我们能否为自己的临场状态做准备呢？我觉得能，我就是通过在平日考试时模拟高考的心态来训练自己的，即把测试当成高考，看看结果与自己预期的如何，如何在下一次改进。比如说，如何在某一科挂掉的前提下较好地完成剩下的考试。最让我骄傲的是一次模拟考试，理综记错了时间，90分的选择没涂在卡上。当时还有两科没考，我想，如果高考遇到类似情况，我不也得考完吗？于是，我迅速调整好自己，投入下两场考试，而下两场都是正常发挥。这次模拟使我信心大增：就算高考一科给跪了，我也不至于悲惨得中途而飞！就是这样，高考时由于做了充分的心理预案，我的临场状态很好。

大学感受

三年高中已过，我到了平台更为宽广、视野更为广阔的大学。坐着进京的火车，突然想起曾经无意识喊的口号如今终于得以实现，想着曾经的那些同学如今踏上了各奔东西的火车，心中有了一丝莫名的惆怅。这就是成长，在接受新事物的同时也必须对原有事物做出一些取舍。

我有幸在清华这片更广的沃土上得以成长，得到滋养，然后选择绽放。但

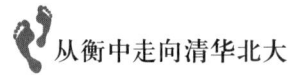

是说实话，清华与衡中，真的存在着一些本质上的联系。有人说，上大学就彻底放松了。也许在某些地方这句话成立，但绝不是在清华：食堂里，依旧是匆匆的人群；通宵自习室里，依旧是灯火通明；图书馆里，依旧是凝神盯着报告的人，不停地敲着键盘的人，埋头做着作业的人；教室里，上课两小时前就会有书本整齐地排在座位上……诚然，我们可以自由地安排时间，没有级部条条框框的规定，没有令人紧张的联查。可是，当你来到清华时，你就会不自觉地想起衡中那有时规律到无聊的生活。原因很简单，那些年我们从衡中带走了其他人永远不会有的一种精神，或者说一种信仰。

"没有信仰的生活只能叫生存"，一位哲学家如是说。这让人头疼的深刻句子投射到我们的生活上便变得无比简约——我们都要为一个目标活着、努力着。在衡中的那些年，失落过，悲伤过，自暴自弃过，重头再来过，细细想来，未曾放弃仅仅因为令人神往的未来和永远放不下的梦想。衡中，这个梦想的集散地，时时刻刻都在提醒着我们不要忘记最初的心意，又在每时每刻打击着我们因小有进步而躁动的心，催促着我们追逐远方的脚步。

普通人和聪明人的结局不同，在于是否努力；聪明人和聪明人的结局不同，在于是否勤奋

徐梦迪，衡中2013届457班，奥赛生

可爱的学弟学妹们，我还是愿意用一封信的形式来向你们介绍我心中对于衡中人的诠释。

衡中人，不仅仅是一种指称，外在的名号并不重要。不论你身处在哪里，当你深刻地领略了衡中的内涵和精神，你所听闻的或是亲身体会的衡中的苦累就会消隐在身处艰难却仍旧向前的快乐里，心里便总会有阳光普照。

作为物理奥赛生，经历很丰富，失败自然也很频繁，然而正是这些离成功近在咫尺的失败，慢慢逼迫着我长大。伤痛是最深刻的阅历，是最好的羁绊。奥赛考试，保送考试，自招考试，高考，每次都离清华梦更近一步，心里也就逐渐逐渐地抽紧，越来越在意自己的现在和未来。不要觉得你现在死学只是为了考试，面对考试时候的决绝、独立、勇敢才是受用一生的财富。

还记不记得张校长的衡中三问，记不记得衡中的誓词？不要觉得这做作、堂皇，褪去你的稚气，细细地去品味，当你自己能弄明白问题的答案，当你把誓词铭记于心，就可以信心满满地向自己保证一个坦荡的未来，保证一个衡中人的光辉。

在衡中学习首要的条件就是刻苦。你可以当下没有别人优秀，但在衡中，聪明被舍弃，刻苦却长留人心。衡中聪明人比比皆是，可一开始很少有人能放下当初的身段，俯下身来钻研手底的一道小题。刻苦勤奋、不屈不挠是衡中人不可少的精神。普通人和聪明人的结局不同，在于是否努力；聪明人和聪明人的结局不同，在于是否勤奋。而后者的差距往往有天壤之别，流下的泪水也最为苦涩，玩弄聪明在衡中永远行不通。很多时候，衡中人崇拜的不是智力超群的天才，而是在背后默默地苦学者，这不是对人格的压制，当你知道学习的时候，知道为自己的未来打拼的时候，便是你长大的开始。勤奋很苦，结局很甜。

勇气成就一往无前的衡中人。就像是九把刀说的那样，说出来会被嘲笑的

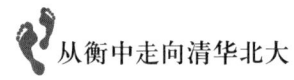

梦想，才有实现的价值。可是你，有没有树立足够被人嘲笑、足够伟大的梦想的勇气，有没有敢在所有人面前说出你自己梦想的勇气，有没有舍弃很多东西只为梦想打拼的勇气，有没有兼顾很多却信誓旦旦，保证全部做到最好的勇气？记得我们物理奥赛教练员刘旭升老师说过，每个学物理的人都有场。我一直深信。我相信这气场、霸气场依附着勇气存在。我记得自招考完后第二天的调研考试我考了1158名，这是连续退步三次的结果。我把它写下来，不是说曾经的低谷对比后来的成功更让人羡慕，而是想说，没有人那么高高在上，你可以现在离梦想很远，只要你勇敢去坚持，只要勇敢去搏自己的未来，只要你的勇气还在，一切就都还未成定局，一切就还都可能实现，拿你的勇气斩去所有的黑暗。

另一个体会就是氛围很重要。每个奥赛人都有一种不达梦想誓不罢休的品质，我们的教练员更是这群奋进人的核心。很高兴地晒晒我们班的辉煌：21个清北港，16个上交，3个复旦，4个浙大，4个北航，2个中科大，剩下的同学也是很好的大学。我想说，这些成绩的得来，是整个班氛围促进的结果，在奥赛最后阶段，每个人整天对着几道题一啃就是一天，但是没有人抱怨，仍旧热血沸腾地为自己的未来奋斗。讨论时的欢笑，略带疲惫的脸仍挂着那种内心生发的笑容，大家就这样支撑着信念，拼到最后；教练员更是早出晚归守护着我们，灵魂一样领着我们向前。是曾经的伙伴，共同造就了如今的我们。

关于学习，高三一年的经验尤其深刻，总结起来有三点。

第一，卷子上的题一定不能老摞起来保存，该整理到本子上的一定要整理到本子上。我见过很多同学，每到周日就把卷子都分科规整地放起来，很有条理的样子，可这些卷子最后的结果就是又这样规整地被扔掉，再看一遍的打算根本没有时间让你去实现。最好的方法就是用下课、上课的时间迅速地改错、剪贴，但一定分清主次，听课最重要。很多方法、窍门你可以自己发现。

第二，针对弱势学科，和老师沟通很重要。我的化学相对较弱，零散知识点基本记不住，后来就天天用新闻时间去找化学老师补课，还自告奋勇地当了化学课代表。老师需要兼顾的是很多学生，而你需要的是让你自己做到最好。主动出击找老师，让老师记住你、发现你、关注你是提升弱科的唯一法宝。到现在我还是很感激我高三的化学老师孙久生老师，他每天都用相信和快乐感染我。那段时间我真正地开始爱化学。

第三，决定高考成败的不是知识而是心态。作为过来人，这点体会最深。那么多次考试走到最后，知识的差别已经不是你分数高低的关键，是心态在总括着全局。平和地去看待你所有的成败得失，从每张卷子里面体会每一次紧张、放松、激动、喜悦。做到享受很难，做到平和更难，但只要你想，就一定可以从枯燥的卷子里找寻自信，找寻你的状态，千锤百炼之后，你会发现一切都像是云彩一样稀松平常。

说了这么多，到时间收尾了。

祝愿是一定的，衡中一定会更好，因为每一年都是奇迹。等有一天你们走出校园，再回头看一眼母校，就会发现藏起来的都是不舍和感激。

愿你们在学长学姐的肩膀上站成山峦，我们在你们渴望的地方备好接风酒宴！

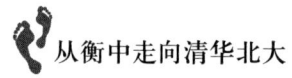
从衡中走向清华北大

寒冬背后是春暖花开

王 硕，衡中2014届483班，奥赛生

一拿起笔，又想起那刻骨铭心的一千个日夜。在衡中的生活，尽管简单平实却总能让我热泪盈眶、浮想联翩。

每天急行在充满梦想与活力的校园中，一心一意为着目标点滴积累的过程是那样厚重，闭上眼睛我还能想起学校的每一个角落——激情四射的操场、振奋人心的备课区、令人怀念的教室、整洁的宿舍、方正的草坪、春天漫天的柳絮、秋天漂亮的落叶——它们都是无数孩子绽放自己梦想的见证者。我由衷地感谢这个美丽的学校，让我有机会在最合适的时间放手一搏，实现了自己的清华梦。我在高中生活中的确经历了许多寒冬，成绩的忽高忽低、身体的虚弱、题感的不顺、弱势学科的短板问题、考试答不完题的痛苦、自己打理生活的吃力、面对高考的巨大压力等，那些看似在当时可以击垮我的难题，当我走过高考再回想起来时，真的很微小。在挫折面前，我有时会将其放大而望洋兴叹，现在想起来，其实没那个必要，一直踏实地学习就好了，没有什么比多做几道题、多背几个知识点来得更实在。在看似困难的高中生活中，我学会了自己统筹安排时间，见缝插针读、背英语和生物，在改错和做题之间最大限度地提升自己的能力，高效利用课堂时间，尽量当堂掌握知识，也在自习一直做不完题的窘境中奋力挣扎。通过每周一歌我学会了许多风格积极向上的歌，通过跑操保持健康的体魄，通过一张张卷子渐渐推开理想大学的大门，遇到问题不再怨天尤人，而是自己想办法，找突破口，超越自己的极限。我慢慢懂得实干出真知的道理，逐渐摆脱外界的鼓励而学会为自己而向前……

早晨听到铃声一跃而起，几分钟就整理好床铺，5点35分就严阵以待的队伍，气势惊人的早读，一切的一切，在当时看来极其平常的一件小事，都是那么令人怀念与神往，看似充满竞争与未知的寒冬背后，是为梦想努力的春天。

在高中生活中，我也摸索出一些学习方法，我觉得最重要的一点是改错。在备战奥赛考试时，我盲目追求做更多的题，而没有将做过的题消化、弄透，在复赛考试中遇到原题却不敢下手，因为我之前面对每一道题都缺少一个提炼归纳的过程，没有培养好的题感和思考问题的角度。高三后期，班主任再三叮嘱我们重视改错，因为高考题是做不完的，就算到了自主复习阶段仍然不断有新题出现，通过一味做题来提升得分不如改错。改错时不能盲目抄答案，而要在看懂答案的基础上思考答案解题的切入点，从而在下次遇到同类题时有章可循，同时大题要看准列式分析的采分点，争取自己的解答过程规范可靠、步步为营。改错也有技巧，像一些失误类的错误，不妨将错误与反思提炼一下写到本上，省时清楚。对于有疑点的题，做的时候要有标记，即使对了也要反思整理。

  第二点是规范。我觉得衡中教给我的规范意识特别可贵，让我无论做什么事都遵规守矩，有时候看似费力不够巧妙的途径却最万无一失。印象最深的是高三后期我提升理综做题速度的过程，之前是一味求快，不但速度长进不大，反而因为心境而出现许多错误，在班主任的建议下，我尝试每道题都规范读题，规范演算，规范作答，逐渐摆脱恐惧，最后能够提前写完。规范对于一个学生来说至关重要，它能将一个人的能力最大限度地以分数的形式体现出来。而且规范答题、做题时又快又准，心态也越来越好，越来越自信，最终形成一种势如破竹的感觉，成绩就会大幅提高。

  还有非常重要的一点是相信老师。老师们对于高考命题与得分的把握是远超我们的，不能因为一两个题目比老师做得快就沾沾自喜，而应自觉认真地落实老师布置的任务，这样相应学科才会有提升。无论何时都不要和老师作对，听老师的话才是最有智慧的体现。在备战复赛时，我没有百分百地吃透教练老师组编的题，面对大赛时才会手足无措，幸运的是在高考前我记住了这个教训，认真聆听每个老师的叮嘱，尽管在高考中也留有遗憾，但也实现了自己的清华梦。

  在面对一次考试时，要珍惜训练的机会，只有用心去考试才能发现更多的问题，为大考准备更多技巧。考前尽量不要写日记，不要找老师、同学倾诉，那样会让自己更加浮躁；尽量什么都不想，在教室里安静复习、做题，保持题感，从而在考试中自如地答题。场次之间不要议题，在平时就戒掉这个毛病。尽量入场早一点以便充分准备，以免慌张。考完之后不要太在意结果，稍做休息就要开始学习了，因为还有更多的挑战等着我们。若是考好了，不能太张狂，否则物极必反；考得不好不能得过且过，而应知耻而后勇，分析并解决自己的症结，争取在下次考试中一鸣惊人。和高考比起来平时那些考试都是铺垫，不要在此期间产生太大的情绪波动。考完试快速进入状态是一种特别可贵的品质，这样的人非常厉害，最后一定能收获满意的成绩。高中生活是艰苦的，但不经一番寒彻骨，怎得梅花扑鼻香。衡中是一个放飞梦想的圣地，愿亲爱的学弟学妹们都能通过自己平凡的辛劳和汗水实现不平凡的梦，胜利之门一直为杰出的衡中人打开。

顺祝各位恩师身体健康、万事如意，祝伟大的母校能有一个更加美好的明天。

心态平和只能使自己正常发挥及避免发挥失常，但挡不住别人超常发挥

桂延智，衡中2018届483班，奥赛生

进入高三以后，我最大的感受就是心态平和淡然。本以为一天天的倒计时会使自己紧张，本以为一次次考试会让自己焦虑，可是并没有。事实上，每过去一天，知道自己离理想又近了一步；每次考试，都是检验自己的机会，让自己查漏补缺，为高考铺平道路。

激情固然重要，但空喊口号没有实效，更重要的是激情之后的静心拼搏，而那必然是较为平淡无味的，也正是在平和冷静的思考中，才更能有所体悟、有所收获。

平淡的另一面是看轻荣辱得失，这也是我在高三快速频繁的考试中练就的。考试之互相独立，排名可瞬息万变，但我们对待考试、对待学习的态度不能改变。把考试看作检测自己能力的机会，而不是考好就显摆嘚瑟，考差就怀疑自己灰心丧气。我自己也是这样，当我不太在乎成绩，只是虔诚地去做题，往往成绩就比较满意。

当然，淡定并不意味着松懈怠慢，而是以平常心去享受拼搏的过程。上课时认真听讲，不纠结哪些该听哪些不该听，而是把老师强调的重点一一记下来；做作业时不再考虑过多，而是当作考试来磨砺自己；考试时要视作平常，享受做题带来的成就感而不去想最后的成绩，努力做好平常的每一件事而不去想一飞冲天、急功近利，稳扎稳打的进步才是成绩的最好保证。

对我自己来说，这种心态并不是凭空而来，而是很大程度上由于一本的降分所得。说实话，如果没有降分，纵使我学习会比现在努力数倍但成绩未必会比现在好多少（甚至可能产生更严重的问题）。我最大的问题也由此而来：心气不够，冲劲不足。我感觉自己的努力程度远不及身边一些同学（但在所有获得一本降分的人中我敢说我是最努力的），我的努力程度只是勉强跟着大家的脚步，说不定哪天就会被追上甚至超越。心态平和只能使自己正常地发挥及避免发挥失常，但

挡不住别人的超常发挥及自己实力的退步。我在努力追求平衡，使得心态不过分紧张的同时又最大限度地去努力，达到保持淡定自然的境界。若能做到这点，谁还都会有或多或少的进步或突破。

总之，从奥赛退役以后，我感觉降分是带来平和心态的缘由，但我未曾停留，也不曾因此而骄傲，我更加努力，终于不曾枉费这短暂而美好的青春时光。

坚持自我才可能得到你想要的

杨玉冰，衡中2011届393班，文科生

当我走过高考，被贴上了金光闪闪、令人艳羡的清华大学的标签之后，我曾经被无数次地问过："你是怎么考上清华的？清华是不是都是书呆子啊？"每次我都笑笑，不知道该怎么回答这样的问题。

终于，在我大一下学期的一门叫作"中文沟通"的课程里，我的教授白延庆老师说："你们，这些考到清华来的孩子，不是什么书呆子，而是高考这场游戏游戏规则中的高手。"白延庆老师是清华大学经济管理学院的客座教授，他来自对外经济贸易大学。在来到清华大学之前，他对清华学子充满了好奇，在经过四年的教学之后，终于得出了上面的结论。我听到的那一刻，有一种豁然开朗、云开月明的舒畅感。

在清华的一年，时间不长，却足够把我对高考的感觉冲淡。我想，我宁愿现在在高中生心中种下一种向往、一种希望以及对高考的大方向的把握的种子，而不是专注于具体细微的学习方法。

清华园这个园子着实不小，但终归是有界线的。起初刚到这个园子的惊叹与好奇，很快就会被冲淡。而这个时候，这个园子真正的魅力才终于散发了出来。清华最值得珍惜、最值得赞叹的地方，是清华极其丰富的资源。烦躁的时候，去老馆看看书，逗逗神猫；郁结的时候，去听一场自己喜欢的讲座，期待那些智者的思想与自己碰撞出耀眼的火花；恬淡的时候，晚上去荷塘、情人坡或者是紫荆操场散步，享受一下夜的魅惑；想疯的时候，叫上几个朋友，吃上一顿美餐，到帝都的各个角落走走，试图览尽它的每一种风情。

这里的神奇还在于她让我懂得了什么是选择。我的班主任李丹老师曾经在大一刚开学的一次班会中，说了现在我仍然记忆犹新的话，她说，人生从来就不是我们能预先设想的，而是走到那里，你就顺其自然地选择了，最后，当你回顾自己的路的时候，你发现，啊，现在我的生活跟我当初设想的是多么不一样啊，完全是两条路子。但那又有什么关系呢，我现在很幸福，我生活得很好。李丹老师曾经想做一个成功的职场人士，但是毕业的时候赶上了经济危机，经济不景气，所以她选择了出国留学，后来又阴错阳差地读完了博士，遇到了来招聘的钱颖一院长，最后她留在了清华。确实是跟她曾经的梦想相差甚远，but who caren！其实我们只是需要懂得把握住我们的大方向，知道我们要走向哪里就够了，至于如何抵达，就不要执着了。

同样的道理，正在经历高考的学子们，更要明确自己想要的究竟是什么，认真思考人生的设想和自己的处境，然后，就可以变得坦然、淡然，丢掉那些不必要的焦虑和不安，即使是自己某次模拟考成绩不好，被老师批评了，对自己不满，等等，当你明白你在干什么、在追求什么的时候，就知道它们都不重要了。重要的是，你在这个过程中收获了什么，高考你是不是尽力了，你的梦想是不是还在。

突然想起2011年高考结束之后，我跟所有的考生一样，都面临着填报志愿的问题。成绩还没出来的日子里，我用了很长的时间思考我真正想做什么样的事情。结合自己的兴趣爱好、素质天赋以及就业走向，我非常坚定自己学习会计学的想法。不管这个专业在别人心中的评价是怎么一番模样，它适合我，我也喜欢它，这就够了。高考成绩出来之后，我虽然是全省第十，但北京大学的会计系（光华管理学院）却很难进去。我去见了清华的招生组老师，很幸运，这位刘老师恰好是一名来自清华经管的招生老师，我对她说："我不否认，作为一个文科生，我对北大总归是有一种情结的。但我更知道我想读的是会计系，我希望清华能给我一个机会。但如果我不能进入会计系的话，我想我应该不会考虑到清华读书，而选择其他的机会。"我对自己的梦想很坚持、很坚定。我记得当时刘老师对我说："我明天给你答复好吗？"可是当天下午我们就再见面了，她轻轻地揽着我，对我说："我们真的很喜欢像你一样有想法的孩子，所以，清华欢迎你！"刘老师跟我说，她见到过太多的人对她说，只要能进清华什么系无所谓，她觉得，每个人都应该有每个人的坚持和梦想。当然这样的结果，除了我的坚持，也和我当时的好成绩做后盾有关系，但不管怎样，梦想很重要，坚持自己的梦想很重要。天上不会掉馅饼，只有你去争取，坚持自我，才可能得到你想要的。

进入清华，在这样的一个牛人云集的地方，我也曾自卑过、彷徨过，很快我咬咬牙，穿戴上自己的铠甲，不屈前行。从一个娇柔的女孩儿，到一个能独当一面的部长、支队长，这其中走过的艰辛与尝到的幸福，甘苦自知。

感谢那些回不去的旧时光，感谢那些曾经在这段时光里陪伴过我的人。我怀念曾经奋斗过的衡中,怀念那里的每个人、每棵树。不管什么时候,当我回到那里,总是有淡淡的温暖,从不曾远离。

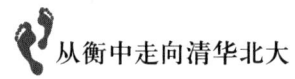
从衡中走向清华北大

并非有强势学科就是强者，六科均衡才能拿到高分

段　然，衡中2012届389班，文科生

记得在衡中的黑板上曾经出现过这样一句话："一年前的我和现在的你一样恨衡中，一年后的你和现在的我一样爱衡中。"对于曾经在那里学习过的我来说，"追求卓越"的校训给我留下了更为深刻的印象。因为只有在精益求精的氛围里，个人才能更好地实现自己的梦想，强手如林才能更有斗志。

一、语文

学习语文是一个循序渐进、厚积薄发的过程。只有把平常的功夫做足才有最后的水到渠成，取得满意的成绩。

首先，要充分利用自己的积累本，毕竟"好记性不如烂笔头"（基础知识、常用字词、答题术语和作文素材都是需要时常整理的）。只有先把看到的知识落实在笔记上，才能把它们落实到卷面上。

其次，要舍得花时间。也许一天不碰它还感觉不到变化，可是时间一久等你意识到想补救了，就要花费更长的时间，下更大的力气，无形中加大自己的任务量。

最后，要学会打草稿。不单单是作文，古文翻译、诗词鉴赏等题型也需要打草稿，这样能帮你理清思路，在写到卷子上之前自己纠错。

二、数学

专注和热情是学好数学的必需！要专注，因为数学对细节的要求很高（细节是制约成绩提高的重要因素）；要热情，因为数学要求你投入大量的时间和精力。

学好数学也离不开整理。对数学的整理我认为有两个主要板块：一个是知识点，一个是思路。在我看来，整理知识点要力求全面深入，在通读课本的基础上把自己的理解积累下来方便翻看巩固。整理思路要全面有重点，既要把一个题型的常规思路弄得一清二楚（注意不是抄一遍答案就完了），又要把一个题目独有的解法记下来，说不定什么时候就会有意想不到的收获。

积累整理的对象不是错题，而是好题。因为粗心而错的题目有选择地记下来作为给自己的提醒就可以了，而那些虽然做对了但思维量很大的题目也是很有价值的题目非常值得整理。记得要把自己的想法用不同的颜色标注在旁边，久而久之你就会发现自己的题感越来越好，对提升自信大有益处（把同一类型的题目整理在一起，既看联系又看区别，虽然投入大些不过收获会更大）。

三、英语

英语的知识点非常琐碎，更要把功夫下在平时，"罗马不是一天建成的"。把任务分配到每一天都只有一点点，却能让人拥有非比寻常的成就感。背几页单词，练一篇完型阅读，再规规矩矩地写上几行"印刷体"，不需要大块时间，却有着极大的收获。

四、文综

文综300分，可以说是重中之重。

第一要背。老师一直在告诉我们，学文综背了不一定行，但不背一定不行。只有先把文综的知识点背下来，才能在试卷上运用自如。

第二要写。提高文综不是看看题目和答案就可以的。哪怕只是简单地写写思路，也能让人更好地分析答案完善思路。因为写下来就确定了，就可以对照了，就不会再觉得自己也能想出来只是没有写罢了。这样先接受答案，再去完善答案，能够节省时间、提高效率。

第三要打草稿。不仅仅是理清思路合理安排答案要点，还能保证卷面整洁，给自己良好的答题情绪，同时也给阅卷老师留下了良好的印象。

高考不是有强势学科就是强者，而是六科均衡才能拿到高分。有限的时间合理安排也是非常重要的能力。保持强科提高弱科，坚持不懈敢于放弃，记住一切要以大局为重。

一个结束永远意味着另一个开始。到了大学见到了各地的高手，见到了同样的努力。美丽的风景里有着更美丽的意气风发，是热烈的讨论，是不懈的钻研，是精诚的合作。来到这里，每个人都在践行着"行胜于言"。

在衡中的时间不算长，却收获了太多。衡中，是一个离梦想最近的地方。正是因为有了"追求卓越"的意识，才让我有机会走入清华园，去体会百年来激励人心的"自强不息，厚德载物"，才让我能够更好地适应新环境，去开启新的人生旅程。虽然已经走出了衡中的校门，但我依旧时常想起当初的时光，想起那时纯粹的追求。

"我是一名衡中人",那时的誓词还回荡在耳畔,想起衡中,温暖油然而生。感谢衡中!

人生有一万种可能，高考无疑是重要的分水岭

徐雅端，衡中2009届320班，理科生

  回首三年时光，紧紧张张，忙忙碌碌，但无法遏止的是追求卓越的脚步；有过失败，有过不甘，但无法冲淡的是享受学习的乐趣；酸甜同在，喜忧参半，但无法泯灭的是享受学习的快乐。衡中让我懂得了珍惜，珍惜永恒的友谊，铭记老师的恩情；衡中教会我做人，不仅要做知识的强者，更要成为一名顶天立地的中华好儿女。母校，我永远敬您、爱您！

  现在回想衡中生活，脑子里首先冒出的是这么几个字："群情激昂的红色岁月"。离开衡中后，我就再也没有那么紧张过，再也没有那么单纯过，再也没有那么拼命过，再也没有那么踏实过。衡中的生活像一朵怒放的白莲，那么干净纯粹地绽放在我们青春东逝的溪流中。我们怀念衡中，以一种英雄怀念战场的悲壮情怀。在那个地方，我们与高考拼杀到底，我们的时间按秒计，我们的卷子按本数，我们除了学习还是学习，我们的心里除了理想装不下任何东西。那里，既是清华梦的开始，也是清华梦的结束。不管最后是悲是喜，高中三年的生活都是一部有始有终的传奇小说。

  细细想来，大学毕业后，我们简历上的"清华大学"四个字就如同一个金字招牌。更为奇妙的是，这四个字不是大学时清华给的，恰恰是高中时衡中给的，是高考给的。所以，高考的重要性不言而喻。虽然说人生有一万种可能，但高考无疑是一个很大的分水岭。一个好的大学意味着一种更好的教育，意味着我们有更多、更好的锻炼机会，意味着我们会与更优秀的人才为伍，意味着我们会拥有更高的素质，也就意味着我们将来有更大的竞争力。"经济基础决定上层建筑"，找一份体面的工作与获得不错的薪金是每个人面临的最现实的问题，先把"经济"搞好，再追求自己的浪漫主义理想无疑是大多数人的选择，所以，大学学历也就更为重要了。当然，这些思考对于还在高三试卷中徜徉的学子还很遥远，也没有必要考虑那么长远，只要回答自己一个问题就够了："你想上哪所大学？""清华北大！"我希望你的这个回答完全来自心底最深处的渴望，希望你在说出这几个

答案时心会颤一颤，身子会抖一抖。

我刚上高三那会儿，清华大学好像猛地就从角落里蹿了出来，猛地占领了我心里为理想保留的那个位子。每次提起它，我都会受到一次"惊吓"。它就静静地矗立着，不远也不近，像海市蜃楼一样，远在天边，近在咫尺。我的信念就是从那一刻坚定的。当时我的成绩不错，从高一到高三一直相当稳定地占据在年级前列。我算了算自己的分数，觉得还得再提，必须达到一个考砸了也能进清华的目标。高三上半学期的年级排名一直很让人欣慰，到了下半学期却一次不如一次。我还记得连续三次失利后，老班找我。当时快三模了，还有十几天就高考了，怎么算都应该是最后一次谈话了。我出去的那个瞬间就告诉自己，我要记住这次谈话，永远。老班手指着前面的地板砖，说："你看见了吧，前面就是这几天你要走的路。你可能自己走会绕许多弯儿，老师会告诉你要怎么走。最后几天你要走得踏实，一步一个脚印，要留下痕迹……"之后我的心态变得相当平和。激情可能谈不上，毕竟经历了无数次的考试。应该是三年的功底让我平和吧。然后高考就那么波澜不惊地来了，真的波澜不惊，我就是把它当作四模考的，甚至做好了考砸的准备。考完了就完了，仿佛一眨眼的工夫。没有太多欣喜，也没有太多不安。总之，一切已成定局，而我，尽力了。

我高一时参加了数学奥赛，高二上到一半时退了。当时退得很坦然，不管从能力、精力和兴趣方面来说，我都没有了坚持的理由。之后我把全部的精力都放在了六个学科的学习上，这种全心全意的付出让我取得了高三上半学期很喜人的成绩，同时为我争取了更多的优惠机会。我参加了清华的自主招生，但在笔试中就输掉了。我知道我输的不是能力，而是心态。当一个人心里只有成功时，成功却像羞涩的女孩不敢露面了。就像你追一个女孩，你对她越好越念念不忘，她反而越忽视你。输了就是输了，所以我当时并没太往心里去。因为我知道通过高考我一样能考上，殊途同归罢了。虽然后来的事实是，我在下学期遭受了不小的打击，几乎让我怀疑自己的实力，怀疑能不能殊途同归，可是自主招生失利时的淡然与自信确实帮我渡过了一个心理难关。

关于学习经验方面我真的不想多谈，一来自己已经淡忘，要想说就得拼命找寻过去残留的痕迹，而且并不能保证它的有效性；二来学习经验太多了，很难出新；三来经验也只是经验，并不是实践，一种只停留在笔记本上的经验没有任何意义；四来每个人都有自己的经验，只有自己体会出来的自己总结的才是最好的。

生命不息，奋斗不止

安刘攀，衡中2009届323班，理科生

初入衡中，从未离家的我面对着生活上的巨大挑战。渐渐地，我建立起了时间意识、纪律意识，克服了最初的不适应，融入了衡中这个大家庭。

学习上，最让我刻骨铭心的是高三的拼杀。那段日子，我感受着老师的鼓舞、同学的激励以及自己内心的涌动，将全部精力贯注在学习中，心无旁骛，最终取得了好的结果。

在衡中学习的3年是我人生中最珍贵的一笔财富。在衡中严格的规章制度之下，我学会了求知，学会了生活，学会了做人，这让我一生受益匪浅。

学习心得

学习中，有两方面起决定性的作用：一是心态，一是方法。有好的心态，我们才能加足马力；有好的方法，我们才能踏上正确的道路，最终抵达成功。

在衡中，我们的心态时刻面临着巨大挑战。有许多之前成绩骄人的同学到衡中之后，会因为最初考试的落马丧失自信，从而一蹶不振。其实，这是完全没有必要的。衡中本就是一个将众多优秀学子会聚一堂的人才济济之地，落于人后是难免的，重要的是跌倒后要看到自己的不足，然后爬起来。要时刻相信自己！这种耐挫能力到了高三后期尤为重要。同时，我们还必须学会让自己的心态平稳。面对倒计时板上一天天减少的数字和课桌上越堆越高的习题，千万不能急躁。静下心来，不放过一秒，就是胜利。

学习方法

对于学习方法，不同时间段有不同的策略。

平时，我们能用来学习的时间主要分为课堂、学科自习、公共自习和零碎时间。

课堂上，我们只需要紧跟老师的思路走，走神是大忌。至于笔记的详略，可视个人情况而定。需要提醒的是，千万不能因为在某一点上有疑问抓住不放，导致自己错失紧随其后的几个知识点，那样只会得不偿失。课上做标记课下搞清楚才最高效。

学科自习都有专门的作业，有些学科的作业量偏大，很难完成，我们不能因此放松要求。要时刻抱着完成作业的冲劲，提高自习紧张度，即使完不成，也会一天天提高。

公共自习最重要的是安排。在课前，我们要先想好这节课要做什么，不要上课后再手忙脚乱地翻卷子，找课外书。做计划时，我们应安排略高于自己能力的任务量，这有助于让思想紧张起来，防止松懈和浪费时间。

零碎时间，譬如待操和课间时，我们可以用来巩固语文基础知识和背诵英语单词，一些自助也可以用这些时间完成。

抓住时间，除了这些策略，最重要的是速度！高考是限时训练，对速度有很高的要求。在平时的学习中，速度更意味着高效。当然，我们万万不可因为速度而舍弃准确率，既快又准才是我们的目标。

有好的心态和学习方法护航，必定能乘风破浪、一往无前！

回归课本并不是机械地翻一遍或几遍，而是先把课本变厚再把它变薄

张　超，衡中2009届323班，理科生

冰心说，成功的花，人们只惊慕她现时的明艳！然而当初她的芽儿，浸透了奋斗的泪泉，洒遍了牺牲的血雨。在衡中生活了三年，我终于明白了衡中的独特魅力：衡中不仅使学生在学业上成绩斐然，也在很大程度上培养了学生的健全人格。在丰富多彩的校园生活中，我们学会了团结，学会了坚强，学会了自律，学会了坚持；在老师们的言传身教中，我们明白了什么叫敬业，明白了什么叫奉献，明白了什么叫无私。此刻回首，才发现，衡中是使我们长大的地方。

说到学习体会，首先应该重视课本。回归课本确实很重要，几乎所有考试内容都是课本中例题或课后习题的变形，有的甚至是原题。需要注意的是，回归课本并不仅仅是机械地把课本翻上一遍或几遍，而是去深入理解课本内容，用一句老话来说，就是先把课本变厚，再把它变薄。当然，老师们会在教学中渗透，但如果你不能够将它转化为自己的东西，你就无法掌握课本的精髓，所以老师是老师，而你只能是个学生。

其次，要正确把握学科的特点，这样才能获得突破。就我个人的看法，在理科学习的六科中，数学和物理才是理科的标准，在实际的练习中要将彻底掌握原理；生物（遗传定律除外）和化学则更接近文科，因为需要理解的要远远少于需要记忆的，或者说是这两个学科对理解能力要求不是很高；语文和英语这两个语言学科，多看多练是最佳的选择，尤其是语文，我们所说的语文素养，没有足够的阅读量是不可能拥有的。值得注意的是，千万不要因为自己是理科学生而轻视这两科，很多时候，这两科在你的分数及排名上起着决定性的作用。

所谓态度决定高度，一定要用积极的态度对待学习、对待考试。我有一个经验：如果在某次考试前，我很期待这次考试，发自内心地期待，那这次考试的结果必然是让人满意的；如果自己厌烦某次考试，那结果一定很不理想。所以说，积极的态度决定令人满意的结果。既然有些事情不是我们能决定或改变的，那为

什么不用一种积极的态度去接受它们呢？生活是一面镜子，你用积极的态度面对一切，它就不会让你失望太多。

还有一点体会，那就是学会主动学习，用自己的智慧去努力，而不是被动地接受他人的"食物"。主动学习，把学习当成一种乐趣，那你一定能在学习中发现乐趣，并乐此不疲。

认真是一种能力，需要在平时练习中着重培养

迟方静，衡中2011届386班，理科生

忘不了任课老师孜孜不倦的教诲，忘不了班主任任劳任怨的付出、无微不至的关怀，忘不了高考前老师向我做出胜利的手势，是老师们的无悔付出让我取得今天的成绩，让我踏入了美丽的清华园。

只有我们想不到的，没有做不到的，只要肯努力、肯付出、肯流汗，就一定会有收获。回想衡中三年，收获真的很多。

这三年教会了我做任何事情都要有目标。一个没有目标的人就像没有舵的航船，注定会颠覆在汪洋大海中。给自己定一个目标，才能让自己学习更有动力。高三时曾经有人问我为什么这么卖命地学习，我说因为我要考上北医，亲戚朋友问我的目标是什么，我毫不犹豫地说是北医，即使招来很多不屑的目光和怀疑的口气，我也从未改变过我的目标。一个有目标的人才知道努力的方向，不会白费工夫，正是这个目标才让我坚持下来，走到今天。

除了要有目标，还要有不服输的劲头。在衡中，退步对于我来说是家常便饭。我在高二时曾经连续退步六次，六次相当于整整一个学期。退步其实并不可怕，可怕的是它会使你的心变得麻木。我们不能被退步吓倒，我们应在失败中重新奋起。记得高一过完年回来的一调考试我考了班里第41名，是有史以来最烂的成绩。那次是我上学以来第一次被叫家长，老班让我们制定下一次的目标，我定的是第5名。爸爸的笑里满是不相信，说了一句"目标要符合实际"，我心里咯噔一下；回到家，妈妈也唠叨我"把目标定得那么高,实现不了会丧失信心的"。那晚我哭了，为什么我失误一次所有的人就开始怀疑我的实力？凭什么我就实力不行？我偏不认输，我偏要考到前五名证明一下我自己。就凭着自己不服输的劲头，我在随后的考试中考出了班级第6名的好成绩，虽然最终差了那么一点，但是这成绩足以让别人目瞪口呆。在连续失败的情况下绝不服输、绝不气馁，让心中那股不服气化作拼命努力，不服输的你定会换来下一次辉煌的成绩。即使下次还是输，下下次还是输，也不要灰心，也许下下下次赢了呢，也许那次又很幸运的是高考不就

赚大了！

  最后想说的是认真。我们那年的高考有很多黑马。高考题对比三次模考题是很简单的，主要考查考生认真、仔细的程度和基础。一些同学擅长做难题，但很粗心，在高考中惨遭滑铁卢。不要说自己平时马马虎虎但考试时一紧张就认真了，那是自欺欺人的说法。认真是一种能力，是需要在平时练习中着重培养。

  衡中给予了我很多很多东西，最后我用一句话总结衡中生活对我的影响："抛开烦恼，勇敢地大步向前，想做的梦从不怕别人看见，在未来我们都能实现。"

刻苦努力，以法辅之

李鹏飞，衡中2012届395班，理科生

很高兴能分享一下我的学习方法。首先感谢衡中对我们的培养，虽然我们曾无知地憎恨这所学校，但当我们离开她时才发现她给予了我们太多，值得一辈子都会感恩她。

步入正题，学习最主要的是不断努力和刻苦拼搏！

首先谈数学。数学是一门需要认真和专注的学科，往往当你达到一定能力时细节反而要了你的命。我的学习方法是坚持做题、不断总结知识点和整合一类题的各种方法（强调一下是各种方法）。总结是很重要的，因为有时通过总结会了一道题也就会了这类的题，长此以往，省时省力。我的改错本在高三一年就有五本了。每天晚上都会坚持做三道解析几何大题和三道导数大题（就是必选的最后两道大题），就这样一直坚持到高考的前一天晚上。我觉得这样很奏效，个人认为最后的大题综合练了很多能力。

我虽然能在考试中很多次得满分，但我总是有改不完的错，有找不完的知识点。所以要坚持每天做数学题，尤其是高考前！总结一下：数学要大量做题、大量思考、大量总结。

理综是我比较成绩好的一门大科，这三门我觉得说容易也容易，当然说难也难。容易在于理解了就会做，难在于去理解。

先说生物，生物很大程度上要依赖课本，我不敢说我能背下课本，但至少每个知识点我都能背出来。到后期每周我会看一遍所有的课本（当然是里面我勾出来的知识点），因为我发现一旦课本知识不熟悉生物分就下来了（历经一年考试痛苦经验总结出来的，改后明显见效）。生物实验我认为是高考的关键。生物课本的实验必须完全掌握，根据课本扩充的知识也要了解。我每天都会用小本记知识点，然后去食堂排队时看，在操场等出操时看，有时课间也看。老师也会发一些知识点的小本，我都看过而且经常复习。为了高考没觉得完成不了。

化学也是知识点积累，但计算能力也是必需的。我高考那年出乎意料地有很多计算，有很多特殊的反应。反应物、生成物在计量上有特殊的关系，是必须掌握的。要做足够的题以此来掌握知识点，总结学习方法。我们老师做一道化学题是用秒算的（当时不相信，后来证明是真的，不过我们到最后可以和他比速度了）。老师对我们做题的速度要求很高，后来发现速度快了说明知识掌握扎实了。老师也会领着我们复习知识点，只要把老师讲的掌握了，就有足够的基础了。接下来就是不断地坚持努力了。

我的物理开始有点飘，有时会不太好，但最后一年比较稳定，出错率较低。物理其实就是力和运动，各种力各种运动。我也是大量的训练，和数学要求差不多，每天练最后一道选择题和最后一道大题，每天每样两道，同样一直坚持到高考。久而久之，改错本上整理了很多知识点，我为我所总结出的精华而欣慰。

说说语文。我们语文老师是神一样的牛人，由于偶像崇拜，我的语文也有了很大提高，他对我们作业字迹和格式的要求促使我们的作文有了很大的提高。在衡中，有很多好的作文范文，单从卷面上就能让人触动很大，细看内容更是让人惊叹。他常常拿这些范文给我们看，我们从中受益匪浅。对于语文，我们每天都背大量的成语和美文，看病句知识点，一直坚持到高考。基础的巩固、语文习惯的培养对于语文成绩的提高起着潜移默化的影响。

英语是我的一门弱科（高考时比我们学校考上清华的同学平均低十几分），我也为此付出了很多。我同学让我天天做完形，既练了单选又练了阅读。另外，我每天课间都坚持做英语。英语作文的格式就参照衡中的要求，坚持绝对管用。

为了让大家得到更好的方法，特介绍本人好友张永成的方法："单选题一定要大量地做，做好做大量题的准备。一开始靠感觉去选择，把所有错题都裁剪下来放到一个本上，再把错题熟悉熟悉，过几天继续做，然后把错的题重新整理，直到你全部都掌握了，最终你就会拥有下笔如有神的感觉。完形是处处有铺垫的，所以要瞻前顾后、灵活运用。提前略读两遍完形弄懂意思后再做，这是磨刀不误砍柴工。再者，阅读要先看题目后做题，有重点地去读文章。最后的作文一般都会有充足的时间去写，字体是脸面，语言是气质，来几个爽朗的句式，写一手漂亮的英文，高分你值得拥有。"

每个人都有适合自己的方法，别人的方法可以借鉴。在不断地努力和刻苦的追求中，以方法辅助自己，必将迎来自己的成功。

现在的苦只是为了以后的成功，
黎明前的黑暗是每个人的必经阶段

许晨晔，衡中2014届485班，理科生

高中三年，放弃了许多，也收获了许多。衡中三年，是苦尽甘来的三年，也是破茧成蝶的三年。

初入衡中，曾经的辉煌在瞬间消失，身边全都是各市、县的骄傲，以往的突出在此刻化为平凡。开始我的学号只是27，不算靠后，但也绝不拔尖。当时数理化几乎进不了班里前30名，说实话，打击很大，但我从来没想过放弃。曾经我在物理积累本上写过这样一句话："物理，我把一切都给了你，你能给我什么？"后来的一段时间，完成老师布置的任务后，我几乎把所有时间都给了物理，做课外练习，整理错题，读课本，回顾反思。直至文理分班，我的物理才逐渐好转，稳定在班级前10名，但我一直都知道物理是自己最弱的一科，如果不是给了它更多的时间，它不可能有这样的成绩。物理的成功逆袭也终于让我找回了自信，同时也让我真切体会了梅花香自苦寒来的感觉。高一，一切重新开始，不管之前的成绩如何，现在的起跑线都相同，只要敢于努力，必定会取得进步，让自己蜕变。

高二的小学期期末考试，我的数学考了103分，我记得班里第一名数学140分，与之拉开了将近40分，这是我高中数学最惨的一次，却也是数学成为我最强一科的开始。当时受的刺激很大，直接导致我假期开始猛写数学作业，而且没有了以往的厌烦，突然发现数学其实也很有趣，其实我也可以因为爱数学而学习。态度的转变也促使了我开学后对数学的重视，以前会草草完成的学案作业都要认真完成，难题也必须思考决不能放弃，错题本坚持每日都整理，不拖沓，不反感。因为喜欢，所以执着；因为执着，所以成功。开学后的第一次考试数学是148分，一个以前从来不敢想的分数。以前，我对数学的要求是班级前20名，但那次之后，我发现原来自己也能考到班里前10名甚至前5名、前3名。一次的突破并不意味着三年的成功，却给了我高中数学的希望。自那以后，对数学的自信心增强了许多，学习数学的兴趣也增强了，学习效率直线上升。曾经听报告时有一个学生说数学是一门一劳永逸的学科，后来我才明白，高二的努力让我高三学数学的压力小了许多，别人需要课下完成的我在学科自习就可以搞定，这给了我更多的时间去学习别的科目，提高了总成绩。

关于高三，我想说三件事。

第一，是否选择自招因人而宜

可能很多人都会选择参加自主招生，它无疑给我们提供了一条通往大学的捷径，但这条捷径也并非人人都可以走。自招是在高三下半年，参加自招无疑会耽误高考。我们这届清北自招培训了一个多月，当时参加的有一百多人，通过笔试的却只有二十多个，最终通过面试的只有十几个。在这一个多月的时间里，我们组成了一个班，只能学数学、物理的自招题目，不学其他学科。对于自招，我只能说自招有风险，参加需谨慎。自招学习的东西会为你拓展知识面，让你以后物理和数学的学习更加轻松，但它同时让你其他科耽误一个多月，高考就在眼前，你能否弥补这一个多月的缺席？其他人都在这一个多月中备战高考，在这一个多月中，你领先的优势会缩小，你能否不急不躁，安心学习自招？又能否安安心心在等待自招结果的日子里好好学高考科目？这些你都要考虑，选择一条最适合你的道路，不要让自己后悔。

第二，理综最重要的是提高正确率

理综是时间最紧的一科，很多人也许根本无法完成试卷。其实原因只有一个，就是太看重分数，总是在想这道选择6分，我再检查一遍吧；这个空3分，我再算一遍吧；这道大题20分，我再看一遍题吧。这就等于一道题做了两遍，时间当然不够用。所以，平常训练时就必须一遍做对，绝不再算第二遍，调研考试更要如此。考试越重要，就越需要更强的心理素质，也更能锻炼自己在重要考试时的心态。所有的题只能做一遍，相信自己的正确率，或者说相信自己平日的训练。理综从来不能走回头路，提高正确率才是王道。

第三，别花费过多时间在自己的王牌学科上

我刚上高三时，因为喜欢数学，再加上数学成绩一直不错，所以课下很多时候都在学数学，给了数学太多的时间，当然数学的强大带动了总成绩的提高。我几乎每天都沉浸在数学中，但当时一个同学的话点醒了我，他说你做再多的数学题，数学成绩也提高不了多少，为什么不花更多的时间在别的科目上？他的话让我想了很久，就算再怎么喜欢数学，我也不能给它过多的时间。高考要的是总成绩，是总分。每个人都有自己的弱势学科，与其让自己的王牌学科更加出类拔萃，不如让自己的弱势学科走向前列。越是强的学科，提高越困难，而到了高三，高考就在眼前，更应好好利用时间学习。

宝剑锋从磨砺出，梅花香自苦寒来。蚌病成珠，蛹破成蝶，现在的苦只是为了以后的成功，黎明前的黑暗并不可怕，这是每个人必经的阶段，是破茧成蝶的开始。

生命的奖赏远在旅途的终点，而非起点附近。不知道要走多少步才能达到目标，迈出一千步时，仍然可能遭到失败。但成功就藏在拐角的后面，除非拐了弯，否则永远不知道有多远。再前进一步，如果没有用，再向前一步，事实上，每次前进一点点并不难。质变永远以量变为前提，每天比别人多努力一点，比别人多思考一点，三年累积下来就会是巨大的成功。

我在清华等你们。

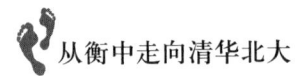
从衡中走向清华北大

高考是目前所有选拔手段中最公平的，考验的最关键一点是抗挫力

李晓璇，衡中2013届454班，实验班

当走过高考后，便会发现高考是人生必不可缺的一段经历。尽管在高考前我不停地抱怨，认为高考无法完全展现一个人的潜力以及能力，认为它太过片面了，但高考后，我却发现经历高考是一件十分有意义（尽管再也不想重来）的事情，不仅仅是因为它是目前能做到的选拔手段中最公平的，更是因为它考验了一个人的心态、仔细程度……还有最关键的一点——耐挫能力。

高三一年，我的耐挫能力显著提高。即使做不到愈挫愈勇，但也不会丧失信心，且最起码能刻意将其忽略。

高三上学期，我第一次被分到实验班，一下子从普通班的前列落到了班级中下游(41号)，且前两次考试都是50多名，心理落差比较大。我对自己说："没办法，谁让你高一和高二没人家努力呢，比别人差是正常的。只要自己努力，一定不会比别人差，咱又不笨！"然后成绩慢慢地上升。我记得第一次调学号时，因为奥赛生的加入，所以是以高二成绩调的，结果我被调为60多号。当要为高考准考证照相时，因为按学号排的顺序，我在后面抬不起头，无精打采，却还要装作无所谓的样子。幸运的是，那个悲摧的学号的寿命很短，没多久我就被调为35号。但快到期末时，虽然自己觉得很努力，可是成绩却下滑了很多，期末成绩甚至跌到了1000多名。当和妈妈坐大巴回家时，我都不好意思和认识的初中同学说话，也没有力气和他们说话。甚至整个寒假，包括新年，我都是无精打采的。过年也第一次没买新衣服；开学时，我也不想去。坐大巴快到校门口时，我都在期盼着衡水地震……就是这样的心态开始的高三下学期。

开学的假期作业检测，我做得还是一团糟，简直可以称之为开门黑。但我没有给自己沮丧的时间，而是更加努力地学习，后来的结果令自己比较满意。同样令自己满意的是，我终于从落后的阴影中走出来，心情不再压抑。

高三，我的成绩得以提升的另一个原因是对自我的了解和敢于剖析。我知道自己成绩落后的原因，并勇于克服它。我底子薄，所以一直对自己强调课本和基础知识的重要性。一轮复习时，我把自己没看过的数学课本看了一遍。同样，只要大考前有时间复习，我首先看的是课本和王后雄。甚至高考前我还在看化学王后雄的无机元素部分。

我同样知道自己哪一部分学得不扎实，并不断地琢磨它。我的三角函数很奇异，从高一第一次学就不会，一轮结束后才摸到一点门道；二轮后，公式尽管一直重复记，但只记住了一部分，每次用到，都得自己推一遍；三轮时，终于不再为一般的三角函数头疼。还有，高二学磁场时，因为不明白老师讲的找圆心、画轨迹的方法的原理，所以就没学懂，做题时，见到磁场问题，一个头两个大。但是高三克服自己心里的恐惧，慢慢地就明白了磁场题应该怎么做。到最后，特别喜爱有关磁场的题。

我们班主任梁老师要求我们写每周反思，下面是我每周反思的重点内容和梁老师的评语。

一、小学期

第一周：①介绍同桌，我认为三个男同桌做题快，他们很开心。②我的状态：不适应，手足无措，记不住人名（一周没记住十个），和同学熟不起来；晚新闻受新闻影响，没法写作业，记不住课下任务，改错跟不上。③班级发展建议：分班前就是同学的要和新同学多接触（就一个男同学是原来同学）。④我的高三我做主：高考要考680分以上。自我感觉这比较容易，调整心态，从每次的成败中吸取经验，把必须做好的做好再增加题量，加快速度，跟紧教学进度。虽然我有很多缺点，但我也有优点，我必须努力，让他们知道我比他们行。

（评语无，仅将680分圈起来）

第二周：①考试感觉：不太好，时间紧张，数学、物理、化学都没写完，本来会的题考场上却做不出来。英语听力一着急就什么也听不清了，要提升速度。②来衡中的原因：衡中的卷子和练习题贴近高考，体验"监狱"；一本上线率高，至少上个一本。③班级状况：课间说话，进入状态慢。④夸夸自己：调整状态快，虽然会犯懒，但做就做好，比较诚实，会自我安慰，比较乐观，不记事儿。

评语：你的680分何时变为现实？（在"犯懒""诚实""自我安慰""680"加注了下划线）

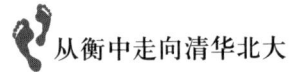

第三周：（总结略）

评语：克服懒的毛病。

第四周：①二调目标是否坚持：内心仍然十分渴望，但最近测试结果不令人满意，但无论如何也是要努力的。②周测状态：有些散漫，告诉自己要重视，但紧张不起来。③一轮复习：没有彻底把知识点过一遍，因为不是新授课，重视程度不够，不知道怎么做最有效。

（评语无。在"内心仍然十分渴望""有些散漫""没有彻底把知识点过一遍"加注下划线）

周测反思①：知识点不熟练。导致：想提速，准确度下来了，情绪左右成绩较大。

评语：克服懒惰。

周测反思：①两次目标均未实现，数学和物理没有做到兼顾，轮流考砸，考试状态差。②对大学没有明确目标，只是认为上的大学不好，会丢人。

评语：是不是属猪的，我要求写的感想呢？

二、第一学期

挑战后状态：①不佳，头晕乎乎的。由于英语在开始复习后，题量加大，并且当我不想做题时会做英语阅读，英语成绩有提升，但数学成绩下降。②高一后半年，学立体几何时，数学成绩几乎在最低水平。③学案、作业跟不上。

评语：少谈理由。（在"不佳，头晕乎乎的"和"在最低水平"下划线）

第十周：努力地调整自己，寻找各科的平衡点，提高自习效率，但还是存在很大的问题；数学听着费力，训练量不足。

第十二周：认为自己哪怕是弱科也有考好的时候，所以只要合理分配时间，提高效率，保持积极向上的心，就能提高成绩。

评语：压力→动力，事在人为。

第十五周：数学投入时间长，但产出低。

评语：不投入一定无产出。

知耻后勇：①前一段学习状态有问题，过于关注考后结果，而忽略了过程，立体几何的训练有效果。②有时觉得不考清华对不起自己，有时觉得复旦或别的也不错。

评语：现在也定不了。

12月16日反思：①清华分高，但别人行，我也能行。②为防上课走神，要跟着老师说，就当老师是给自己讲的。③先干最重要的事。④一直打算每日一道圆锥曲线题，但未实施，而下周要考试。

评语：行重于言。(在"圆锥曲线……下周要考试"加注下划线)

某日反思：①有天赋不能发挥出来，是一件悲哀至极的事。②考试做不完的原因。③认为考690分不会太难。

评语：太懒了。(在"考690分不会太难"加注下划线)

距高考150天反思：时间从来没有过得这样快。如果保持昂扬斗志，我会笑着走出衡中。

评语：行动起来。

三模反思：认为考得不错，却砸了一片。考砸了，下次要考好。

评语：考好了，下次也可以考好。

突破空间的反思：提高专注度，小动作少些。

(评语无，但将"小动作少些"加注下划线，并将"少"圈住。我改为"杜绝小动作")

五模反思：①考试时，要冲着高分、满分去，不能差不多就行了。②即便是最后几分钟，也不能慌，要沉住气做题。

六模反思：因为担心审题不清，于是每一道题的题干都会耽误一段时间；因为害怕计算失误，都会重复计算，所以做题慢，因此要在最短时间内读明白题，一次性做对。

九模考后反思：①时间安排。②遇到难题要积极去想，别僵在那里。③提高能保持高度注意力的时间。④保持心态平和积极向上。⑤严格要求自己，尽量多做题，抓紧改错。⑥不要避难、怕难、嫌麻烦。⑦将大块时间用来限时训练。⑧养成一定要将题做完的习惯。

评语：好。行动再快点。

现在有时听到别人说我成绩考得好是因为聪明，我不置可否。我心里明白，将"别人比自己聪明"当作自己成绩落后的理由永远只是自欺欺人。

高考是选拔人才的考试，只要你相信自己是个人才

王 澍，衡中2013届459班，实验班

当年高考快走入考场时，我突然意识到，曾经那么遥远那么神秘的高考就在眼前，不由阵阵"overjoyed and scared"；而在成绩出来的6月23日凌晨，我却又是出奇的平静。其实当读到这篇文章时，你离高考也就近在咫尺了，也将渐渐体会到那种有时平静、有时紧张、有时兴奋的心情，它将伴随你拼搏或是颓废，直到属于高考生的那个夏天。

记得有个学长说，到后期决定智力的是心态。此话不假。面对成绩可能一退再退或者起起伏伏，太多的人被自己打败了。作为高三生的大家都知道：没有人敢在高三混混沌沌地过一年，成绩低谷时你可以难受，你可以哭，但你不能放弃。我从进入衡中就从来没有考过年级前十，也从未挨过前二十的边，甚至有一段时间总是在二三百名徘徊。高考是选拔人才的考试，只要你相信自己是个人才，那么不管衡中的考试虐了你多少次，你还是有机会得到高考的青睐。放平心态，放远眼光，高考胜利的永远是内心强大的人。

高三生易被考试击垮，同样易在漫天的资料中迷失。学案、作业、自助、参考书、考试卷、积累本，重在取舍，难在取舍。学案最最重要，不好好预习就不能保证课堂效率。而利用好作业是提高能力的最好方法。这两种资料也应该是大家积累的主要来源。对自助和参考书希望大家不要忘了最初的目的：给没吃饱的学生加餐。如果吃得太多只怕会营养过剩，所以有能力的同学可以越快越好（每个班也只有两三个），感觉吃力的同学不如踏踏实实地走好每一步。对考试卷上的错题一般要记得很准，这是精华中的精华；对后期考试的错题一定要重视；对积累本凭良心，可能看过一两遍就是"诀别"，所以改的时候要认真！如果再犯积累本上的错误，那就是在浪费你的生命！我们物理老师说要在积累本上写："字字带血，绝不二错！"总而言之，利用好自己能利用的，相信你做过的题一定考，没做过的题一定不考，切勿把学习资料当成负担。

由学生向考生的转变是一个艰难的改变，因为在高一、高二没有养成的习惯要在高三很短的时间内养成。很多人考试后会特别后悔，往往不是某道题不会做，而是"非知识性失分"。自己如果不细心，必须狠下心来惩罚自己，比如抄题（二十遍啊，五十遍啊）、错一罚十（做错一道罚做十道类似的题），罚了一两遍下次这类题就不会错了。反之如果依旧不细心，春节过了以后会发现成绩提升得越来越困难。为了自己的成绩，必须告别粗心！

高考时并不需要你所有科目都超常发挥，只要没有偏科拉后腿那么胜利的可能性就很高了。不少实验班的男生英语、语文底子弱，而最让老师痛恨的是他们不在这两科上下功夫。2013年语文和英语又坑了多少人啊！数学、理综同样如此，只要你不对某一个学科好，它一定会报复你。

作为一个快成年的"创业者"，有自己的想法很重要。连清华的招生老师都说，在选专业时有主见的考生在大学更容易拔得头筹。确定清华的哪个专业是自己的目标比说"我要上清华"更让人有动力，明白自己弱点的人比照搬好学生的学习方法的人更易进步，多思考、爱提有价值的问题比干巴巴地接受更提升能力。年轻人，真的不要像老人一样安于现状，你要像一个"厚德载物，自强不息"的清华人，去为宁静的夏天，去为清华梦拼闯。

最后还有几点提醒大家。

第一，问题太多有害无益。在我了解的好学生中，经常去问问题的人不太多。问题太多说明一听课不认真二思考太少。没有价值的问题不要问。

第二，抓住错误的直觉。直觉慢慢就会化成题感，所以在错误的直觉中往往能学到更多东西。

第三，放下困难重新来过。当遇到死胡同或硬骨头时，要学着跳出来忘掉错误的做法。过几天再用标准的、基本的做法，会很快解决。比如我的英语习字，怎么练也练不好时就索性不练了，过几天后字体就很容易改过来了。

跟大家说这么多也不会期望大家看很多或者理解很多，因为重要的是学会自己找方法。不过大家如果在学习、生活上有什么困惑，或者对清华的生命科学感兴趣，我都会全力为你答疑。

学弟学妹们，衡中的未来就在你们每一分每一秒的努力中！加油！Fighting！

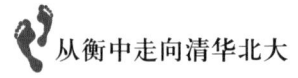

成功者往往是永不放弃的梦想家

陈彤昕，衡中2013届459班，实验班

其实，我的高考并不是一场光彩的胜仗，但是我也想和大家分享一下我三年的经验和教训。我所说的，希望不仅适用于衡中，也适用于你将进入的任何一个学习阶段。

高一阶段，我想先强调一下心态。

对于以前走读的学生，进入一个寄宿式封闭学校，你需要勇气。脱离了爸妈的照料，你不仅需要面对繁重的学业，更要学会整理自己的生活，收拾自己的心情。在这里，生病要一个人撑，内务要一个人弄，心事要一个人想，苦要一个人消化。当然，你有老师、同学，也有给爸妈打电话的权利，但是，如果你想成长，就要有一个人生活的勇气。

对于生长在衡水的学生，进入一个云集各地尖子生的学校，你需要勇气。也许你们之前所经历的竞争，不过就是你的班级、你的学校，最多不过是你的中考。你的假想敌，可能是你的同学，或是你的对手学校，但是在衡中，你不得不感受强大的落差，因为这里的高手很多很多。我以中考桃城区第二的成绩进入衡中，但是在班里，我一开始的学号是8，而我们有12个实验班。英语曾经是我的强项，但是在衡中，我平时考试英语徘徊在班里30名左右，我不再是老师目光的焦点。我还记得，刚进衡中的时候，我每次和一个三中的好朋友去食堂吃饭，路上都要说："三中要自强！"你们会面对很多更强大的对手，但是你不应该害怕，不应该退缩，而是要有勇气，证明你自己，证明衡水。所以，请你准备好你的勇气。

高二阶段，我认为最重要的是信心。

进入高二，你会听到好多老师告诉你，高二是分水岭，在这时分清好学生和差学生。请你有信心，你就是那个好学生。高二是最丰富多彩的一年，你已经不像高一那么青涩拘谨，也没有高三的疲惫紧张，你和同学们可以很熟，你们会一起度过成人礼最欢乐的时光，但是，怎样也不要忘记，你是来学习的，这才是你的第一任务。

你需要信心，信心让你有自制力。我在高二是物理课代表，还参加了很多活动的组织，我经常去开会，一开就几节课，但是我相信我可以补上，于是我每一节自习都拼命去做，一节自习补上别人好几节课的内容。我每次开会都带着题，抓住一切机会做一点。我从来没有把自己的缺席当作不写学案、不交作业的借口，因为我相信，我会取得比别人更优异的成绩，那么，我就要比别人更强，更有自制力，更有自觉性。

你需要信心，信心让你勇往直前。别相信什么这次考好下次必定考砸的规律，不要相信你进步几次就一定该退步了的说法，你能考出的最好成绩就是你的水平，你会越来越好。

高三阶段，这是最关键的一年，你需要的是静心。

在这一年，生活会变得单调乏味，每一天桌子都被卷子堆满，做不完的题，背不完的书，讲不完的方法，烦吗？你最好去适应它。在成绩的起伏不定中，要静心。我也考过103名，那一次，理综让我摔得头破血流。然而半个月后的考试，我考了年级第3名，同样是理综，我考了300分，满分。所以，请你静心，成败都只是过眼云烟。胜了，忘记它，这不是高考，出了成绩你照样要去做很多很多题；败了，忘记它，这也不是高考，输惨了就要有骨气，拼了命把你失去的夺回来。

说了这么多，其实，贯穿我高中三年的就是一种不服输的精神。我活着，就不是用来俯首称臣的。第一只有一个，但是，凭什么不是我？就算我拼搏一场，最后仍然不风光，我付出的血汗，也都是我的荣光。三年，我只需对得起我自己。高考后，我一个朋友说："四年后的风骚，都别说得太早。"我喜欢这句话，因为到了现在我依然不服输，我高考失去的那部分分数，要在大学双倍地拿回来，这种精神，是支撑我向前的最大力量。

现在，我想说一下学习的方法。

其实我一直认为，每个人都有最适合自己的方法，所以我只能给大家一个参考，不要照搬，而是要找到最适合你自己的。

一、惜时

衡中已经压榨了你们的时间，但是，时间就像海绵里的水，挤一挤就有了。课间若没有事就坐在你的座位上吧，几笔就做完一道数学题，3分钟就可以解决你的英语自助。

二、多做题

也许会有人讨厌甚至鄙视题海战术，但我还是很固执地相信它的作用。对于一个智商过人、一看就会、应用如神的天才，我肯定要敬佩地说："你不用屈尊进入题海。"但大多数人都还是像我一样的普通人，所以，刷题就像刷小怪一样，是练级必备过程，能让你从菜鸟刷成大神。不要拘泥于学校给你的题，要有意识地在你的弱势科目、盲点知识方面自己多找些题做，最好去找那些类型题、经典题，多练一练，思路自然会出现。

三、注重积累

及时反省自己是成长所必需的，只顾向前赶路，很有可能迷失了自己。有位老师说过，方向比方法更重要。你要学会经常停下来，回顾你犯过的错误，把易错点、遗漏点和一些巧妙的方法集中整理起来。也许这项任务很费时间，但彻底弄懂一道做错的题比再做十几道一做就对的题要有意义得多。

每个人都会遇到不同的情况，每个人都有不同的应对，我尊重每个人的选择，也希望你们在每一次选择之前问问自己值不值得：作业抄袭，比别人少见了那么多题型，值不值得？考试作弊，比别人少了一次检验自己的机会，丧失信用，值不值得？为一次考试的失利哭得昏天黑地，一星期没有精神从而空度光阴，值不值得？

求学的路上，要像渴望呼吸一样渴望成功，要相信你就是最强的。如果最后你失败了，之前的成就都是被人取笑的把柄；如果最后你成功了，之前的落魄都是战士身上光荣的伤痕。

The winner is always the dreamer who never gives up.

成功者往往是永不放弃的梦想家。

You can be the one you want to be.If you want to do something, just do it.

再不拼搏就老了，再不崛起就晚了。

亲爱的各位，我在清华等你来！

学习态度是否端正决定成绩能否提升

周建强，衡中2004届209班，普班

说到学习，我不觉得有什么技巧，但学习态度端正与否对成绩的影响会很大，所以，要想学习上取得好成绩，就需要端正学习态度。

首先，在整个学习过程中要力图保持一种自然的状态，不要把它看成是一种负担。

也许有人说："我就是喜欢听音乐，不喜欢读书。"其实我们完全可以把读书、学习当成是音乐的一种表达形式。喜欢音乐是因为在听它时没有任何压迫感，随心随意，重在欣赏。如果能把这种自然的心理状态引入到学习中，把要学的内容理解了，就如同在做自己喜欢的事，把书本中的一些定义或概念推理灵活化，学习就会成为我们的需要而不是任务。

其次，要对自己树立信心。

我过去遇到困难时，总是先怀疑自己的能力，甚至对一些本已做得很好的事情也要犹豫再三，这种情况在大型考试中尤为突出。要克服自己这种胆怯的心理缺陷，就必须充分认识自己，对自己的能力有一个正确的评价，而且在面临一些重要的问题时冷静下来，对自己说一声："我能解决它！"就算是没有解决好也不要疑神疑鬼。"这次没成功不代表我真的没有这方面的才能。"在一些重大的考试中，始终保持自信，那么就已经成功一半了。

再次，要注意知识方面的联系。

采用多种思维方法，对一些复杂的问题从多个角度去分析。比方说，历史课上讲到美国的经济危机，就要联想到政治中的经济学，联想经济危机的原因、通货膨胀的产生及挽救的措施。知识的综合运用和灵活把握，不仅有利于加深对一些比较深奥的问题的理解，而且能起到巩固知识的作用。

最后，要科学地看待做练习题。

做练习题的过程不仅仅是在考查对知识的记忆和运用，更重要的是考查总体上把握所学的内容。不要满足于做出一道题、做对一道题，还要通过这道题激发整体思维，搜索与之有关的内容，力求从更合理、更严密的角度来说明它。比方说做选择题，我们往往习惯于用排除法来寻找答案，这种做法在考试时当然是迅速有效的，但在日常的练习中大可不必省这样的力气，我们要的不是答案，而是一个明明白白的解释、严密透彻的论证。在解题中，要以题为中心，在头脑中展开一个圆形面，把与之相关的知识点一一检索出来，力求得到一种完美的理解。

以上是我在学习中积累的一点经验，但我们千万不要把学习的重点放在寻找技巧上。学习是一个实实在在的过程，是一种纯粹自然的活动，一些人说"苦学"，我觉得学习如果僵硬到苦的程度，它也就失去了意义。

普通没有期望值，如果不是最聪明的那就做最执着的

纪占明，衡中2004届215班，普班

寒窗12年，我在沉沉浮浮中变得从容，从跌倒爬起中学得睿智。于是在12年后，我的人生之树，结出了累累硕果。我愿将我的这些收获同大家一起分享。

用执着打造每一天

初中时老师对我说："你不是最聪明的学生，但你是最有毅力的人。"是的，我承认自己是用"执着的每一天"创造奇迹的。从入学开始一直到高考结束，我都踏实勤奋地默默地走我的路，因为我相信，执着是一个人的性格，即使它不会令我收获高考，也会令我收获人生。这就好比走铁索桥，当好多人在桥链摇晃不定选择退下的时候，我却选择"走好每一步"，我不扶栏杆，也不图迅速，我就盯着桥的那端，踩稳脚下的每一步，于是我成功了。回首看看，成功就是如此简单。

把思想叫醒

一个成功的人一定是一个有思想的人。我想成为成功的人，于是我试图把自己的思想叫醒。要想叫醒思想，我的高三老师郗会锁说过："要懂得爱，爱自己，爱他人，爱父母，爱祖国。"孙文胜老师说过："要学会思考，要有'心'。"我对他们的话体会很深。郗老师精心准备的每一节班会都对我教益很大，我心中萌发了更强烈的爱国思想，这些都使我更坚定了自己的理想：成为一名对祖国有用的人才，真正为祖国明天的腾飞贡献自己的一分力量。我开始真正地思考，我学会了整理思路、锤炼语言、总结技巧、开阔视野，从此，我的能力得到了极大提高。

给心灵架起一道彩虹

自信是人生的一道彩虹，它让生命总有绚烂可言，总有明媚可赏。自信，不是相信自己一定会成为什么样的人，而是从相信自己能把会做的题做对开始，直到相信自己能走对、走好人生的绝大部分路，没有太多的遗憾。随着自信的逐步确立，最终成就了我人生的一个重要阶段。举个例子，高三上半学期是我的"黑

色岁月",成绩全面下滑,情绪也随之出现了波动,一度由高二期末的年级第一下滑到年级第 62 名,这对我来说无疑是个沉重的打击。高三下半学期一开学,郗老师就找我谈话。在老师的帮助下,我分析了自己失利的原因,于是重新调整心态,改进学习方法。我把"北大"在自己的方向标上暂且抹去(不是我不向往北大了,而是它给我的压力太大了),贴上了一句适合我的话:"普通没有期望值。"这句话很神,它马上让我焦躁不安的心绪平静下来,让自信与微笑又回到了我身边。从此我做着不普通的"我",接受着自己的普通,接受着自己的缺点、错误,并努力去完善自己,快乐学习,快乐考试,慢慢地我的心中现出一道绚烂的彩虹。

在团结中吸取力量

我与同学们互帮互助,共同营造了一种团结一心、奋发向上的学习氛围,在这种氛围中,我成长着,并焕发着无穷无尽的活力;我全力以赴,朝着我的目标和理想勇敢前进。

回首向来烽火处，道是风雨道是晴

张儒源，衡中2005届229班，普班

　　三年的衡中生活紧张而又充实，它给了我挥洒汗水、顽强拼搏的机会，从而让我收获了成功的喜悦。感谢衡中，感谢衡中的老师们，无论在学习上，还是生活上，衡中都给予了我细致入微的关心和教导，她传授给我知识，更教会了我做人的道理，让我从一个懵懂无知的少年一步步踏入了理想的殿堂。我怀着一颗虔诚的心离她而去，作为她永远的孩子，无论何时，我都不会忘记我是一个衡中人，无论何地，衡中永远是我魂牵梦萦的地方。

　　"回首向来萧瑟处，归去，也无风雨也无晴。"这也许是苏轼在历尽官场艰辛的释然。我走过了高三，走过那无声的战火与硝烟，心情却不能这样平静，所以改用了上句来形容我现在的心情："回首向来烽火处，道是风雨道是晴。"

　　高三阶段是一个过程，是一个火凤凰在重生前涅槃的过程，是一代枭雄在成功前卧薪尝胆的过程。甘于寂寞、淡然成败是高三最好的写照。年轻的我们有的是活力，有的是激情，却缺少了几分生命的沉淀和对人生的忍耐。匆匆岁月走来，我们一路欢歌笑语，一路披荆斩棘，幼稚的英雄幻想像一个茧把我们越束越牢，于是坚毅的脸上多了几分患得患失，激情的背后添了几丝焦虑不安。在当今的校园里，成绩是衡量人的一把尺子，但并不是唯一的尺子。有时候努力与能力和成绩并不一定成正比，失败又何尝不是成功的一块垫脚石，如此败又何惧？其实失败只是更走近成功的一步，而当你走过了所有通向失败的路，只剩下一条路，那就是成功的路。曹操逢败必笑不是没有道理的，找到失败的原因又"焉知非福"呢？拿破仑曾说："人生的光荣，不在永不失败，而在于能够屡败屡起。"因此，要成功首先要经得起失败的冲击，在困难面前做个勇者。其次要让自己的心更干净些，离功利更远些，心态更平静些，这样才能在失败面前不失为一个智者。

　　当然我了解在重压下的心情，其实宁静早已离我们太远太远，说平静说不在乎无非是痴人说梦。我经历过那山雨欲来风满楼的日子，感受过那黑云压城城欲摧的心境，回头望去才知道，高三最大的痛苦不是拼上命的不懈奋斗，而是在自己设下的不安的沼泽中苦苦挣扎并一度成为一个溺水者。其实人生在世有好多事情是不可控制的，但人一定可以控制自己，这已足够。我们只要向着自己的目标全力冲刺，无论成败，无论最后是否有鲜花和掌声，我们最起码可以在回首往事时说一声问心无愧。泰戈尔说，天空没有翅膀的痕迹，但我已经飞过。人生也是这样一个过程，只要我们做过，拼搏过，哪怕不曾留下任何痕迹，我们也已经完成了一段人生历程的创造。

太多的担心是一种羁绊，羁绊了自己的双脚和未来。真正勇敢而有自信的人是不会害怕失败的，因为他们不会为还未到来的事情而苦恼，也不会为已经过去的事情而哭泣不止，他们只会全力以赴去做好现在的事，无论多苦都从不轻言放弃。他们没有时间为自己设想一些不测，只是努力地去做了，也许一路走来无人喝彩，但最起码没有被自己吓倒，所以他们是最简单快乐的也是最成功的。高三的学习已经够苦了，我们没有必要再为自己虚构一些负担，加重自己肩上的担子，要相信，只要我们无悔地付出过，我们就是伟大的人生缔造者。

人生之路漫远悠长却稍纵即逝，能够把握现在、保持简单的心去做不简单的事，此生足矣。

学习是苦差事，不下苦功志不遂

支蕴倩，衡中2005届230班，普班

学习是一个苦差事，不下苦功夫不努力就不能奢望得到一个满意的成绩，所以学习首先需要的就是吃苦的决心和毅力。要想超越他人，就必须惜时高效，周密计划：努力抓取零碎时间，各个击破零碎知识，高效利用大段时间，进行学习的回顾与总结；做好周计划、日计划，对每时每刻开展的学习做到心中有数。

其次，我认为学习需要信心和胆量。要坚信自己能行，才能勇敢地去面对学习中遇到的困难和失败。不管面对多么糟的成绩，多么长时间的低谷，都要坚定地告诉自己："我能行！"要记住小草都会开花结籽，给自己精神上的鼓励，充满信心和胆量去预测和创造自己的未来，让生命在心中绽放。

仅仅有意志和信心是不够的，还要有良好的指引，即老师和正确的学习方法。一要充分地相信我们的老师，他们都有丰富的教学经验和缜密的教学计划。因此紧随老师思路是将学习引上正途的捷径。二要有适合自己的正确的学习方法。人和人的特点不同，不能盲目地跟随别人，就像有人适合打持久战，有人适合快速结束战斗一样。学习方法因人而异，你可以做多种尝试，通过考试来验证效果，然后将各种学习方法融合在一起，形成最适合自己的方法，从而提高学习效率，进而提高成绩。

学习不是个人的事，众人拾柴火焰高。要学会团结协作，和同学们互相帮助，这样才能更好地交流学习经验和体会，避免一些不必要的失误，切不可自私自利脱离集体。

最后，需要强调的就是良好的心理素质。这是需要在平时锻炼和强化的，平时只有在紧张的学习中将心情放轻松，才能锻炼出过硬的心理素质。

总之，在有限的学习时间里，勤而能乐，忙而能悟，于挫折中自信、郁闷中自励、称赞中自省、奋进中自豪，微笑着构架自己的思维方式，运筹自己的人生之路吧！

且将万千言语化做万千祝福

杨　诺，衡中2007届269班，普班

转眼间，离开衡中很久了，高中的生活渐渐离我远去，衡中生活的片段慢慢变得模糊。然而三年的高中生活，虽非历历在目，却融化为点点滴滴，流淌在我的记忆里。

说起衡中，有太多太多可以切入的话题：气壮山河的跑操，铺天盖地的试卷……衡中的生活，总是忙碌而紧张，充实而澎湃，日复一日地学习，累却不苦，重复却不枯燥。虽然远离家乡，但是在这个美丽的校园中，有可爱可敬的人陪伴着我们，一起度过了三年的岁月。

衡中的老师，是我需要感激一辈子的人。还记得刚刚进衡中时，不适应衡中生活的我哭闹着要转学回家，是老师找到我，耐心地劝慰我留下来，才有了我之后的好成绩。还记得冬天雪后早操，在凌晨的寒风中，老师们站在冰面上，提醒大家绕道而行。还记得高考前进入最后一轮复习，老师感冒发烧却依旧坐在处于风口的大厅，等待为同学们答疑。

在衡中的日子里，我们习惯了早晨五点半起床，到达操场便能看到班主任的身影；我们习惯了吃完晚饭，在一双眼睛默默地注视下走进门回到座位。我们习惯了遇到问题找老师帮忙，碰到困难向老师倾诉。在衡中的日日夜夜，我们总能感受到老师无时无刻地付出和无微不至的关怀。老师有力的臂膀支撑着我们向更好的成绩迈进，让我们有所依靠，让我们的每一步都走得踏实，让我们的内心充满力量。

离开家一个人在衡中学习，我却从未感觉到孤独，因为一直有两三知己陪伴在身边，一起起床、跑操，一起吃饭，一起踏着就寝的铃声跑回宿舍。活动课上，我们躺在草地上谈天说地，互相开着无伤大雅的玩笑。半天紧张的学习之后，我们一边吃饭一边说说笑笑，聊聊自己遇到的有趣事情，疲劳一扫而光。当周末市区的同学回家后，我们这些外地生利用难得的出校机会，一起跑出去吃校门口的小吃，哪怕只是吃一碗馄饨，那涌上心头的满足与温暖都是无法相比的。

和好朋友在一起，不仅仅是共同娱乐，还有学习上的相互支持、相互促进。喜欢和好朋友一起讨论复杂的物理或数学题，在激烈的争论后说服别人或者被别人说服，每次都有茅塞顿开的感觉。测试成绩不好时，总会在好友那里得到及时的安慰和鼓励。学习似乎是一个人的事情，却又从来不是孤军奋斗。我们在一起相互竞争，相互暗暗较劲，更有相互的帮助。

因为有朋友在，生病时，会有人宁可自己不吃饭，拉着我去医务室；委屈时，会有人让我抱着放肆地哭。放假时，我们会挤在一张床上，谈小说、聊电视剧，更会一起憧憬未来的生活，谈谈人生理想。偶尔我们也会一起违纪，共同写一张检讨书。衡中三年，我们相互关怀、相互扶持，面对离别的艰辛，面对高考的压力，手拉着手共同走过，让日复一日枯燥的高强度学习生活充满绚丽的色彩和美丽的回忆，也让这份友谊弥足珍贵，从而成为值得一生珍惜的宝贵财富。

对于衡中的回忆，如一条小溪，涓涓细流，说不完也道不尽。走出衡中校门的日子里，我的生活与高中时相比已经发生了巨大的变化，但不变的是对母校的牵挂。总会经意或者不经意地关注母校的消息，为母校取得的每一点进步、每一点成绩而喜悦而骄傲，因为我们曾在这充满激情的校园里学习过，身上已经被深深打上了衡中的烙印，留下了衡中的痕迹。作为衡中的学子，唯有将对母校、对老师、对同学的回忆与感谢化作一句真诚质朴的祝福：愿母校越来越好！

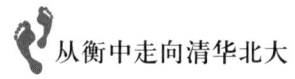

我永远相信我能成功

赵宁宇,衡中2008届274班,普班

衡中之所以能成为全国名校,并且培养出一批优秀的学生,是因为衡中有着纯正的学风,每个走进衡中的学生都只想着学习,所以成绩很优秀。而且在衡中我们除了学到知识,还学会了很多做人的道理,衡中教给我们遇到困难要坚持,对自己要有信心,在任何时候都不能服输,这些都是我们走入社会后的财富,将终生受用。我为自己是衡中人而自豪。

关于学习,也许许多人认为只是做习题考高分,若有了这种想法,那么学习必然是一个枯燥无味的过程,在我看来学习的意义绝不仅如此。对于自己,学习是一个自我充实的过程,一个提高自身修养的过程;对于父母,学习是我们现在尽孝心的唯一方式;对于社会、国家,我们肩负着让我们的民族更加强大的责任,所以我们每个人应该也必须拿出一个好的学习成绩。

在衡中,老师已经给我们创造出了一种最佳的、最适合我们学习的环境,在这种环境中成功主要取决于个人的努力。

首先要有目标。目标分为两部分:第一是理想的大学,第二是找一个学习中的竞争对手。目标不可太低,那样起不到作用;也不可太高,那样只会让自己自卑。要找那些自己可以达到,但必须是通过一定努力才能达到的目标。有了目标就要对自己负责,努力实现它们。可以将目标写在桌面或其他容易看到的地方,时刻提醒自己为了目标而奋斗。

其次要有毅力。学习是一个坚持不懈的过程,高三的生活给每个人都带来了很大的压力,许多人都会有烦躁的时候,这时便是对毅力的考验。我们要坚持上课百分百地注意听讲,坚持自习课最高质量地完成作业,坚持下课时也继续学习,在放假的时候依然坚持学习。高三一年我们只需坚持干好一件事情,就是学习。

学习还应该讲究方法。语文是一门让许多理科生头疼的学科,很多学生抱怨下了功夫却没成效。我认为语文是一门灵活性很大的学科,作为理科生我认为只要语文不拉总分就可以拿到高分,我对语文的学习只是全力做好两项:选择和作文。只要选择不错、作文不走题，语文的分数就不会低，所以我在平时的学习中多练习作文审题与狠抓语文基础。这些工作最好放在语文早读完成。记忆字形、字音时要多动笔写，这样记得清楚；古文要翻译全篇，注意重点实词。早读还应适当背诵优美篇章，以利作文。数学和理综是理科生成绩好坏的关键。这些科目应尽早建立知识网络，对每一章节的知识点清清楚楚，对每一章节题目所需的解题方法多做总结。在做题时，不要只为了结果而做题，应该想一下这题所考的知识点与解题方法，你还可以对这题做出哪些变形，除了题目让求的，你还可以求出什么，想一想出题人怎么就出了这道题。有了自己的知识网络后，可以自己出题给自己或同学做，这样能提高学习能力。在平时的练习中千万要注意解题的准确率，看错题目条件与计算错误应在平时就杜绝。英语的学习要抓阅读，许多同学学英语只是做单选、背单词，这对英语能力提高帮助很小，而且会使学英语很枯燥。我当初把英语当成了紧张学习中解闷的工具，在早操前读读自助上的文章，午睡前看看《21世纪学生英文报》上的文章，放假时或调研考试结束后读读一些英语杂志，这样既可以提高英语阅读能力，又可缓解一下高三的压力。

衡中的学生都有改错的习惯，我当时是在下课时与看新闻的时间改错，晚上躺下后用半小时时间想一想自己今天改了什么错，再想一想今天学习了什么知识点与新的解题方法，对一天做个小结后再睡觉。另外每次考试前翻阅一下改错本，在脑中过一下自己建立的知识网络与解题方法，然后告诉自己我已经把所有的知识都学会了，这样可增加对考试的信心并且避免考试紧张。

总之，努力了就一定会取得好成绩。

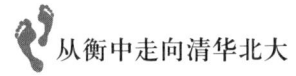

自信生来有傲骨,不向人前矮三分

赵　骥,衡中2008届302班,普班

衡中三年峥嵘岁月,留给我最重要的记忆是什么?是一批永远的朋友,一次不遗余力追逐梦想的"逐日"过程,一段充实的青春岁月。

三年寒暑,三载勤学。夏日似火,而我们对于高考却有比骄阳更炽热的信心和激情;冬月成冰,而我们对于高考却有比寒冰更冷静的沉稳和毅力。

我们再也难寻那么多知心的朋友,我们再难那么单纯地去展现青春的激情,我们再也无法重复已逝的年华……我们有足够的理由来珍藏这段燃烧生命、点亮梦想的岁月。

关于学习,无非知识与心态两方面:一个硬实力,一个软实力。

谈知识,先借用一个比喻吧:知识像水,水者,避高而趋下,因地而制宜。"避高而趋下"的意思是在学习中,对于自高自大、骄傲自满的人,人们往往都不愿跟他探讨问题,或者传授经验给他,也就相当于知识"避着"他;而谦虚好问、平易亲和的人往往会吸引很多亦师亦友的人成为他的好朋友,作为他知识的宝藏,换言之,知识"趋"向他来了。也就是说,学习要保持谦虚。

至于"因地而制宜"呢,则是说同是学习,各人有各人的优劣与习惯,每个人都要从自己的知识网络入手,分析出自我学习的强势与劣势。这一点,每个人心里都有点模糊的感觉,所以做得好坏就在于有多详细准确。比如以前感觉解析几何有问题,现在可以具体到双曲线、椭圆或是抛物线哪部分有问题,甚至可以具体到某几个公式或是某种方法,这就是一种进步,也意味着问题的具体化、细致化,可以从一定程度上减轻复习压力,同时也是学习目标的具体化,可以使学习更有成就感。

心态嘛,平和为宜。调节方法,可以用《老子》中的一句话,就是"天之道,其犹张弓与?高者抑之,下者举之"。也就是说,不能太放纵自己的情感,反向调节。考试时、做功课时、超常发挥时要找不足,找缺点,哪怕近于"吹毛求疵"也无所谓,主要目的是不要为一次得意浪费一个月的宝贵时间;失常时,要在批评中学会微笑，学会"没心没肺"。这样就能基本保持平和了。

说得具体点：注重学习过程，忘掉成绩，不要太功利。"祸莫大于不知足；咎莫大于欲得"，功利化的结果可能是学习过程的粗糙与浮躁。一味追求平时考试的成绩，因为状态起伏就患得患失、心情不稳，可能就会因这一次好成绩失去一段时间的好状态。也就是说每次考试完后，各科成绩分析完了就忘记，向前看。

以上不过是我的一家之言，一则未必全面，二则未必通用，毕竟学习这种事，是方法"无穷如天地，不竭如江河"。还是如上所说，要每个人"因地而制宜"，找到自己的方法，并向着更为高远的方向努力，不断超越自己，追求卓越。自信生来有傲骨，不在人前矮三分。

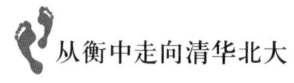

从衡中走向清华北大

成功唯二字：用心

郑雨薇，衡中2008届304班，普班

回首三载衡中生活，伴随着充满激情而高亢的旋律。早上整齐又有节奏的跑操脚踏大地的声音，加之洪亮气势的口号，成为衡中永不消弭的印记。从早读的琅琅书声爆发出的满腔热情，到一整天的每个人之间用心的谈话与争论，是同学的求知和老师的指导。每个音调诉说着的故事，都是一座丰碑，除了伟绩，还承载所有人的梦。

我们在这样一种优越的环境里，有优秀又负责任的亲切的老师，有为我们安排好一切的学校，还有这个大家庭里的所有同学，我们都该为自己的未来去争取。在拥有"人和"的优势下，对于个人，我们最需要的只有两个字："用心"。

三年的体会让我明白：无论老师的课上得多么好，最终还要自己去用心吸收消化，否则，知识只是老师的；课本上写得再清楚，都还需要我们去用心理解以至熟练掌握；例题讲得很明白，也不能忘记自己用心练习来适应做题的思路。蜗牛所到之处，都会留下自己的黏液，那是它自己的标记；学习时，也要留下自己的想法，包括联想到的类型、扩展的方法甚至需要注意的问题，现在留心，以后就可以相对轻松，也不至于有的问题一再不会、一再做错。

无论是自习课的作业还是考试的试题，我发现"用心"体现在各个方面。开始是纵观试卷，如果用心，可以让自己知道整个试卷的难易程度，让自己做好一切心理准备。然后是审题，如果你的眼睛容易遗漏重要的条件，就要用心去审，用心去摘取有用的语句和数据，为思维的运转节省大量的时间。写答案时，如果不用心，一些很难检查出来的错误会随时出现，这是致命伤，就是大家常说的马虎。用心可以让你尽量避免错误，并且无形中增加自信，做到"一石二鸟"。剩余时间的检查同样不能走马观花，抓住弥补错误的机会就抓住了一切机会。

令我恐惧很久的心态，最终同样可以学着用心去克服。一旦集中注意力，恐惧是不存在的，无论题难题易，不给自己放松的空隙，时刻保持良好的认真态度。以用心克服不良心态，追本溯源，问题可迎刃而解，等到游刃有余就不再有什么可惧怕的。

  一鼓作气,再而衰。莫有半点的懈怠,用心干所有的事情,才没有遗憾,没有悔恨。体会之源,心常用,信长足。

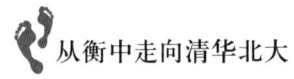
从衡中走向清华北大

不因一次成功而忘乎所以，不因一时失利而自暴自弃

郑腾飞，衡中2009届321班，普班

只有体验了炼狱般的苦楚，才能收获常人无法企及的硕果。三年的衡中生活让我学到了许多，它不仅激发人的潜能，更磨炼人的意志，在痛苦中享受快乐，在历练中变得坚强。在这里，我学会了坚持，学会了忍耐，学会了理解和谦让，学会了沟通和包容。在这片希望的沃土里积蓄三年，衡中给我插上了真正腾飞的翅膀。

有人说自己天资愚笨，有人自恃伶俐无比，这一切都不重要，重要的是勤奋。即便有天才的大脑，若自恃之而不学，也与常人无异；即便是天资欠佳，但勤耕不已，也必定能成就非凡之事。我的成绩是我努力拼搏所得，之前的自以为是使我浪费了大部分宝贵的时间，而后的幡然醒悟、勤学不舍终亡羊补牢。一切所谓的聪明都不可靠，唯有勤奋学习才能取得优异的成绩。要相信天道酬勤，要努力坚持到底。也许努力一阵却不见成果，但不能灰心，更不能放弃。进步是一定的，成功是必需的，只要努力不懈，永远对自己充满信心，永远不怀疑自己的实力，相信自己一定成功。不自卑，不自弃，把信心变成动力，以积极阳光的心态应战，才能发挥自己的正常水平而学有所成、学有所获。时时刻刻保持一颗平常心，不因一次的成绩进步而得意扬扬、忘乎所以，不因一次考试的失利而一蹶不振、自暴自弃。时时警示自己、提醒自己，不断为自己打气加油，给自己补充精神食粮，消除懈怠思想……这一切的一切都是我衡中三年所得。在一个高手如云、藏龙卧虎之地，保持一颗平常心，拥有一个平稳的心态，以不变应万变，才能充分发展、全力发挥，收获可喜成绩。学习方法、学习经验满天飞，大多数人都知道怎么去学、如何去学，唯一不同的就是有的人去做了而且坚持了，所以他们成功了！我们往往把过多的精力浪费在寻找学习方法中，却忘记了真正专注去学习！所以我认为唯一的学习方法就是踏踏实实地做，别再满世界地寻找捷径！老师们的经验永远比我们的方法来得真实，来得宝贵。如果说高三一年真的有什么东西需要告诉你们，我认为心态很重要，而胜出的关键就要看谁的心态更好。

高三的学生，知识的储备和积累已经达到一定的程度，唯一不同的就是看谁能在考试中把自己的水平发挥出来，这比拼的就是心态。高三的压力绝对是很大的，而且那一次次的周测、调研考试又总是能给我们脆弱的心以或大或小的打击，这就要求必须学会调整心态。我常做的就是对自己进行心理暗示，以使自己时刻保持一颗平常心，得意时，就暗自在心里说："你离你的目标还差很远，不能高兴得太早。"失意时，就暗示自己："这只是一次偶然，下次肯定会考好的，我有实力。"关键是不要放弃对目标的追求，不要怀疑，无论如何都要坚持。放弃了，你一样要经历高三；不放弃，你还是要经历高三，那为什么不去拼一拼呢？

高考考场上胜出的"黑马"多得惊人，所以，未进考场前一切都不成定局，真的，当时我们老班在给我们讲高考成绩的变化如何如何大时，我总是不以为意，但当自己亲身经历并见证了之后，我不得不承认确实如此。现在的考试、周测只是一个参考作用，不要把成绩看得太重，这个时候需要关注的是知识的完善而不是分数的高低。平时出错了，真的应该庆幸，因为这不是在高考的考场上。有的人总是不淡定，在每次考试后都要郁闷好久，等心态调整好了，下一次考试又开始了……这样做有什么用呢？如果你总是忍不住去想，那就用忙碌来充实自己，不要给自己走神的时间，每一次想到这方面的事，就马上给自己找点事做。有时你发现很迷茫，很没有动力，那就用行动来点燃自己的激情，争取到位最早、口号最响亮、宣誓最有气势；有时你发现心里很乱，学不下去，那就练练字，课间慢慢地练练英语书法，或是找一个适合自己的方式让自己平静平静。总之一句话，高三要努力保持一颗平常心。

学无定法，每一个人都是完美的自己，每一个人又都不能复制，说得再多，如果不去做，不去坚持，也是徒劳。关键的，我认为，还是要自己去探索！

聪明只能赢得一时，努力才能笑到最后

闫　宁，衡中2009届321班，普班

现在回想起来，衡中真是一个奇妙的地方。三年，她见证了我从孩子到成人的蜕变，见证了我的失落、痛苦、辛酸和失败，也见证了我的喜悦、成长、感动与成功。忘不了同窗的兄弟姐妹，忘不了同宿的亲兄热弟，更忘不了披星戴月为我们操劳的老师们。

回望三年高中路，我想对衡中说的只有感谢，是衡中圆了我的清华梦，衡中绝对是离梦想最近的地方。所有与衡中有缘或即将有缘的莘莘学子，让我们怀着感恩的心珍惜衡中给我们的一切。

衡中是个伟大的地方，离开了你们就会知道，来到大学，你们就会体会到周围同学的仰慕与尊重，即使是在清华。清华有一句校训，叫作"行胜于言"，希望你们给自己一个目标，不要回头。努力吧！我在清华等着你们的到来！

衡中是一个规则与秩序至上的地方，在长期的摸索之中，所有的模式已经高度科学化。虽然有时有些要求近乎苛刻，但对于一个有理想的人来说，那些真的不算什么。"天将降大任于斯人也，必先苦其心志，劳其筋骨，饿其体肤"，所以耐得住衡中管理之下的寂寞是最为重要的。

若想学习成绩提高，或者说高考取得成功，靠所谓的聪明是不行的，必须脚踏实地地努力努力再努力。学习绝对没有什么捷径，这是我在学习中最大的体会。只要努力足够多，即使短期内看不到明显效果，但是最大的成功会在高考考场上如期而至的。所以，对于学习而言，努力永远是第一位的。

在衡中的三年学习生活中，我切实明白了一个曾经熟悉却陌生的词——效率。在衡中，我体会到了"效率"的伟大与可怕。伟大的是，拥有了它，你可以战无不胜、攻无不克，你可以拥有一种满足感，一种充实感，一种继续前行的信心和勇气；可怕的是，当你萎靡不振的时候，来自对手惊人的效率会让你产生巨大的压力，甚至是一种恐惧。所以，在有限的时间里获得最大的效率是学习取得成功的另一个法宝。最大的效率会让自己获得无限的知识，人的潜力是无限的，自我设限是万万不可的。

在衡中,我养成了许多非常好的学习习惯,这些好习惯不仅帮助我实现了理想,而且使我受益终身。我真正地与书本融为了一体,在一次次的改错之中感受到自己的成长,与老师大胆地交换意见,与同学畅快地交流问题,第一次深入地思考人生,思考自己的未来。在所有这一切悄无声息的进行中,我感觉到了自己的成长、自己的成熟。

在衡中的学习经历绝对是无与伦比的,感谢衡中赋予你我以机会,赋予你我以一切,我坚信,经历了这样的三年,我们的未来定会光明无比!

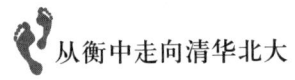
从衡中走向清华北大

追求卓越,生生不息

张亚伟,衡中2012届411班,普班

校园生活

说实话,我来衡中之前就对这个清华、北大的摇篮充满了向往。还记得那个晴朗的8月18日,我和父母提着大包小包,第一次走进了这个令我梦寐以求的高中校园。那天天很蓝,只有几朵白云在天边懒散地挂着,校园里很热闹,忙碌的家长,一脸欣喜的同学们,热情的老师,还有各种为欢迎新生而竖起的条幅和展牌。收拾完行李的我独自在美丽的校园里散步,只觉得那天的夏风很凉爽,蝉儿叫得很热闹,鲜艳的花儿开得很热烈,内心里有一种说不出来的欣喜。

和许许多多外地求学的学子一样,我在开学不久后便经历了思乡之苦,晚上看着月亮,内心涌起一股莫名的酸楚。但是,这种感觉很快就被新集体的温暖代替。刚入学时的军训,让我深切体味到了什么叫"足蒸暑土气,背灼炎天光",也让我体会到了咬牙坚持的军人气概。还记得那次打靶,一车的同学欢天喜地地唱起了《打靶归来》,就连一向严肃的老班都露出了难得的笑容。那一刻,我深深体味到了融入衡中集体这个大熔炉是多么可贵,同学们的情谊和共同为了某个目标而奋斗的激情是我们每个衡中学子倍加珍惜的。

当然了,说起衡中的校园生活,两件大事不能不提——远足和成人礼。还记得远足之前的那个夜晚,宿舍里大伙忙着准备远足可能用到的干粮。等到班长传达老师的叮嘱"东西要少带,否则走不回来"时,大家一片尴尬,又一笑了之地自嘲。还记得远足路上大家虽遇到不少沟沟坎坎,几乎一路尘土飞扬,但兴高采烈、引吭高歌,仿佛有用不完的力气。还记得回校途中大家都筋疲力尽,但是相互鼓励,坚持到底,再次看到熟悉的校门时欢呼雀跃的场景。八十华里的路程,就这样被一群团结互助的衡中学子踩在脚下。磨炼意志、增强集体观念不说,光是徒步行走这么长的路程就已经在我的人生中留下了浓墨重彩的一笔,值得深深回味。高二时的成人典礼则是另一番气象,班里早早地订购蛋糕,全班动员设计成人礼班会内容，装点教室。其实气派的场面并不算什么，当同学们一起戴上成人帽，当校领导念道"迈入成人门，踏上成才路"时，那份对责任的新感知，对人生的新思考，对前途和命运的新体味，才是每位衡中学子涌动于心间的洪流。

学习心得

衡中三问问得好："我来衡中干什么？我想成为一个什么样的人？我今天做得怎么样？"很有三省吾身的韵味。衡中老师对高中三年教学经验的总结很精辟："高一是基础，高二是关键，高三是决战。"这对于那时已经经历了两年衡中生活的我来说，更是深有体味。高二的暑假显得很短，天气很热，在大家看来，高三生活其实已经开始。大家都雄心勃勃，铆足了劲儿准备大干一场。于是乎，在时间上见缝插针的人越来越多，除了开始还有几节体育课，以后就只是学习、吃饭、睡觉、上厕所。自然，考试次数越来越多，程序越来越正式，从开始的月考，到后来的每天小测、周日测试、N调、N模……越来越多的同学将课间8分钟耗在练习册、学案、自助上，晚自习下课后仍然埋头苦读，在熄灯前5分钟才冲向宿舍。越来越多的人3分钟内便解决了一顿早餐，也压缩了去食堂、打饭、吃饭、回教室的所有时间。老班会默默地将每次周测的班级排名和年级排名挂在教室后面，斗志昂扬地在班会上用整节课时间为班级同学打气。大家开始更多地关注每次考试的排名，默默地拿出去年的高考录取分数线，计算着自己将何去何从。

每天中午那一遍遍"我行！我能行！我一定行！"的口号还在脑中回响，一轮、二轮、三轮、四轮的复习也一遍遍过去，高考的脚步声越来越清晰，很多同学开始失眠，很多同学因为某次考试失利而痛哭流涕。考试排名并未像我想象中那样逐渐定型，相反，尤其是前几十名学生的成绩波动开始越来越大，这样的情况一直持续到了高考。也许，这给许多人带来了前进的动力，或许，这也给不少人留下了深深的遗憾。

真正高考时大家反而显得很淡定，出考场后没有人议论题目，宁静的祥和中流露出一种淡然自若。也许，这才是我们这伙饱经风霜的衡中战士所达到的最高境界吧。在经历了过多的欢笑与泪水、快乐与悲伤之后，在高考最后一场考试交卷的声音响起之后，淡然一笑："终于完了，我的高中生活结束了。"或许，真的是这样，在高考结束的那一刻，我们所感受到的不是解脱束缚的愉悦，也不是马失前蹄的悲伤，而正是这样一种淡然。一切大风大浪经历之后，结果已经不是最重要的，重要的是衡中的学习经历带给了每一位衡中学子一生中最宝贵的人生财富，那种追求卓越的忘我氛围，那种师生一心的团结奋斗，那种单纯的目标、美好的向往，只有衡中人才会懂得追求卓越的忘我精神是怎样的一种境界。

坦言之，有比衡中拥有更久建校历史的中学，有比衡中拥有更大名气的中学，也有比衡中拥有更强师资力量的中学，衡中并没有让每个学生都考入清华、北大，但光荣榜前几行那些闪耀的名字却给了莘莘学子无限向往。衡中带给我们每个人的，不仅是知识，更是一场人生的历练，历久弥新，"追求卓越"的校训将在每个衡中学子身上延续下去，生生不息。

方法并非一成不变，需根据学习需要不断调整

王天霖，衡中2013届436班，普班

高中的学习方法有很多，老师会介绍一些，但更重要的还是自己总结，而且不是总结出几个效果不错的方法就一劳永逸，方法也要适应学习的需要而不断调整。如果说高一、高二时把卷子都留下来可以在考试前系统地复习，那么到了高三还留下大部分卷子就会让自己力不从心——根本没时间全部翻看。方法并非一成不变，大部分的方法都是。

一、积累本求精毋滥

积累本应该是精华的集合，上面的题一定要经典。卷子通常不容易留下来，决定保留哪些题，哪些题不用，是要花一定的时间的。积累本并不等同于错题本，错题不一定都要积累，没错的题不一定不重要。可以在做题时，特别是在平常做的卷子上勾出模棱两可的题。对完答案，即使蒙对了，也要再看看，很多时候这些题就是经典。如果开始时不清楚哪些是价值的题，可以在听课时多听老师的提示，一般来说，对于每一套卷子，老师会在课上点出需要整理的题。

改一道题不等于把题目粘到卷子上，解析往往比题目本身更重要。解析中不仅应包括这道题怎么做，最好还要有这类题的通法。如果能把几道同样类型的题归类，那就更好了。

另外，积累本远非积累的唯一平台，课本、教辅都是积累的好地方。对于某些纯记忆的内容，在课本上画出即可。教辅通常有很详细的知识总结，但这不意味着不需要加工，教辅书的内容没有完美的，而且远非完美。自己的积累是一种有益的补充。

积累本最好不要总换新的，写完一本再用一本。尤其是每学期初，发了新本就换，学期末乃至高考复习时就很麻烦。最重要的一点，写积累本为的是自己而非老师，是为了巩固知识而非应付检查。明白了这一点，很多问题就迎刃而解了。

二、正确处理高考题与模拟题的关系

高考题要精做，各种题型基本都能在高考题中找到，做高考题，不仅要反

复做，还要反复总结，最好在每次大考之前再做一遍。要研究高考命题者的思维方式，看看高考题中如何从问题推导结果，如何由已知得到未知。对于文综来说，特别要注意分析材料，做高考题时不仅要仔细勾画，更要分析推出答案的方法：是运用关键字还是其他特征？材料有没有充分利用？有没有课本上与之相关的基础知识？

对于模拟题，应该多做，但不能钻牛角尖，有些模拟题的水平不是很高，不可深究。大部分模拟题可做开拓思路用，见多识广是有好处的。但是，模拟题的难度一般较大，而且相对更偏，做得太多而不加思考就会让思维很复杂，做高考题时反而会觉得不顺手。因此，无论做什么题，都要多思考，做题只是途径，不思考而做题是低效的。

平常做高考真题时，会觉得比较简单，尤其是在和模拟题对比时感觉更强烈。但是，这并不代表自己的水平有多么高。因为，高考是平常考试无法模拟的。所以，一方面要谦虚，认清自己的水平；另一方面还要在大型模拟考试乃至周测中锻炼自己，不仅要锻炼知识水平，更要注意临场心态、技巧等。

三、正确对待考试

衡中的考试比较多，特别是高三，高三后期甚至一周三测。在这种情况下，必须积极应对，而不要叫苦连天。此时的心态十分重要，调整好心态，频繁的考试就成了多次提升能力的机会；调整不好，便成为让自己心情持续烦躁的理由。考试中出现失利是正常的，考砸后一定要问问自己：如果这次考好了，就能高枕无忧了吗？知识就没有漏洞了吗？一次考试结束后，最重要的是分析自己的不足和改正的方法，而非一味注重分数和名次。对于考试中的失分，不能以分数多少来衡量它的重要程度。只要是有价值的题，哪怕没丢分也要重视。周测也是很好的机会，可以尝试做完一科就对答案，锻炼自己的心理素质。分数高，争取做到不骄傲；分数低，更能锻炼抗挫能力。周测中养成的习惯，对于大型考试乃至高考都十分重要，千万不要轻视周测。

学我者生，似我者死

郑沐云，衡中2015届515班，普班

时光如逝水而去，回想高中三年近在眼前，心中有些感受想与大家分享。

第一，要对自己充满信心，不到最后永不放弃。

我第一次踏进校门，置身人群之中，总觉身边高手如云。测验排名的浮动，老师的严厉与批评，让我开始怀疑自己能否配得上自己的学号，但是我明白一点，就是问心无愧，努力去做，结果就不会失望。不放弃拼搏就等于不放弃成功，沉潜只为飞跃，在摔打中成熟是人生的必修课，也是成功的必要因素。这样的想法和做法，一调考试便成了试金石，脱颖而出让我信心大增，为今后的拼搏打下基础。

第二，胜不骄，败不馁。

这是很简单的道理，却总是有人不断陷入其中。几次考试的成功让我开始膨胀，飘忽其然，忘乎所以，自以为找到学习的捷径，上课不再专心，忙起了课下的任务，课下又效率极低地浪费过去，自然失败就在眼前。当打击与质疑再度袭来，我开始对自己失去信心，成绩差心情低落，成绩好又不敢接受，各种低级失误彻底打乱了我的阵脚，茫然无措，而努力走出困境成了当务之急。放下所谓的"自尊"去寻求帮助，不怕难以启齿，不怕"品味"苦痛，在衡中最值得相信的人就在身旁。经验丰富的师长、体贴理解的同学、排忧解难的好友都是我们的财富。不等待，不避讳，说出口，对策自然就有。找到最信任的老师，倾诉迷惘，几句点拨，茅塞顿开，前途依然光明。

第三，亲其师，信其道。

这是我认为最重要的一点，也是作为学生最起码的准则。这里不是指盲从，老师总有疏漏之处，敢于指出错误也是很重要的。但在备考这条路上，有衡中全体老师作为指路人，备课，组题，教研，老师们一天的忙碌、一生的付出就是为我们的前途保驾护航。然而，总有同学对老师的安排不以为然、另起炉灶，抱着一本课外书刷题，没有总结反思也就没有提高。更有甚者，物理课上做语文，语文课上补数学，数学课上补外语……一天竟没有一节课做该做的事。高考是最公正的,他看着我们的所作所为,以小聪明换来一时的成功却换不来高考的成功。走得越远、越偏,败得就越惨、越痛。尤其是高二、高三的同学,自以为摸清了高中学习的方法,却和有几十年备考经验的老师背道而驰,凭什么成功?踏踏实实,一步一个脚印,不需要额外大量补习题,不需要通宵达旦,只要有最基本的自制力,顺着衡中最科学的道路走下去,便可接近自己的梦想。

第四,身体是革命的本钱。

身边从来不缺少不吃早饭、晚饭并且凑合午饭的同学,也从不缺少提前起床或牺牲睡眠时间学习的同学,看似拼命学习却总是收效甚微。人是铁饭是钢,一顿不吃饿得慌。不去吃饭的同学势必精力低迷、效率低下,延长了几分钟的学习时间,却使效率大打折扣,结果自然事倍功半,得不偿失。衡中的作息时间经过多年的实践检验是十分科学的,何必又冒着违纪的危险伤害身体白忙活呢?休息不足没有精神,学习质量也不会很高。所有人都不愿意成为晕倒在考场上的那一个,也不愿意高考前大病一场耽误大事,那么最好的保障便是严守时间表,对自己的学习与身体负责。

其实,衡中是一座宝库。这里是知识的宝库:透彻的课本知识,迷人的课外知识打开人生的智慧大门;这里是机会的宝库:学习中力争上游,课余活动尽展风采,展现最全面的自我;这里是情感的宝库:师生情,同窗情,一起拼搏的岁月是一生最难忘的时光;这里是梦想的宝库:没有谁可以嘲笑你的梦想,没有谁会限制你的理想,敢拼敢做人生就会腾飞;这里是奇迹的宝库:"衡中从来不缺少奇迹"这句话不是口号,谁都有可能冲击清北港,谁都有可能登上最高峰。所以在这个宝库中不要给自己设限,冲锋陷阵是一个战士的职责,追求卓越、永不停歇是一个衡中人的职责。山登绝顶我为峰,已登绝顶再造峰。"先做人再做事",这是衡中给我印象很深的一句话,在这个大熔炉中是钢、是渣就取决于自己,懂得团结,懂得友谊,懂得感恩,懂得拼搏,懂得做一个好人,做一个顶天立地的大写的人,唯有如此才能做出问心无愧的事,问心无愧则是一生快乐的重要保障。

第五,学习没有捷径,只有最适合自己的方法。

曾经聆听无数成功学长的高见,曾经聆听无数领先同学的经验,也曾经尝试过一些,有成功亦有失败。无数次听老师说学习没有捷径,唯一的"捷径"就是踏踏实实地学习。学习没有固定的模板,生搬硬套的必然蹩脚。"条条大路通罗马",最好的就是最适合自己的。我个人偏向于整理,高二的大部分时间都用

◎ 各类学子分享

在改错本上，把错误真正弄懂、弄透，而身边的一位学霸则偏向于练习，课本上的习题重点突破，可以弄到手的习题资源也都全部做完。各有各的方法，各有各的好处，适合自己的便都可以走向成功。所以可以借鉴但不要照搬，和齐白石所说的"学我者生，似我者死"是一个道理。

花开的声音需要静静聆听，梦想腾飞的地方需要踏实前行，经历了衡中的锤炼，人生的所有艰险便都在掌控之中，经历了这一次为梦想的执着追求，前路便充满希望，有无限可能。珍惜三年，无悔一生；拼搏三年，打下最坚实的基础。

从衡中走向北大

如果在你未来的生命里需要勇气，
看看自己已经变淡的疤痕就够了

何黛晴，衡中2014届481班，全省文科总分第一

离开衡中何止是2次调研、8次周测、60次仰望夜空、120次跑操的时间？每段时光，都有它最独特的味道。高中三年对我来说，有着黄连般的苦楚、芥末般的辛辣，却也有着可乐般的清甜、泡菜般的脆爽。因为五味杂陈，所以难以忘怀。

不想说母校让我成长，因为太俗，可这是实话；不想谈什么怀恋念旧，因为太俗，可这也是实话。许多俗套，只有自己亲身经历过才能明白，有时俗的前提是禁得住时间检验。人都会感恩，会怀恋，会念念不忘。离开衡中以后，我便加入了这个队伍。

我的高中，不是小说和电影的样子。没有打架耍帅亦正亦邪还成绩巨好的花样美男供我投放花痴的目光，没有翻墙逃课上网吧于是转角遇到爱的肥皂剧情，没有碎花洋裙和飘飘长发于身，没有甜言蜜语和山盟海誓入耳。可是，现在每每想起那段穿着脏兮兮的校服、顶着乱蓬蓬的头发安静地伏在桌上读ABCD、之乎者也的日子还是会激动不已。我感恩，我怀念，我想谈谈为什么。

曾经看到过这样一段话："如果在你未来的生命里需要勇气，看看自己已经变淡的疤痕就够了。"我从小到大没有经历过太多的挫折，成长得波澜不惊又平淡无奇。我想，如果当初没有来衡中，我的人格将会是残缺的。是这样一个环境让我有机会离开一切的保护和自我保护，在风击霜砺中把自己砥砺成足够美丽的风景。

犹记得初到衡中时内心深处歇斯底里的挣扎。说实话，我没有住过校，也没有独自离过家。我倒是没有犯晕、犯浑到不知道食堂和宿舍在哪儿，物质生活也蛮舒适殷实，可心里就是无端地紧张害怕。还记得开学第一天我那个蹩脚愚蠢的自我介绍，还记得呆望着各路大神各显神通时自卑、羡慕忌妒恨到胃里阵阵绞痛，那个时候笃定学文的我物理奇差。不幸的是，班主任是物理老师。后来我找到一个好办法，只要每次物理考试我都选我本来不想选的选项就可以考得不错。

那真是一段灰暗的日子，却也是一段阵痛过后慢慢蜕变的日子。无数次考差，无数次违纪，无数次挨批。也曾经沮丧地躲起来狠狠地哭过，就是没有打电话诉过苦。席慕蓉说，有些路是非要单独一个人去面对，单独一个人去跋涉的，路再长再远，夜再黑、再暗也要独自默默地走下去。我渐渐开始懂得这句话的含义。

犹记得高二时的叛逆。曾经和年轻负责的班主任叫过板，曾经被揪到教育处写过检查，曾经被叫起来回答问题时满不在乎地说一句"不知道"。我那时开始喜欢一些带有黑暗颓废色彩的东西，我写在桌上的不是豪言壮语，而是海子绝笔诗中的句子："你所说的曙光究竟是什么意思？"我开始追问意义和答案，思考一些形而上的问题，做一些自认为个性的事，而鄙夷当下索然无趣的生活。现在回想起来，那时要是一直这么下去就彻底废了。好在我身边有那些人，和我在备课区交心谈话的人，给我写了满满两页信的人，每天为我抄一首歌词再写一句寄语的人，还有那无论我怎样让他失望都绝对不会放弃我的人。我看到了自己的自私和幼稚，也意识到自己的堕落是对他们的残忍。我终于明白，一个连最基本的责任担当和脚踏实地的精神都没有的人，是没有资格谈论远方和理想的；一个只能在诗情画意里看到诗情画意却无法在柴米油盐里发现诗情画意的人，是极其失败的。当我的心安静下来时，原本平淡的日子也显得可爱了，我的成绩、我的生活也慢慢回到正常的轨道上。看似与以往并无不同，只有我自己知道，心境早已上了一个台阶。

最后绕不开的，当然还有高三那段心甘情愿简化内心世界和外在打扮，从歇斯底里再到丧心病狂的日子。我不是那类一直稳居前列的学生，各种奇奇怪怪的名次都考过。尤其是最后三个月，经历了很大的波折。因为，我参加了自主招生。我在成绩呈现下降趋势的情况下，参加了三个星期的封闭培训，没怎么学高考科目。结果，我的自招考了个玩笑般有趣的分数，数学27分。之后的调研，我是年级278名。不过，让老师们都想不到的是，我居然还乐呵呵的。我甚至还信誓旦旦地和我们可爱的地理老师说："我高考肯定能考好，能考特好。"按理说，我那时算是一穷二白了，没有任何资格喊下这样的豪言。可是，我就是对自己、对未来抱定百分之一百的信心。为什么呢，没有理由。我到今天才明白，这种毫无来由、强大到坚不可摧的自信，正是衡中赋予我的。正是在衡中的历练让我看到，一个人被逼到绝境时所能爆发出来的力量真的连自己都不敢相信。最后，我带着三年中最烂的学号和"爱咋咋的，姐姐不怕"的心态进了考场。事实证明，我近乎偏执的坚持是对的。那些头不梳脸不洗就奔向操场手舞足蹈地背书的清晨，那些按捺住扔书撕卷子的冲动安安静静地趴在桌上计算离心率的课间，那些失眠还一边看月亮一边拼命回想文综框架的夜晚，真的都没有白费。其实有时挣扎和追问都是多余的，只要功夫到位，时间自会给出你想要的答案，每个人都早晚会走到自己生来就属于的地方。

  我的故事讲完了，这大概是每个高考生都会经历的大同小异的故事，当然没有多么有料又劲爆，可于我来说却是最美的时光。我想起6月9日是我们高考之后返校的日子，那天，大家拿着相机、手机一路狂拍，定格的是画面，留不住的却是时光。我时常翻看曾经的日记和信件，听着高三时最爱的那首《夜空中最亮的星》和我们那些或好听或奇特的课间音乐，情不自禁地想起曾经。我这时才意识到，食堂的火锅鸡味道也蛮不错，文综卷子和圆锥曲线也没有那么恐怖讨厌，一脸严肃的主任其实是个很棒的大叔。一天一个热水澡洗烦了，也开始怀念那些听到下课铃就抓起毛巾、洗发水冲去抢水龙头的日子。今天，我不想慷慨激昂，不想回忆当年豪情，也不想炫耀我背过或编过的那些名人名言。旧时光是个美人啊，我只想给她写一封安安静静的情书。

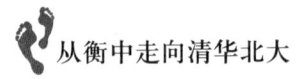

不会有人永远17岁，但永远会有人17岁

庞林立，衡中2012届429班，全省文科第七

我的高三伴随着我的17岁一同走过。在这个被无数诗人赞美过、咏叹过的岁月里，陪伴我的不是诗一样的浪漫、孩童般的天真，而是寒窗苦读的艰辛、考试不如意的打击以及对梦想永不言弃的坚守。

累并快乐着

日复一日，我们重复着教室、食堂、宿舍这三点一线的生活，它单调，有些许枯燥，又带着一丝烦躁。做卷子是一件再普通不过的事，从早上睁开眼睛的那一刻起，无穷无尽的卷子就像蝗虫一样黑压压地飞来，压得你喘不过气来。而我们只能在这些卷子堆中自娱自乐道："保护森林人人有责。没有这些卷子，将来我们怎么为祖国的大好河山做贡献？"一天下来，语文、数学、外语与文综卷子四分天下，一张8开大的卷子上，印着蚂蚁大的小字，各种题目犹如八仙过海，各显神通。有的考查基础，有的考查材料理解，一种问法有多重理解，一种理解又有多种答案。数学题要求步步俱精；文综题要求思路明确、条理清晰、理论精准；语文题要求卷面工整、文采斐然。科科要求不同，要想四科面面俱到，当然有些困难。这么多卷子做下来，想说不累是虚伪的。然而当我们将这些卷子一张一张地完成，当一个一个难点被我们击碎，当高考即将来临时老师告诉我们珍惜手中最后的几张卷子，因为做一张少一张时，我们突然发现，能够翻越重重卷子山，挑战无极限的我们是多么勇猛无敌。那种自豪、那种满足感远非在网游中晋升了几级或是品尝了几道美味的大餐所能匹敌。虽然很多人反对题海战术，诋毁无穷无尽的卷子，然而当我们经历过、尝试过、坚强地走过，那其中辛苦并幸福着的滋味，我们才能细细体味，尽情享受。17岁的我们，很累，却很快乐。

做一朵花，浴血绽放

很多人将高考比作不见硝烟的战争，比作千军万马过拥挤的独木桥。在它面前，没有人敢轻视，敢以游戏的姿态去应对。在奔向高考的路途中，有很多考验、很多艰辛，有些可能微不足道，但有些足可以给你重重一拳，将你打倒在地，考验你到底能不能擦去嘴角上迸流的鲜血，无畏地重新爬起。面对高考，对我打击最大的莫过于考试的失利，尤其是高考即将到来时，3次模拟考试连续挫败，一下子从年级前10名下滑到了年级60名、80名……面对高中三年史无前例的差成绩，我的心好像一下子被人掏空了，觉得自己好像在云里飘，心里除了恐惧更多的是对自己的怀疑。老师们总在说高考前的几次考试决定了你高考考到什么水平，这样的成绩几乎无情宣告了我高考的最终命运，就连平常最信任我的老师也开始暗暗怀疑我的真实能力。距离高考15天，我好像是在穿着短裤被人从炎热的夏天一下子抛到了凛冽寒风中，冻得瑟瑟发抖、嘴唇发青，没有前进下去的勇气。我无奈之下拨通了妈妈的电话，希望从妈妈那里得到鼓励。妈妈听了我的哭诉之后乐呵呵地说："我从电脑上看到你的成绩了，这次虽然考得不好，但是语数外这三科发挥得很正常，还是有亮点的。最大的失误在于文综，是不是时间掌握得不好？已经考完了，就成了过去，关键是总结经验、查漏补缺。晚上要吃点好吃的，好好犒劳一下这么辛苦的自己。"听完妈妈的话，我心里平静多了，我找出三次模拟考试的试卷，仔仔细细地重新做了一遍，又对照课本的知识点重新将各科题目分类，将答题套路转换成自己的思维方式，把做题出错的原因、知识点欠缺的部分记录在错题本上，然后牢牢记住，力争第二次做这些卷子时能拿到满分。完成这项工作后，我撕掉了所有的模拟考试卷子，忘掉一切失败的不快，全身心地投入最后15天的备战当中。走过这个艰难的历程，回头看时，发现失败和挫折对于勇敢者来说，不过是"乌蒙磅礴走泥丸"，只要勇于正视，仔细分析它出现的原因，就能够在布满荆棘的道路上开辟出宽敞的大道。挫折出现的最大意义在于教会我们下次如何去避免。冰心老人说，成功的花，人们只惊羡于她现时的明艳！然而当初她的芽儿，浸透了奋斗的泪泉，洒遍了牺牲的血雨。浴血绽放的花，经过血水与泪水的洗礼才会更加自信，更加成熟，更加绚丽夺目。当高考成绩揭晓时，我拿到了总分全省第7、全校第4的名次。接到北大录取通知书的那一刻，我告诉自己，经历过高中三年的坎坎坷坷，今后的路途哪怕挫折再大，只要脊梁还在，只要志气还在，我就要走下去，永不服输，永不言败，像一朵花，浴血怒放。

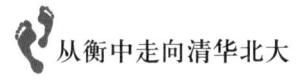
从衡中走向清华北大

永远追随太阳的脚步

一直很欣赏太阳花,阳光照到哪里,就将笑脸迎向哪里。理想好比太阳,而我就像那朵太阳花。因为心怀一个梦想,所以我执着地走在自己选择的路上,从来没有后悔过。我最大的梦想是成为一名走遍世界的外交大使,向世人展示中国人的风采。我怀揣这个梦想已经整整10年,不论多辛苦、多艰难,只要想起我的梦想,就会有一股无名的力量,支撑着我到最后。我一直将诗人一样的外交家李肇星当作我的榜样,当我知道他是北大西语系毕业的高才生时,我就立志要考入北大,让自己变得优秀,向李肇星看齐。当我以全校第1名的成绩考入衡中时,我就告诉自己,三年以后,我要从这里走入北大的校门。在这三年的过程中,有过流泪的辛酸,有过短暂的失落,但更多的是离梦想越来越近的兴奋和渴望。我常常问自己,几年以后的我在干什么,也许我已经成为一名外交官,在自己的岗位上贡献自己的力量,也许我已经有足够的能力在国际舞台上叱咤风云。数风流人物还看今朝,三年里不管遇到多大的挫折,我从不忘提醒自己,一切的辉煌都离不了今天的奋斗,再美好的理想如果不付诸努力终究是虚幻,唯有把握住当前,我才有足够能力去实现生命的腾飞。"为梦想而战",多么神圣的几个字,也许这个过程很痛苦、很艰辛,但只要我敢于顶住重重的压力,我坚信,迎着太阳微笑的太阳花一定会绽放得很美,因为她拥有笑对风雨的勇气和不屈。

因为有你

我一直都知道,我不是一个人在战斗,在我的身旁,有和我一样奋勇前进的战友,有无私无悔给予我力量的老师和亲人,他们在默默地给我打气加油,源源不断地给我补充养分。

我还清楚地记得北大自主招生失利给我的打击,因为种种因素,原本自信满满的我未能获得北大的降分。得知这个消息后,我非常失落,原本的期待一下子成为泡影。好几天我都提不起精神,无数个课间都一声不吭地趴在课桌上茫然地盯着黑板,像一只无聊到极致的青蛙,鼓着腮帮子,翻着白眼,直到把白白的粉笔字盯到逐渐模糊,等待着上课铃的响起。好朋友们看出了我心里的痛苦和失落,他们不愿意在我面前再度提起自主招生,怕又勾起我不高兴的回忆,但他们更不愿意看见我就这样意志消沉下去,所以一直在寻找合适的方式来鼓励我。终于,在知道自主招生结果的第三天中午,在食堂一起吃午饭时,一个好朋友用勺子舀起一片苦瓜，笑着说："苦瓜吃着虽然苦，但它能败火，吃完苦瓜再吃什么都觉得很甜。'苦尽甘来'这个成语谁都不陌生，老庞，虽然你自主招生考试失败了，这算是痛苦，但凭你的实力，你自己也是完全可以考上北大的，根本不用依靠这些加分呀。我们都相信，有这次失利做积淀，按照苦尽甘来的原理推算，你高考一定能考好，说不定还能考成状元呢。有我们给你加油助威，你还怕什么呀！"听了这句话，我好像一下子在云层之中寻到了隐逸多时的阳光，原先的不快渐渐随风而去，是他们的鼓励带我走出了情绪的低谷，是朋友们的友情给我紧张的生活带来了浓浓的温情，给了我继续努力下去的动力。

"就你现在这状态，想上北大，做梦去吧！"每次当我考试失利时，老班就会反反复复在我面前重复这句话。很多人都认为老师对我太不讲情面，其实我知道，老师这样说我是她心急的体现。我的老班个子不高，脾气却是有名的暴躁。老班很要强，从不愿居人后，她更不允许自己宠爱的学生出现一丁点儿的失误。作为她的得意门生，她对我的要求也比别人高出一截。最后三次模拟考试虽然我的表现令她相当失望，但她从不让她的失望影响我的斗志，她反反复复地用激将法刺激我，甚至在课堂上只因为我的一点小错误就对我大批特批。起初我并不知道她的激将法，她的批评让我在心里憋了一口气，我总是在她批评我的时候暗自嘟囔："你等着瞧，我一定考上北大给你看。"最后的高中时光，我像发了疯似的学习，不顾一切地前进，不仅是为了却多年的愿望，也是为了让她亲眼看到我的涅槃，获得那种用成绩报复她的快乐。然而当高考真正结束的那一刻，我走出考场，走向正在迎接考生的她，我突然明白她所做的一切从来就不是为了羞辱我，而是用一种与别人不同的方式鼓励我不要放弃。后来的同学聚会上，她对我说："人活着就是为了'呼吸'二字。所谓呼，出一口气；所谓吸，争一口气。老师知道你是一个有志气的孩子，所以我才会反反复复刺激你，让你不要向成绩、向任何一个成绩暂时比你强的同学低头。"她的另类鼓励方式虽然让我在过程中尝尽苦头，但最终给了我最强大的内心和百折不挠的自信。

"最近好好吃饭了吗？一定要注意休息。饭不许不吃，洗头要用热水，别拿冷水冲，会得病的……"每次给爸妈打电话，还没张口，爸妈的叮咛就像机关枪一样源源不断地打来。我家和学校相隔200多公里，一个月只有一次不到24小时的回家时间，平时给父母打电话也总是要到教学楼外的电话亭排很长的队，但这并不影响我和爸妈之间的交流。爸妈希望我不论成绩好坏都永远是快乐的，所以他们从不因为我的成绩起伏而批评我，他们总是在我最失落时给我恰到好处的鼓励，让我知道哪怕是考砸了，也只是前进途中遇到了一条小沟，只要稍一用力就会迈过去。每当我考不好回家时，我都和妈妈说："妈妈，我今天不高兴，我要吃好吃的。"妈妈从来二话不说："走，咱去吃肯德基。"吃饱喝足回到家，我早把考不好的失落和烦恼抛到九霄云外去了，这时我再拿出考试卷子分析错因，正视考不好的事实和原因，为下次考好奠定基础。高考过后的假期，我路经一所中学，看到一位母亲因为孩子没考好一怒之下当着众人的面撕掉了孩子的卷子，旁边的孩子哭得如同泪人，我突然发现自己是多么幸运，有这样理解我、疼爱我的爸爸妈妈，正是他们的默默支持，伴随我走过了高三最为艰苦的一年。

仓央嘉措曾说，你见或者不见我，我就在那里……不舍不弃。因为有你，因为有你们，我在最美好的17岁里收获了属于自己的感动与快乐。高考出分那天，我的17岁正式结束。我迈入了18岁，成为一个具有法律责任的成年人。美好的17岁伴随着痛并快乐着的高三，我收获了太多，太多……

林志颖在歌中唱道："17岁那年的雨季，我们有共同的期许，也曾经紧紧拥抱在一起。"那一年，我17岁；那一年，我为梦想而拼搏；那一年，我与战友肩并肩，与老师、亲人心连心；那一年，我历经磨炼，浴血成长。逝去的永远不再会回来，譬如青春、岁月。然而，当我们曾经真真正正享受过、珍惜过那逝去的一切时，那随风逝去的都将成为我们最美好的回忆。

不会有人永远17岁，但永远会有人17岁。但愿每一个17岁的少年都能珍惜这段为梦想、为人生而拼搏的金色年华！

学习无捷径，三部曲助你成功

郑宇鹏，衡中2005届228班，保送生

关于学习，我首先要强调的一句话是"学习无捷径"。接下来，我要说三方面问题，也是我的学习三部曲。

第一，科学的作息习惯是适合你的作息习惯。

从大的方面来讲，包括学校为我们制定的作息时间表（它已经是最科学的了）和细小时间的作息（这因人而异）。我的建议是大家可以尝试两到三种作息计划，用一个星期的时间找到适合自己思维习惯的作息方式。例如课间，有的同学喜欢在教室里做一些复习和预习的工作，有的同学则愿意出去换换空气。起初，我也不知道哪种方式适合我，我各试了三天，发现第二种方式更有助于我提高课上的效率。于是，此后我便一直采用这种方式，这对我的学习大有裨益。再有就是周日如何安排了。有的同学按照平时的时间表作息，这样可以提高时间利用率，防止习惯被打断；有的同学则多睡一会儿，补充一下睡眠，这样也有助于提高兴奋度，提高效率。当然，哪种是适合你的作息习惯，就看你自己了。最后再强调一点，一旦确定了适合自己的习惯，最重要的就是坚持。坚持不下去的，什么也得不到。

第二，跟着老师走，掌握在课上，巩固在平时。

曾经有一段时间我也整理错题，但只是在做改错时充满成就感地看一下前面整理的部分。后来，通过和同桌对比，我才发现我的本子只不过是一个满足虚荣心的工具，我需要改变。我开始学着他的样子做，起初效果并不明显，可逐渐掌握了要领（例如要提炼出易错点，抓自己疏忽的部分），这样错题本才真正成为我学习中的一部分。多看多练才能真正做到巩固。我有一位同学，在高考中取得了648分的高分，别看他平时漫不经心的样子，可一旦老师讲到他在作业中遇到的不会的地方，他就会拿出十二分的专心。正因为他能抓住课上，不遗漏一点儿不会的知识，才能取得令人难以预料却在情理之中的成绩。

第三，在交流中求得深化提高。

思想不是苹果，给了别人你并不会失去什么。在与他人的交流中，你会得到更多的思想。记得高考前几天我和同桌一直在讨论一道生物的关于杂交实验的题，对方认为制作定性分析就可以了，我则认为必须做定量分析。结果自然是难分高下，但在交流中，我们深化了很多关于杂交实验的思想方法。幸运的是，在高考中，我们遇到了一道类似的大题。其实，只要多交流、多沟通，在将来的考试中遇到你曾经准备过的问题是很正常的事。

努力了可能不会成功，但不努力一定不会成功

王　龙，衡中2009届320班，保送生

从三伏盛夏到三九严寒，从骄阳似火到白雪如素，我的半截高三经历，永远定格在了2008年夏初冬末。那段日子里，我从浮躁走向冷峻，从稚嫩走向成熟。那些曾经黑暗背景下的痛苦演绎，变成今日蓝色和金色交织的刻骨铭心的记忆——难舍，难忘——曾经奥赛的得与失，曾经保送的苦与甜……

热浪灼灼激情绽

2008年盛夏，比往年似乎更为酷热难当。7月，由于奥运会的缘故，学校被迫将惯例3周的暑假延长到近50天，只是——奥赛生除外。

我们并没有过多的沮丧，相反，我们以此为荣。背起行囊，擦干汗水，奥赛小组25个兄弟姐妹，带着同一个梦想，奔向前方。"我和你的未来不一样！"这是李阳演讲时勉励我们刻苦学习所说的话。我们是奥赛生啊，这意味着更多的努力、更多的压力、更多的牺牲，甚至——更多的打击与更多的泪水。只是，我们知道：我们的未来和别人不一样，我们正在真真切切地为自己的将来而如痴如狂地拼搏着。虽然，我们并不知道这样的拼搏是否会换来梦寐的勋章。教室里，我们汗流浃背、挥汗如雨；晨曦中，我们共同跑操，嘹亮的口号在空空荡荡的校园中激荡……

有人说，学奥赛就是赌博，高中所有的休息时间是本钱，高考的胜败则是赌注，参加了奥赛，可能不仅血本无归，而且断送人生、抱憾后世。可是，这一刻，我们竟莫名地为自己骄傲，为自己感动。我们为了将来，拼了！为了人生，拼了！奥赛生，真正让人感动的不是拼搏的精神，而是这种清晰深刻地为自己人生孜孜以求的态度。

我是一名化学奥赛生。化学奥赛，要求掌握大一的几乎全部化学内容，并且很多内容都是抽象难懂的。就在考前冲刺的几个月内，我阅读了有机、普化理论、元素、结构、分析等六七本书，完成了3本题典，模拟试题做了超过100套，

听课笔记及改错总结用了 13 个大笔记本……回忆起来，我真为那惊人的付出而骄傲！但是想到和我同样付出的很多战友，其付出都付诸东流时，又不禁惆怅惘然了——几家欢乐几家愁。假如提前料想到这悲惨的结局，大家为何还如此傻傻地努力？努力了，无悔了，却失望了。可是，没人能够提前预知未来。成功与失败，人生的苦与甜，或许正是因为它们的难以预料与无可操控而变得神秘，令人憧憬。于是，我还是对那句话深信不疑：努力了可能不会成功，但不努力一定不会成功——有些悲壮！

9 月 15 日初赛笔试，班上早已立起了倒计时展牌。不知不觉中，数字飞转，考试时间逼近。等到时间还有一天时，我们突然意识到，今天，可能是奥赛班的亲人们最后一次共同学习了——因为，没有可能让 25 个人同时获得一等奖。相顾有些留恋，两年来的感情此刻显得缠绵与难舍难断。然而，考试的冷血决定了竞争的无情。在这最后的几天中，与留恋之情并生的便是冷漠。天哪，如果突然有一天你发现：与你朝夕相处亲密无间的战友一跃成为你死我活的敌人，你会感到怎样的痛苦困惑与无可奈何？我们无可回避地面对了。因为，我们开始明白，这不是几个学校之间的竞争，而是参加考试的几千名学生间的竞争，昔日再亲密的同学，也可能无情地夺去你入围的资格！这几天中，不知不觉，我们都变得自私。孤军奋战的考试只能让我们选择孤军奋战地备战。"你能借我一下你的改错本吗？"我望着朋友一如既往的诚恳与渴望的眼睛，自己的眼神中竟流露出犹豫与疑虑。我对自己感到失望，可又觉得失望的不应该只是自己！

考试前一天，正是农历八月十五。月亮很圆，凝视着深蓝色的夜空，感受着它的深邃广袤，心如水般淡然。凝视月光之时，我在远离学校，更远离家乡的石家庄，一种思念如丝绵般轻萦心怀，随后，是愈来愈强的压力感。不过那夜，我竟没有失眠……

考试还是如期而至。发卷前，我向同室参考的同学做了个手势："加油！"他笑了笑，也回了一个手势。发卷，答题，一如平时，但这次，我第一次时时刻刻都提醒自己：仔细，仔细，再仔细——难道你想让一时的马虎成为一生的遗憾？结果，三小时结束，我竟有些晕厥。"我没有什么遗憾了！"这是我出考场后对朋友说的第一句话，那时阳光明媚，亮得炫目。

考试成绩一周后才能出来。回到奥赛教室，每个人都默默地收拾着东西，谁都不知道，对于自己，这——究竟是结束，还是新的开始！时隔三个月，我们拖着疲惫的身躯，承载着落下的一个多月的功课，回到了各自的教室，又开始了暗无天日的高考备战。望着桌上积压如山的试卷，我有些茫然，有些想要回避。

细雨绵绵愁情转

奥赛初赛后的一周高考学习生活，让我真正感到了绝望——崩溃了！我怎么也不会想到，一个月的空白，自己已经差之千里。往日的尖子生，此时沦落中游，焦急之情难以言状。那一周天气转凉，天空一直阴沉沉的，似要下雨，可一直未下。

周末，奥赛成绩公布再次将我逐渐恢复平静的生活打乱——我胜利入围。只是成绩偏后，拼进省队的可能性不大。这一刻，我真不知是应该为自己已经取得的一等奖而欣喜，还是应该为远去的梦想而伤心——我选择了继续拼搏，挑战3天后的复试。我不想在失败前承认失败，我不想放弃哪怕一丝希望。

久违的细雨丝丝而下，飘忽悠远，如绵长的歌谣。初赛后，25人中只剩下了6人。我们时隔一周后再次走进奥赛教室，教室因房顶漏水而湿了一大片，扑面而来的风中夹杂着厚重的霉气，竟显得有些空荡苍凉。我们将桌子围成一个大圈，周围放上25人所有的奥赛书，坐在书海中，颇为得意又颇为紧张地开始进行复试准备。然而，我们傻眼了：我们第一次知道，初赛后不仅有实验考试，还有一次理论考试；我们也第一次看到，往年的理论题目并非不会做，而是——根本读不懂！现在的我们，同要求水平简直差之千里，我们心中说不出的失望、焦急、烦躁、抱怨。复试时，省内30名一等奖学生第一次笔试就要再刷下一半，之后经过10天的实验培训与考核，只有5人能够进入省队。而我当时的排名是省第13名，稍不留神，可能一上来就被刷掉。其实我的担心远不是被刷下来这样简单，因为我懂得：即使是压着未被刷掉的边缘晋级实验考试也于事无补——实验考试相差分数不多，综合排名非前八的人想要冲击省队简直就是痴心妄想！

理论考试那天，细雨依旧。在保定河大一间再普通不过的自习室中，冷色调成为主宰。我丢失了这次考试的大半记忆，只觉得题很难，天空很阴。

我进入实验考试了，却高兴不起来——综合排名第11，进入省队的希望微乎其微。我想拼，我痴痴地幻想奇迹的垂青，我感叹命运总是给你太多的选择：一方面，明知努力拼搏只能换得更为痛苦的失败，可就是不愿放弃；另一方面，选择进行实验考试，那么十多天为此而落下的功课不知会为今后多少蓝黑色的日子埋下伏笔。老师看出了我的心思，微笑着对我说："奥赛重视结果，可更重要的在于过程，它锻炼了你的能力。"我轻轻点了点头。

面对实验考试吧！既然选择了远方，便只顾风雨兼程；既然选择了奥赛，便只想一往无前！谁能断言山重水复之后就没有柳暗花明呢？我想傻傻地相信这样一个假设。10天培训一晃而过，奥赛的第三次考试终于到来。这次考试后，梦想的实现与否便尘埃落定。

实验考试在10月的一天等待着我蹒跚的脚步。我冥冥之中感到今天又要下雨，却惊讶地发现果真如此——今年的雨竟是如此蹊跷，少有的几场雨都赶在特殊的时刻——开始培训那天下雨，初赛出成绩那天下雨，复试笔试那天下雨，而今天又下雨！这是什么征兆吗？是忧伤，是悲壮，是欢跃，是？……我一向喜欢雨天，喜欢雨中细腻的忧郁，喜欢雨中出尘的静谧。我强作欣慰，开始了实验考试。

那是一段不堪回首的回忆。实验共进行了三个半小时，我度过了人生最漫长的时段。实验前，我知道想要冲入前五，实验务必接近完美。于是，实验开始后，我小心翼翼地进行，做得非常出色。然而，小心翼翼地代价却是付出了大量时间，当我发现时间几乎不够用时，逐渐慌了。谁料想一个玻璃活塞"啪"的一声摔在地上，顿时四分五裂，我的心凉了半截——难道这次实验会因这个失误而宣告失败吗？难道我的梦想因此破裂了吗？其实一个活塞摔碎并无大碍，又怎料想我手忙脚乱中加错了试剂，自己前几个小时苦心制作的产品报废！

实验再也无法进行，然而考试时间还没有到，怎么办？怎么办？眼见身旁的监考老师冲我微微摇头，脸上尽是遗憾的神色，我欲哭无泪。我实在不想放弃，可现实使我不能不放弃；我不想在告知失败前承认失败，可我明明就已然无法成功。考试时间是没有到，可我的考试真的提前结束了。我呆呆地站在那里，故作坚强地挤出一点笑容，向监考老师摊开双手，意思再明白不过：实验彻底失败！

就在这一刻，一个念头出现在我的脑海——我想到了马拉松精神，即使自己的对手早已全部冲过终点线，也要坚持赛完，因为这是对梦想的执着，这是永不言弃！我说："老师，让我重新来做吧！"于是，称取药品、搅拌、溶解……没进行多久，考试时间到。我放下手中的仪器，微觉上齿将嘴唇咬得生疼，轻轻叹了口气，默默地离开考场，没有对任何人说一句话。秋风中冰冷的雨滴打在脸上，我的眼眶有些湿润……

我从未经受过如此的痛苦无奈。虽然我知道，即使没有那样的失误，晋级的可能仍然很小；虽然我也知道，我没有过于奢求奇迹的眷顾。这不是失败感，而是难以言喻的悔恨与失望。若是毫无遗憾地完成实验，最终依然未能晋级，我倒也能坦然面对，可是，因一时失误而在终点前无可奈何承认比赛失败，让我怎样的痛苦？人生中这样的无奈不会只有一次，可我不希望它再次来过。

秋风瑟瑟知冷暖

一切都结束了。

我回到了班里，脸上还带着实验考试遗留的痛苦悔恨。不少人问我："怎么样，过了吗？"我只能苦笑着摇摇头，虽然那时成绩并没出来。

高考科目的学习落下得更多，桌上试卷堆积的小山已然更高——它们只能增加我的痛苦感。唉，蓝黑色的日子，阳光没有了温度，色彩变得黯淡，一个声音在耳畔回转："让我重新来过吧，或许这次还有机会！"

消息传来，我的一位同学进入省队，他立刻搬回原奥赛班，逍遥自在地准备起了决赛，逍遥自在地等待着清华北大保送通知的到来。我的心又起了波澜，我承认，我有些忌妒，有些感叹老天不公。整整一周，我中午从未合眼，脑中不断回忆着那黑暗的三个半小时，像中了诅咒。我想了很多，思考了很多，明白了很多，最终也放开了很多。或许，这不是生活选择了痛苦，而是我选择了挑战——不，不是挑战，而是自我的提升与锻炼。或许，我宁愿一种多灾多难的生活，我不是一直都永不言弃吗？我没有被动地接受，我一直在努力争取呀！我没有做错什么，一切不是都在意料中吗？我知道，摆在我面前的还有一次绝好的机会——凭借奥赛一等奖，参加高校保送考试。谁能说我不会考上呢？如果我真的考上了，等到喜报传来的那一天，回首过去的跌宕起伏，眼见一切大风大浪烟消云散，心中，该怎样为自己在这半年中更多的磨砺与阅历而异样欣喜呢？这样的被保送，与通过进入省队被保送又有什么区别呢？此刻，我没有进省队，但是，我没有了怨言；我不仅没有了怨言，我反而要感谢，感谢老天没有太过容易地将成功送予我手，感谢老天给了我升华的良机……

眼前，仍是考验。正如在黎明前最黑暗之时摸索，在成功前最绝望之时挣扎，一个信念驻扎心头——我，要考上保送生！

寒冰凛凛转机现

已遗忘了那暗无天日的三个月我是怎样熬过来的，总之那三个月我的成绩从一时落后到稳步向前，不断进步。接着，梦寐以求的保送考试到来了——我没有过多想为何要选择保送,只是理所当然地认为我一定要被保送!

一月,我来到了北大校园。我恍然想到了暑假学习奥赛的种种。相隔半年,秋风吹散了夏日的骄阳,片片枯叶纷飞,一番萧索拉开冬日的序幕。斯时的未名湖结了厚厚的一层冰,学生们自由自在地在上面滑起冰,欢声笑语,其乐融融。我从湖的一边信步横穿湖心而行,任来往的人从我身边呼呼滑过,一转身,几株枯树婆娑的虬枝扭曲下威严的博雅塔赫然屹立眼前,一种崇敬与向往的感觉油然而生——这便是我理想的殿堂!

快到水边时,稍不留神,脚下坚冰"咔咔"作响,似要断裂。我一惊,连忙后退几步。眼见冰面与岸边相接处乃是一丈见方的水面,冰层起伏,水纹激荡,我有所疑虑,四下望去,如此水洼还不止一处。我诧异了,数百人在冰面穿梭来往竟没人顾及潜在的危险!一个滑冰人不经意间从我身后倏然前去,只听"咔"的一声,冰层断裂!我"啊"的一惊。奇怪的是,断裂的冰层四四方方,不似自然断裂。那人稍一迟疑,轻轻一点,又滑走了。我惊讶至极,难道,难道这湖也经过什么处理了吗?在我心中,北大登时笼上了一层神秘的面纱——博大精深如此!

第二天笔试。虽然这次考试的重要性不亚于奥赛初赛,但我全然没有了当时的小心翼翼与提心吊胆。或许是没有了太多的顾虑,因此反而放得更开,笔下"唰唰"作响,挥洒酣畅。说实话,题目很难,可我危急时刻总还能"挤"出一些思路,有的甚至误打误撞解出来了。发挥得到底怎样呢?不敢说,可能会有点粗糙,但终究竭尽全力了。

一周后,成绩出来了,各科平均,但总成绩还是挺靠前的。我有些淡淡的欣慰,但仅仅是欣慰,明知高中的终极目标与自己仅有半步之遥,却没有欣喜若狂的感觉。经历了这成功后又失败,失败后再成功的起落,心中竟有了无谓与坦然。命运自有自己把握,既然过于戚戚于眼前无益于大局,那又何必太在乎偶然的失意?保送不成,只不过又多了高考前半年的锻炼机会。想象着已然全部放开,自己便真的飘飘兮羽化,好似圣人一般了。

接下来,准备面试。一向对时事不感兴趣的我此时也只好临时抱佛脚了,将一年来的时事热点,一股脑全部浏览了一遍。我本不善言谈,于是又请家人帮忙模拟练习,几遍下来,似乎也有了些自信。

重上北大,冬阳融融。一切都比想象中的直接而简单。面试环节,我彻底放松下来，大胆地谈论自己的观点，尽管有些言语可能比较偏激，但谈得酣畅淋漓，颇觉爽快。或许很多事都不是想象中的那么难，或许很多事也不是想象中的那么简单，多想无益，大胆迎接才是真谛。将己所能全力发挥，将己所不能尽数忘却；该得到的总该得到，不该得到的总不会得到——事情就是这么简单而直白，没得到的用不着抱怨，它本身就不属于你；而已得到的也不必过于欣喜，己力所及，本该如此，得不到倒应该反思了——是不是太想得到了？

北大面试后的当晚，我们赶回学校，参加第二天就要进行的年终期末考试——丝毫没有准备时间。放下了面试后的激动，也放下了可能考砸的担忧，专注于努力考试，我最终还是取得了不错的成绩。就在学校期末考试结束钟声敲响的那一刻，北大考试最终成绩出来了。

喜报频频悦容颜

似乎一切都在梦里发生过一次，或许是曾经想象的遍数太多了，只觉得，一切都似曾经发生过，而一切正按照曾经发生的方式发生着！"恭喜，你被保送了！"老师的话犹在耳畔。我似设想般表情夸张地笑了一下，老师回笑道："看你乐得呀！"我只是笑，什么话也没回。其实，我想说："我不是过于高兴，只是——一切如想象般、梦幻般结束了，我笑一笑，想把梦做得像以前设想的一样……"

人生如梦啊，多少悲欢在发生前其实已经在你的梦中上演过，只是你不曾注意它。你一次次地想它，却躲避着承认。梦与现实的距离，远在天地之遥，近在咫尺之间。若一味困苦于现实，从不敢涉梦其中，岂不故步自封，被自己设限牢笼？若一味沉溺梦想，只会整天白日做梦，抑或拼死拼活地追梦，终究竹篮打水。将梦寓于现实之中，层层荆棘、步步维艰只为一日豁然开朗，懂得挫折之后崛起乃有如梦之境，想象着挫折也好、痛苦也罢，只为明天梦想成真的感觉，这样一来，心中自是坦荡很多。拼搏一生，无悔一生，垂垂老矣之时翻看从前记忆，是否整个人生也是上辈子做的一场梦呢？

白雪纷纷皆飞散

距保送那天的事已是遥远旧事了。昨天下了一场雪，是今年冬季的第一场，可能也是最后一场——因为它下在了冬春之交。昨夜漫空漫野雪花飞舞，轻灵悠扬，纷纷洒洒。想到满城飘絮，千般愁怨转；想到落花无数，饶是暗香断。尺素飞天，白羽散落，纱缎裹疆，冰落雾绕，自有一番宏大寂寥。不料白日醒转，红日当天，路上冰雪已化，唯有屋顶墙垣，树杈花头留有白纱点点。地上湿了一片，墙上也往下滴水，风吹过枝杈，舞下一树梨花——此时此景难为情！

高三以来的经历正如这漫漫飞雪——一番经历抑或如枝畔飞素绽开绮耀奇葩，抑或如路边积雪结下三尺寒冰，花冻了成冰，冰融了成花，可是待到东曦既驾、万般飞雪顿时烟消云散、无影无踪。它去了哪里呢？去了——我昨晚的记忆，蓝色与金色交织的记忆……

世间哀乐亦如此，

顾盼朝曦心了然。

复读不丢人，
只是用更多的时间完成一件自己没有做好的事

刘 静，衡中2011届369班，复读生

事过境迁，回忆起衡中的生活，只是多了一份怀念而已。

我在衡中只有一年，对于衡中的感情却未因此有半分削减。衡中给了我复读一年最想要的好成绩，还有很多预料之外的惊喜。感谢衡中的环境，让我至今怀念那段单纯的只要奋斗就有回报的日子；感谢衡中的老师，他们对工作的付出、对教学的热爱让他们无愧于老师这个称号；感谢那时的自己，与同学在一起战斗的日子让我看到了最好的自己；感谢那些陪伴在自己身边的同学，没有备尝人间冷暖反而彼此都成了最要好的朋友，直到走入社会，大家见面也还是保持曾经患过难的最亲密的战友情谊。

我一个同学曾经说过："复读不丢人，只是用更多的时间完成一件自己没有做好的事。"那些说着复读的生活很苦、心理压力很大的人，除了一些必要的担心，也无意间将自己的怯弱传递给了他人。其实只要自己能够摆正心态，一年的时间很快就会过去的，和周围的同学一样五点半起床，一样跑步上厕所，一样在几分钟之内整理好内务就不觉辛苦。一年的时间在生命长河中还真不算很长，如果用在衡中的一年去换一个更高的起点、更多的机会，我想这是一个划算的选择。第二年高考和第一年高考不一样的是不再紧张，反而是更好的心态。自己把该做的一切都做到了，高考不过像一个终将来临的仪式，我已经准备好让所有人看到我的实力，我终于迎来了自己演出的舞台而已——就是以这样的状态，在和送考的英语老师紧紧握手之后，我便像吸取了所有的能量般走向了考场，奋笔疾书却不慌张，只是不想浪费考场的一秒，只是不想对不起自己的一年的付出而已。几句轻描淡写的话概括了复读一年的生活，当然其中有困惑也有挣扎，只是和后来收获的幸福相比，一切都不重要了。

另一个想要分享的是关于如何看待高三各种考试的成绩。我第一年高三的成绩一直比较稳定，可以说只有高考是最糟糕的。也有可能是一路的稳定让我忽视了学习中存在的一些问题。复读下半年我的成绩有了很大的起伏，那段时间不知道哪里出了问题，就是成绩一直不理想。开始只是自己分析，但自己看到的问题多是哪一块知识有问题，哪天学习状态不是很好，后来班主任找我聊天，我才真正明白自己最本质的问题。老师的话对我的帮助真的特别大，他们的经验对我们来说是弥足珍贵的，而且一个与你朝夕相处的人对你的情况会看得特别透彻。尽管这样，我的成绩直到最后一次模拟考试也不是特别理想，但都在意料之中。最后阶段我对心态的调整发挥了很大的作用，每天只是想是否能更早地去班里学习，能否更投入地上课，能否把自己不会的都找老师弄明白，就这样，在最后高考中取得了好成绩。这使我认识到，我们应该把每一天都过好，用平稳的心态来面对每一次考试。

另外，高考前一段的自主复习，千万不要让自己的状态松懈下去，千万不要说什么为了适应高考的作息时间之类而让自己放松一下。内心适度的紧张对于高考其实是有帮助的。我在自主复习的阶段，每天将时间安排很紧，认真完成老师交给的任务，也时常和老师交流。在交流的过程中，不仅解决了学习上的疑惑，也收获了很多的好心情，老师最后的鼓励也使我增强了信心。

路都是自己走的，希望所有正在高考这条道路上奋斗的人能够全力去拼搏一把，这是一个值得你为之奋斗的世界，也希望学弟学妹们在一切结束的时候能够骄傲地对自己说一句："我是最棒的！"

太多的话语在高考面前都是累赘的，最后我只想说"青春无悔"是我们该铭刻在青春岁月里的四个字。加油！

学习无非是由不知到知再深入，
蜗牛走得慢也会走到终点

刘　宇，衡中2012届388班，复读生

短短一年的衡中生活，起起伏伏的成绩、一路奔波前行的经历告诉我：为什么衡中孩子的成绩会那么好？因为他们的精神状态，因为他们的行事风格。他们中的大多数人知道怎么样度过高中才是有价值的。不同于我原来的学校，把学生当孩子看待，告诉他们"你们是天之骄子，你们什么都好"，衡中用简单的方式告诉学生：现实是这样，你需要奋斗。

在衡中一年我发现，我们的生活并没有想象中那么苦，虽然假期少得可怜，但我们很会苦中作乐。其实我们并没有那么麻木，我们也有活动，我们和老师的相处有趣而值得怀恋，当我们进入大学照样可以表现得突出而优秀。我们在这样一个精神特区里，度过充实而又简单的时光，在拿到录取通知书的时候，绽放出幸福的微笑，这是我们应得的。当然，我们得到的绝不只是一个好的高校，我们会将追求卓越的精神一以贯之，在自由而不轻松的燕园，这是不可缺少的。

高三一年我过得可以说是酸甜苦辣咸一味都没缺，名次大起大落，成绩持续低迷是家常便饭。如果你必须踏上复读之路，这一年，你注定要遭受冷雨暴风般的打击，接连不断，像掉进一个坑儿里出不来。其实，许多走进山谷的人之所以走不出来，正是他们停住了双脚，蹲在山谷烦恼哭泣的缘故。你能做这样的人吗？过度悲伤、过度喜悦都不是你应有的情绪，何况尚未高考，你没有时间悲伤。静下心，无论高考怎样都无怨无悔。或许你遭到了突如其来的打击，这就更好对待了。你有实力，你考过好成绩，你为什么不可以再成功呢？

这是元宵佳节时我写在日记本上的话：你坐在那个角落里／看着别人／都在俯首奋笔疾书／你看看窗外／忍住随时夺眶而出的泪水／然后／接着算题／接着总结／接着改错／接着……我想没有哪个为了自己高考成绩的孩子的高三是肆意度过的，即使有放纵自己的时候，但大多时间还是在他律和自律中度过的。他们不会让廉价的快乐荒废了自己的人生，他们重复着简单的事情，完成了不简单的事。

学习，无非是由不知到知再深入。一道题、一个类型、一个知识点，从不会到会的路不是一步迈过去的，而是见一次悟一次，不要让时间白白浪费在只追求做题的数量而不深思做题的效果上。要相信一切不成定局，要相信自己。没有什么是注定的，只要你的愿望足够强大，你可以改变天空的颜色。

下面我从学科的角度谈一点粗浅的认识，希望对你的备考有所帮助。

一、语文

第一抓作文，这是我的个人想法，因为东西背了会忘，为了用上，你必须反复背，不要选择烂俗的。如果你是衡中的学生，语文组会发很多"窗口"和"作文学案"，快速浏览勾画，挑出你喜欢的、念着顺的，早读背，考前背；如果不是衡中学生的话，你照样可以找到相当数量的资料。高考前我还在看我手写在答题卡上的素材和语句，这直接使我在精神高度紧张的情况下写完了质量还比较高的作文。默写要明白、清楚，不要有丝毫的模糊，第一遍要念对。别的题型老师会有大量的练习，在你做不完的情况下，你所追求的是收获，也就是得到了什么新知识。

二、数学

每个学科都需要学明白、学清楚，数学尤其明显。我一年写了三本多积累本，字迹非常工整，方便自己查阅。在抄第一遍的时候你就要弄得明明白白的。如果不会，不管是问同学还是问老师都要解决，不要高考出了类似的题型再后悔万分。当你做题做到没脾气的时候，你的数学不会差的。这个脾气，不只是躁、做不下去，还有做过大量题带来的淡定。慢慢写，关键步骤要回头看（这就是检查了），落笔后回头看问的是什么，不要越做越糊涂。

三、英语

我的方法比较特殊，翻字典。我特别享受看英英解释，那种自己领悟到知识的美感。衡中孩子都会练习字的，就是在四线三格上跟绣花一样地写英文。一笔好字，受益终身。习字一般都会利用晚新闻时间，那时候比较乱。高四刚开始，我的一模成绩是122分，这对高三一模曾考了146分的我是巨大的打击，那时候老师跟我说，蜗牛就算走得慢也会走到终点的。在我都要绝望的时候我考了141分，连着四次141分、136分、141分、141分。要相信：水到渠成。

四、文综

1. 政治。首先要背，其次学会思考。这道题的落点是什么？不要按照自己的思路来回转悠，要按照老师的引导，改变文科生喜欢走老路的倾向。记住：抓课堂。有句话叫：像狼一样听课。跟上老师，勤思善问。

2. 历史

落点依旧很重要。感悟你错过的题、老师讲的话，学会把讲的方法技巧内化。适当积累你错过的题。

3. 地理

地图要熟识。基本地图（世界地形图、洋流图、板块、植被、气候、铁路之类）会反复考，直到高考。懂得套路，细致分析你和高考的差距。

踏上征程的我们就要抛弃所有的伪装和假象，抛弃温存和柔软，懂得感激生命让我们有这么一段单纯而快乐的奋斗时光。走向自己想去的地方，成为自己想成为的人。纵是多么苦涩的日子，以后回想起来，也会热泪盈眶、珍惜万分、备感美好。

最后，让我在心里再喊一遍我们百日誓师后每天清晨全班大喊的誓词：我要把握这一百天！我不要再失败，我不会让爸妈再失望，我不会再上高中！我要强，我要燃烧，我要破天荒！我要用年华拼未来，我要青春做伴好还乡！

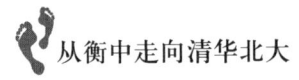
从衡中走向清华北大

今朝磨剑，立志展锋芒；明日对决，群雄我为王

董 慧，衡中2012届388班，复读生

"在我来到衡中之前，我从未想过去爱她。"

2011年6月29日，我来到衡中，头脑里还被警告着"走廊里不许笑""男女生不许说话"之类之前听说的"衡中校规"，再壮一壮胆儿，走进教室，才发现自己迟到了。高考时我顶着空空的脑袋进考场也镇定自若，此刻却为即将到来的高四紧张不已。那时候我对被子要叠成豆腐块儿、跑操、五点半起床、15分钟午饭、连续4天大考等抱有绝对的悲观，直到看见被疯传的所谓"衡中作息表"，可以一边假装前辈说句"这才哪儿到哪儿啊"，一边敲着键盘想起我们曾以为岌岌可危但确实没被两麻袋试卷抛荒，反而密密生出枝蔓繁茂成长起来的青春。

那一年9月，后黑板上的迎新板报已经被擦抹干净，换上了"北大清华，宁有种乎"，真是威武雄壮。男孩女孩们在那句豪言壮语下签上名字，心里模糊地感到了这个动作的背后需要多少血淋淋的付出，一刹那泛出悲壮的情绪，那是一个少年肩膀靠近未来甚至擎住天空的瞬间，又在平凡的生活里他们回归孩童的模样，为在清北签名栏上把名字和谁写在一起纠结不已。

那年秋天，我受了很多伤，生了很多病，违了很多纪，被很多老师叫去轮番谈话。我唉声叹气抓破头，右边却递来闺密的字条，边骂我不好好学习，边安慰我没事儿，说什么都会过去。

那年冬天，我成绩下滑得厉害，一度年级一二百名，自己还没反应过来，要好的小姑娘已经忧心忡忡，皱着眉毛跟我说："你上次考的分儿已经让我惊讶得快把下巴掉地上了，你这次是想让我把下巴真掉地下吗？"话说得这么冷但我还是笑了。

那年春天，我被传染水痘回家半个月，再回来Feb看见我什么都没说，走过来把一沓信拍到我桌子上。我打开看见信末尾的"你怎么还不回来"，它们句式一致、位置相似，站成一排像等我检阅的小兵，我忽然满心湿润，摇一摇像要滴出水来。

那一年就那么过去了，我多么感激自己的幸运，每天带着一种"被爱"的感觉来上课，上着上着就无比强烈地想到了"惜福"。我考上北大没有什么故事，我基础不好，第一年高考成绩二本中下。我并不努力，每天晚来早走头发乱糟糟卡点儿进教室。我缺乏斗志，听见励志哥站在讲台上慷慨激昂就会对他翻白眼，唯一积极有益并且还能不时拿出来炫耀的，也许是对作业自助、周测月考排名进退都能抱有一种安静消化的态度，成绩一二百名时也并不觉得压力爆棚，对自己和未来都抱有足够的了解和信任。每次听见我妈在电话里纠结我成绩，我都会非常有耐心、有爱心地告诉她"我没事儿"。我心里特别有数，我下次肯定能考好。不是安慰别人和自我催眠，是真的这么觉得，现在想来那应该叫作自信吧。学姐说得好，真正的自信不需要任何凭借！

离开衡中何止是4次大考20次周测140次跑操的时间、距离，何止能用300公里或者1米高的卷子计算？远离了主教学楼上对联般花样翻新的励志标语，班主任知道你逃课再也不会说逃课不行，再也不会拿出张违纪通知单来。又想起6月8日那个离开的下午，满天飞的卷子，满学校的人群，大家擦肩而过说再见，从此再也不会以同学的身份出现在这座学校。我从衡中校门到大街走那条一年一堵的著名的300米小巷，竟然用了和从衡水回石家庄等长的时间。或许真正的来日方长总是这样在匆匆忙忙中离场，不抱头哭泣，不送道别的卡片，但我知道我们的日子还会很长，会见面，会拥抱，会看见彼此慢慢变老。每年高考的时候就想起了我们的那年今日，但是不会再有在衡中读高四的当年的我们了。

而衡中永远在那里，连同它那条通往校门的永远回荡着各种方言叫卖声的小巷，连同校门内一边骂着几节课增高一厘米的卷子一边疯狂刷题的学生，连同那些在电话线那端忧心忡忡、牵肠挂肚的家长，连同那些凌晨5点和晚上11点在黑暗空旷的大街上蹬着自行车上下班的老师。那一年数着一楼大厅的高考倒计时，我曾以为遥遥无期的是毕业，而今面对各奔东西的现实，我才明白遥不可及的是当年。

"今朝磨剑，立志展锋芒；明日对决，群雄我为王。"

那一年，我们一起读过高四。

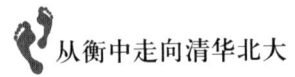

前方有阴影是因为背后有阳光

张宏璟，衡中2014届454班，复读生

之所以说"那些年"，是因为我与衡中在一起整整共度了4年时光，我想应该没有几人比我与她的交情更深了。是的，从高一到高四直至我成功地从这里起航步入北大的殿堂，我热爱着这片土地。现在，我可以大声地说我是名副其实的衡中人。

奋斗：坚持到底，永不放弃

高考结束后，我无数次地回想起那些为了梦想而挥洒汗水的日子：曾经，我迎着清晨的第一缕阳光奔向候操地点，享受着第一个到位大声背书的快乐；曾经，我争分夺秒，吃饭的效率无人匹敌；曾经，伴着来去匆匆的脚步，我的头脑中总是缜密地安排着学习计划；曾经，我在班会上一次次地被感动、被鼓舞；曾经，我用左手握住右手坚强乐观地走过艰辛的日子。我也忘不了为了区分"主次矛盾"和"矛盾的主次方面"而总结的秘诀，忘不了为了少错几道文综选择题而做遍了近两年的文综高考题，忘不了为了提高英语成绩而反复翻阅错题本，忘不了为了降低数学马虎程度而对自己"严厉"告诫。是奋斗让我的实力提高，让我的信心高涨，让我对"高考成功"势在必得，我在不知不觉中被自己感动了，于是我成功了。

坎坷：前方有阴影是因为身后有阳光

千里迢迢，求学在外，时有失落，时有彷徨，也曾因为成绩不理想而于夜深人静时哭泣；也曾因为生病住院而状态下滑；也曾因为心态不稳而手忙脚乱，不知从何学起；也曾因为种种不利因素而导致高考首战以失败告终；也曾一次又一次地怀疑自己、责备自己。但我终究没有倒下，而是不断地向上攀登。纵然高中生活并非没有遗憾，但我从来没有后悔过4年前自己的选择——来到衡中求学追梦。很多人并不理解为什么去年我考上了北外却还是选择复读，我想说因为我不想让自己后悔，我要给自己一个机会，如果我没有勇气，没有胆量来挑战一次高考，也许我会一辈子埋没自己的信心和实力。幸好有支持我的父母、老师和同学，谢谢你们，让我的高四无怨无悔。

师生情，同窗谊：今生最大的难得

无疑，这4年中最让我刻骨铭心的就是这最后一年，就是454这个班集体：严谨负责的老班，风趣幽默的兵哥，认真谦逊的数学老师，与我们始终在同一战线上体谅我们的英语老师，俏皮大方的小乔，温婉耐心的文丽，这一路因为有你们的谆谆教诲，我轻装上阵。424宿舍就是一个温暖的家，一天紧张忙碌的学习结束后，回到这里，感受到的是温馨和宁静。慧慧、小芳芳、璞璞、小莹、阿祥、小晓晓、曼莹、安妮，我们一起讨论问题的声音耳畔犹存，我们紧跟老师认真上课的模样历历在目；体育课上的嬉戏玩耍，心理课上的欢声笑语，食堂、操场上到处是我们结伴而行的身影，这一年因为有你们的关心和支持，我从未孤单。

收获：我只奉献了一缕春风，你却给了我整个春天

衡中留给我的绝不仅仅是那一份大学录取通知书，我从她那里学会了太多太多：用自己的知识去帮助同学是件快乐的事，将学习经验与人分享是件幸福的事；人生路上遇到挫折在所难免，我已懂得如何面对；感恩之心要常伴左右，用自己的能力回报爱我和我爱的人；做人做事要勤奋踏实，一心向着目标勇敢前行；为人处世应宽容大度，敞开心扉与人交流方能走出自我；以积极乐观的心态过好每一天，永远追求卓越；成功必不可少的因素是强大的自制力和强烈的责任感——最后，一个理想的大学便是水到渠成的事了。

衡中，我的母校，我永远爱您！我永远不会忘记您的希冀：追求卓越！我永远铭记您的教导！

> 我是一名衡中人，
> 我庄严宣誓：
> 恪守"追求卓越"的校训，
> 牢记师长嘱托，
> 严守学校纪律。
> 学习是我的天职，
> 报国是我的志向。

用汗水浇灌学业，
用心血赢得智慧，
用激情塑造自我，
用坚韧挑战极限，
用信念铸就辉煌，
我行，我能行，我一定行！

如果我休息，我就会生锈

龚世泽，衡中2014届469班，复读生

走出衡中，走进燕园求学已经过去了一个学期，回想起在衡中拼搏的日子，仍不免热泪盈眶。在此，仅以这篇文章来激励正在拼搏与努力的你们。

先介绍下我的经历，考上北大对我来说更像是一个复读学渣的"逆袭"。

当初，我由于第一次高考成绩不理想，毅然决然选择到衡中补习一年，选择用一年的青春来赌更美好的未来。但是，说实话，在进入衡中复读之前，我真是没有考上清北的奢望，只是希望考上重点的一本，因为自己的水平不高，感觉名校距离我太遥远。但是，进入衡中后，在老师的鼓励下，在一次次振奋人心的周会的影响下，我确定了要冲击名校的目标，当时还在日记本上写下"别人能做到的，为什么我做不到"，随后便开始了一年的奋斗。这一年，有汗水更有泪水，但一切都是值得的。越努力越幸运，没有什么是不可能的。在录取结果出来的那一刻，我内心很平静，因为不论结果如何，我对得起自己一年的青春，我真正过得问心无愧。

高考结果由很多因素决定，天时、地利、人和……我想，我们能做到的也必须做到的，就是把自己能影响的因素做到极致与完美。正如我的班主任所说："通向清北的路是卷子铺就的，你做卷子的数量决定了到清北的距离，做得多了，就去了清北；做得少了，近处就有某某学院。"把自己能做到的做到无悔，对自己难以完成的事尽力去做。"If I Rest，I Rust！"这种努力拼搏的精神，正是面对高考一定要具备的品质。在备考的路上，每一天都是等价的，所以心中应该牢记："高考不至，奋斗不止！备考无假期！"

下面是一些我对大家的建议。

一、最重要的就是要有自信心。

一定要相信自己，在一切可能出现的困难面前都毫不怀疑地选择相信自己，要相信只要努力没有什么是做不到的。还清楚地记得在复读期间，有过一段时间，我的成绩连续下滑，算上周测之类的小考有十多次。那时候，每次到教室外面看成绩单时，我都站在最后面，或者等晚上人走完后再去看。看着前几名远超自己几十分的差距，还有和自己竞争对手的差距，虽然感觉很伤心，甚至因此哭过几次，但我始终没有放弃，一直坚持了下来，直到后来成绩慢慢有了起色。所以，无论你现在的处境如何、成绩如何都不能放弃自己，要无理由地相信自己。关于如何增强自信心，可以每天对自己有积极的心理暗示，每天大声喊出跑操的口号，每天喊一喊"我能行""我要上清北"之类的话来激励自己，不要不好意思。在书桌的某个位置或者宿舍的床头放上一张激励自己的卡片，放一张理想大学的照片；找一个朋友相约每天互相激励；抽出时间找老师交流；每天在回宿舍前对自己的所学进行总结，总结学习到的知识点、做题方法甚至是人生哲理……总而言之，自信心一定要保持，没有人能让你输，除非你自己放弃。

二、要有明确的可执行的目标，或者说野心。

目标既要有短时间内的，如每节课、每天你要做什么，也要有长远打算的，如模拟考试、高考要考到多高的分数；既要有每个学科的目标，甚至是每个题型、每道题的得分目标，又要有总体分数的目标；既要有与自己从前纵向相比的目标，又要有与竞争对手横向相比的目标……总之，目标不应该是空洞的口号，而应该是可以执行的、明确的。拥有目标是对自己很好的激励。在复读时，我这方面不如我同桌做得好，他会将自己的目标细化，认真地编好号，写在答题卡的背面，贴在桌面上，然后监督自己逐个将其实现，在全部实现后可以适当地奖励下自己，比如放假时大吃一顿爱吃的东西。当然，目标并不是一成不变的，如果发现自己所定目标难以实现，就不妨适当地调整自己的目标，这并不是说遇难就退，而是要对自己有明确的判断。总之，在确定目标这点上，希望你们能有肯定自己的达观和否定自己的勇气。

三、要有逼迫自己的狠心，像一匹狼一样狠。

正如有人所说，你对自己的狠多一点，上天对你的狠就会少一点，而结局就会更美好一点。你认为自己受了很多苦，但你知不知道身边有多少人难受着、宁愿咬着牙也要坚持走下去的感觉，有多少人倾注全部身心去做一样事情，有多少人在用尽全力去冲击目标，孤注一掷地坚持着。对自己狠一点，就是严格要求自己，严格遵守学校的规定。只有自己主动行动才能打败自己思维中的惰性，让大脑中勤奋战胜懒惰。人尤其容易困于所溺，只有逼迫自己，才能从沉迷中清醒。例如我的一个同学，他很爱玩游戏，但在复读的一年中，每次放假他只是出去到超市买一些生活用品，很少出去吃顿饭、上会儿网什么的。正是对自己的逼迫、对自己的狠使得他能远离游戏，最后他考上了自己理想的大学。不对自己狠一点，不逼自己，你永远不知道自己有多优秀！

四、要有一颗平常心。

心如古井，波澜不生，饥寒不知，富贵亦不睹，即所谓素心。在备考过程中，会有大大小小许多次考试，这些成绩在一定程度上可以说明问题，一定要认真对待错题，认真分析知识点，但是对这些考试的结果、排名可以不用太看重，否则就成了心理负担。考好了就自信，不好就自卑，这种心态的波动是很危险的。总之，在高中阶段，共性的认知就是以高考考出好成绩为最终目标，对于过程中的一切波澜，都是走向高考成功的阶梯，无论是跌倒还是跨越，是失误还是成功，都应该为你的高考出一份力。其他方面，也需要一颗平常心：在生活方面，不必刻意追求享受；在社交方面，不必刻意结交人脉……高考本来就应该是平常的，而以平常之心去对待，就会多一分从容与胜算。

不论别人的故事多精彩，你们都要用自己的青春书写自己的故事，行动才是目标实现的充分条件。大学生活固然很美好，但高中生活同样很美好，希望你们能够在这一闪而过的机会中拼搏努力，向着最初的梦想不断冲刺，只有实现了最初梦想，才能够算到过了天堂。

人不拼搏枉少年，我在北大等你们来。

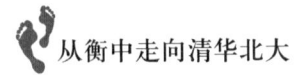
从衡中走向清华北大

既不能拿考试的心态去做题，也不能拿做题的心态去考试

刘羽飞，衡中2012届404班，奥赛生

衡中给予我的太多太多，在我回首的一刹那，早已泪眼婆娑……

感谢衡中，感谢助我成长

认识衡中是从夏令营开始的。那时我初中毕业，13岁的我认为自己还很小。后来据同学回忆，我双眼蓄满了泪水，几乎每说一句话就流一次泪。第一次，我离家两个星期；第一次，我认识了许许多多来自各地的朋友；第一次，我结识了众多成绩优秀又多才多艺的同学……那时的衡中，在我眼中是一个充满矛盾的传奇——简单朴素的校舍和明亮耀眼的成绩。从那时起我便明白，名校不可貌相，人才不可以分数衡量。

真正全身心融入衡中已是高二——我的判断标准其实很简单——高二之前每次返校都会流眼泪，默默地拉着行李走入校门，不敢回头望一眼站在门外挥手的父母，而高二之后我会非常平静地返校，平静地面对等待我的一切。说实话，流泪与压力无关，只是过分的不成熟让自己过分地包容自己、怜悯自己。所以，感谢衡中助我成熟，让我拥有勇气面对所有的未知，包括高考。

说到高三，那真的是令自己感动到流泪的日子。有一个目标并不顾一切为之努力的日子真好。我不再关心放假或是返校，不再克制自己的情绪，却反而不止一次地发表"高三我还没过够呢就过去了"这样"不正常"的言论。或许我真正爱上了衡中，爱上她的简单、她的热情、她的执着、她的同仇敌忾。

感谢衡中，感谢给我如此淳厚的师生情

每当我迷茫的时候，总是老师们将我拉出迷雾，给我指明方向。

高三开学状态不佳时，是国列通老师"请用优秀的标准要求自己"的批语让我猛然惊醒；高三分班后成绩下滑时，是刘杰老师"你再这样下去连普通的重点都考不上"的恨铁不成钢的训斥让我正视现实；当我开始怀疑自己时，是于洪彬老师的约谈让我解开心结，相信自己，放手一搏；当我觉得孤独无助时，是魏

振宇老师在我试卷上的留言让我备感温暖……

忘不了老师们的忘我付出,他们是这个校园里的神,守护着正在蜕变的我们。

感谢衡中,感谢给我心态的历练

我坚信,良好的心态是衡中给我的最宝贵的财富。

常听人说,成功不仅仅拼实力,还要靠运气。而我认为,运气需要用心态来创造。对这一点我深有体会。

在高三下学期,我曾一度因平时低级错误频出对自己的数学产生了怀疑。在数学考试前对自己的心理暗示是"我一定会出很多低级错误,一定要仔细检查",于是每做一道题便怀疑结果错误,翻来覆去验算多次,时间不够做大题便慌慌张张,以致会做也变成不会做了,而且很多时候根本做不完。那段时间我的数学成绩往往在班里50名以后。后来周测、周中测试题的难度逐渐降低,我自己的训练也有所成效,作业正确率有所提升,但考试留给我的阴影仍未消散,给自己的暗示变成"题目不会像周测一样简单,一定会有难度",于是在我眼中,所有的题目都有了难度。在班级平均分几乎达到140分的情况下,我竟然考出120多分的成绩,可见心态的影响之大。

其实衡中给大家提供了绝佳的心态历练的机会。我的高三班主任于老师说到心态,认为失败的根源在于"既不能拿着考试的心态去做题,又不能拿着做题的心态去考试",于老师认为最好的方法是使二者同时向中间的某一状态靠近。而周测、周中测为我们搭建了演练的平台。

我是坚决支持作业考试化的。"考试化"不仅要体现在行为上,更要体现在思想上,仅仅是不翻书、不交流、不滞后的答卷是远远不够的。因为这些表现的不是重视,而是懈怠,是毫不在意,更重要的是答题的过程。从时间分配到书写,从答题顺序到答题节奏,都要为高考摸索经验。题目整体偏难了怎么办,简单了怎么办,时间紧了怎么办,剩下时间如何检查,中间遇到难题怎么处理……这些都要一一体悟。在考试前做好充分的准备,简单做好时间规划,给各部分定出时间上限,不要有任何顾虑,放手一搏。

在衡中,每个人都会经历成绩的起伏,关注,但不要过分苛求。有时,成绩并不能很好地反映状态,自己的状态只有自己最清楚。我一直认为成绩是有滞后性的，一个月的努力很可能看到成绩毫无起色；同样，状态不佳也并不一定带来成绩的下滑。正因为如此，进步和退步往往都是连续的。考后认真写一份总结很重要，一是总结经验、方法，二是做出下一阶段的目标和规划。

备考的最好状态是心如止水，但那终究只是一个期望，很少有人能够做到。1000多个日日夜夜，难免会碰上一些烦心事，不能逃避，只能面对，这时，我们便需要一个默默聆听的人：给家长打个电话，慢慢倾诉，不必顾忌泪水肆意涌出；约一个信赖的老师，敞开心扉，倾吐的同时还会收到恳切的教诲；抑或是拿出日记本，用笔尖记录心头的泪珠，心结自会慢慢解开。我们最好不要向好友倾诉，以防将负面情绪传染给更多的人。

衡中牛人辈出，千万不可因盲目的比较而迷失自己。比如，有的同学做题速度极快，我们不必自惭形秽，更不必与其一决高下。我们要做的是自己战胜自己，而非战胜别人。用一颗坦然的心去面对自己和他人，尽量不要受别人的影响。

感谢衡中，感谢给我好习惯

关于学习方法，我有几点细节想跟大家分享。

早读是我一生受用不尽的财富。高中三年，学语文和英语最高效的时间便是早读。早读的背诵固然重要，但更重要的是语感的培养。我很享受背诵的过程，尤其是成段、成篇的文章，那是一种被文字濡染的感觉。

作文是语文的重头戏，而我们却时常感觉自己语言乏味，试图通过背诵经典片段来增强语言美感。我认为，背诵文段不必贪多，只有那些深深融入记忆的文字才能为我所用，信手拈来。所以，我们不妨重复地记忆精彩文段，使其真正成为自己的。

英语完形我想说一下我个人的方法。一般我要读三遍文章：第一遍快速浏览，不必在乎空处，只需了解文章大意；第二遍边读边填空；第三遍将已选答案代入通读，有不通之处再次考虑之后决定改正与否。我自己认为第一遍很关键，对于填那些与文章结构相关的空很有帮助；而第三遍很重要，在全面把握文章内容的情况下再次通读，会很容易发现一些错误。

另外还有一些细节也不容忽视。

改错本不要应付，即使时间紧也不能胡乱写一些自己不需要的东西，宁可量不足被老师要求补。改错不要以复习方便为目的，因为很有可能根本没时间复习。改错的目的是弄懂、弄会，所以不要抄老师的板书，自己认认真真做一遍，不要忽略任何细节。有一种比较高效的方法是平时把最有价值的题目抄写或粘贴在本子上，每周找一个大块时间统一完成这些题目。

考试前复习时拿个小本子记下自己的易错点、遗忘或不熟悉的知识点并及时查书，这样你会发现错误很多都在重复同一知识点，而这便是你的盲区，需要着重修补。

另外，我不主张所有的问题都去请教老师、同学，一定要给自己思考的时间，要有自己攻克难题的勇气。当然，问题不能积攒，一定要及时解决。

从衡中走向北大，背叛了我当初的梦想。当走过这一切才发现，不必执着于到达 A 或 B，那走过的一路，才是最美的风景。

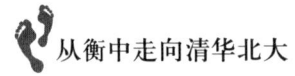

没有卓越只有超越，超越自己就是追求卓越

颖　哲，衡中2012届404班，奥赛生

时常想起巩建英老师的一句话："走出衡中不英雄，就不是真正的衡中人！"反观自己，从母校走出来，我不敢冒昧地问衡中给了我什么——衡中能给人的太多太多——我只能反思：我从衡中得到了哪些？

最浅层的回答：我是通过衡中走进了北大的。高考结束后跟几个初中同学交流，很多曾经成绩也相当不错的同学高考结果并不尽如人意，有些进了一所勉强说得过去的高校，有些选择进衡中复读。我当然不是说衡中就是比其他高中好，只能说适应衡中生活后的我，在那里的确收益良多。没有衡中的资源，我考进北大的概率几乎为零。

衡中的资源是我一生享用不尽的。在假期里，很多亲戚朋友找我来借所谓的"衡中内部资料"，但我知道，衡中提供给我们的资源远不止这些。在衡中，总有陪伴我们的老师和并肩作战的同学们。忘不掉一同拼搏欢乐的208的舍友们。那天看见枫鸿在空间里写上个中秋一起发月饼的事，我想起了好多，想起少煜考试回来时全舍人帮忙搬东西，想起李梦在集训时跑回教室递过一封信说我们约定一起考清华，想起教师节前舒雅躲进厕所小心制作精美的礼品，想起枫鸿受委屈时几个人陪她聊到深夜，想起短假留校时跟李会婷边洗衣服边说笑，想起我还把水痘传染给了她……我们每天早上自创一句"励志名言"相互鼓励，我们在宿舍墙壁上开辟学习交流园地，我们一起背《六国论》，一起打扫卫生……网上有文说衡中是"鸟不拉屎的地方"，这里却留下了我们无尽的回忆。在宿舍跟舍友可以肆无忌惮地开各种各样的玩笑，在老师面前却会自觉不自觉地遮掩自己做得不好的地方，可同时又总是希望老师能发现并帮我指出不足。现在想想，不知给老师带了多大麻烦，偶尔还让老师以为我对自己要求过高。有同学说我"奇葩"，因为我居然喜欢那个骂人不留情面又常在课堂上讲冷笑话的数学老师，可是喜欢就是喜欢，没办法，在他当班主任时我改掉了那么多坏毛病，不感激他怎么行？"凡学之道，严师为难。师严然后道尊，道尊然后民知敬学。"衡中的老师那么让人信任！印象中很少会有老师在同学们面前表示不耐烦和厌倦，老师们似乎时刻准备着为同学们解答疑惑，不管是学习上的还是生活上的。衡中的三年生活让我对老师这个职业更加敬重，在知识面前更加谦虚，虚己外求，披迷内省，才得以不断进步。

如今走出衡中，又得到众多学长、学姐的指导帮助，更是觉出衡中资源之丰富与宝贵，这些都是我受用一生的财富。

从我自身来讲，在衡中学习的三年我有了很大的改变，变得善于反思、敢于承诺，还有不断为目标而努力的决心。

初三一次市抽考时，巡查的老师进入教室在我座位旁说"要是在学校能排到一二名，就能上清华北大了"，差点没把我吓晕。进衡中前填表，有"理想大学"一栏，我觉得填北师大都冒险，只是不想例外才战战兢兢地填了"清华大学"，提交后落荒而逃。在衡中，我的"野心"开始逐渐膨胀，高一想要学习奥赛，高二幻想考少年班，高三执着地要考清华北大。目标越高便越频繁的感觉成功无望因而恐惧，承诺则让我感到有责任从而驱除内心的彷徨。歌德曾说，只要人一许下承诺，所有踌躇与逃避的可能都变得无效……在一个人清晰地对自己许下承诺的那一刻，所有能助人成功的事物也就全部出现了。因此，无论你的能力如何，也无论你的梦想为何，请在此刻对自己许下承诺。

衡中的种种记忆，有峥嵘有美好，我从衡中收益颇多，但也有不少旧毛病仍要不断改正，高二时我在宿舍说："没有卓越只有超越，超越自己就是追求卓越！"现在旧话重提，勉励自己不忘母校"追求卓越"的校训。

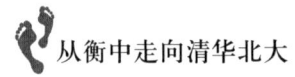
从衡中走向清华北大

步骤的立项，不妨听从好奇；
目标的确定，不妨顺应天性

路　畅，衡中2012届405班，奥赛生

最近一直在想，我成功的经验是什么。其实，经验很简单，就是把每一个步骤做到最精确，最符合效益，不管是通过什么方式，保证每一个步骤都有助于最后的目标达成，这就够了。至于各个步骤的立项，不妨听从好奇；目标的确定，也不妨顺应天性。

所谓衡中的专制管理准确地说是效益控制，的确从正课、自习到吃饭、睡觉都有数不清的条款，但这些规定的仅仅是奋斗过程，没有人规定你自己是如何思考的，自己思考自己的目标，自己思考人生的最终意义。

如果从更大尺度来看，细节的苛求更像是对总体目标的善意呵护：没有严谨高效的细节，就不能以最大速度提高素质，就没有拼搏的习惯，就没有凡事要求完美的精神。如果只是松散的管理，人都懈怠了，沉溺在毫无意义的事务里，怎么有能力思考自己究竟要什么，怎么有追求完美自我的愿望呢？连追求的愿望都没有，又怎么会有充满意义的优秀呢？只有细节的坚持和隐忍，才有整体的充分发展，这道理在高中是适用的。

下面说说我高中中的学习方法。

首先，我最大的特点就是模块化。

我会把一天的生活拆分成无数个步骤，分别进行改造，不断提高行动效率，不断产生所谓"剩余"时间，用这些时间来思考，看些更有意义的书。就拿吃饭来说，跑步就餐不过是入门级，高手知道如何设计线路，从队伍中出来，跑得更快，同时确定每天吃的饭菜，这就省下了选窗口的时间。排队时看书的同学并不见得最会利用时间，真正的学习狂懂得掏出书、翻开对应页的过程过于浪费时间，不如站着反思，反思前一段时间自己学习、生活上的问题，然后按着确定的路线到座位（我每次吃饭基本都坐同样的座位），边吃饭边继续反思（饭后还会统计剩饭量，来推定现在心情如何）。回教室的路上统计谁吃饭较快，算是激励措施，还要看看天空，权作休息。

有时想想如此完善的设计就是为了省下两分钟时间实在荒谬，不过接下来干的事意义实在太大。在这易被忽视的两分钟里，我有时看看测试成绩，更多的是看同学们在干什么，有什么学习技巧的创新。从外界吸收技术对我来说是非常重要的，因为我天性里对外界总是好奇，哪怕这种好奇不得不通过这种方式满足。没有之前吃饭的设计，就没有空余满足我的好奇心，用挤出的时间浪漫一下，紧张而幸福，总比浑浑噩噩或是所谓清闲好得多。

我承认各个精细设计的模块为一个有点荒谬的目的服务，可能可笑，不过这就是我，用最复杂的方式实现最简单的愿望。衡中给我的，不过是模块内部的设计，它不被允许，也不能影响模块以上的整体安排。

其次，就是模块以上的设计了。

我承认衡中在这方面直接给我的东西不多，它只给了我不断攀登的习惯和精神。

按我自己的设计，生活大概分成三个部分，就是理科学习（当然包括应试教育）、社科人文学习（自己看书解决），还有情感研究。其中，学校影响最大的当然是理科学习了，高产出的教育艺术我就不必重复了。

我是个理科生，社会人文的学习没有应试的目的，这个当然有了解时政、参与国家大事的意愿，不过还在其次。最重要的，是为了学习现在的社会和政府架构，作为参考，建设自己的内心。可以说自己的认知习惯、思考方式近乎哲学，做事的预期、收益、反思近乎经济学，没有外界的信息输入，我是不可能完成自身架构的。

情感研究，则是所有模块和所有模块以上部分的统领。这里的架构甚至比社会人文上的所有架构加起来还要复杂，混杂着商业契约和科学理论的投影，这个部分的任务很简单，就是寻找人生的终极目的，进行一些超然的思考。既然所有的行动必须有目的才可能有计量效率的尺度，那么这个部分就是为了提供目的的。当然，这里是不可以有衡中的一点成分的，衡中应当实际也是为这个部分服务的。不要说衡中的人都只是死学，诚然我们是在刻苦学习，不过我们很清楚这样的目的，甚至离开衡中，大学里我们还会用同样的刻苦和苛求提高自己，这才是衡中人的气质。

高中阶段，总的来说就是从上到下遵守着共同的秩序，为着共同的目标不断改造自身，无论学习的疲倦还是遐思的迷离，这些都在为同一个目的服务。哪怕周围一片黑暗，但要向着光明走。黑暗中的人是非常辛苦的，不过因为黑暗，所以更能看清远方的光明；因为黑暗，所有使人走入迷途的花木都黯淡了。这种黑暗更像是指引，强权是有的，但这种强权是为了更大的光明。

从我个人来说，每一个模块的秩序几乎达到极限，但由此产生的有闲时间却让我享受比别人更多的自由，可以说我的思想高度自由，恰恰是行为苛求的结果。我不明白为了自己高尚的精神享受，牺牲一些平凡的乐趣和常人的消遣有什么不好。所以上层建筑的混乱，或者说自由发散，还是要依赖于下层的秩序的，至少我是如此。

到了大学，不过是多了一个研究课题，改造一下研究方式，想办法减少压力，让高效率更可持续而已。用衡中的完美态度可以高考更可以适应大学，不过是课题的转变，精神总还是一样的。无限的细分研究，配合有闲时间的高层设计，这就是我的经验。

会考试也是一种能力，
如果总是考不了高分凭什么证明你满腹经纶

王　倩，衡中2012届414班，奥赛生

一、关于开始

初入燕园，静坐在未名湖畔，徜徉于各种林荫小路，一种崭新的生活渐渐开始，不再有人时时在身侧督促着。在不同的教室奔来奔去，和不同的同学一起上着不同的课，却忽然在某个仰望天空的瞬间想念起那些一回头就是你熟悉的面庞的日子。低下头打开手机，锁屏图案依然是衡中生意盎然的校园，承载着有关青春的最温暖的回忆。

总归是依然难以忘怀吧，所以，当听到母校召唤我们征稿，看着明亮教室里亲切的身影，心底早已热流涌动。

二、关于衡中

开学了，衡中朋友的签名改成了"自我介绍时最吸引目光的方式就是告诉他们我来自哪所学校"。确实，当大学同学表情复杂地说："你是衡水中学的啊！"我的心情也复杂了……我发现母校衡中已经作为一朵基础教育的"奇葩"流传于祖国的大江南北。也许在外校同学眼里，衡中有着惊人的成绩，衡中有着魔鬼式的教学方式，衡中的学生都是应试教育下可怜的牺牲品，衡中的学生是高分低能的完美诠释……赞扬与非议拷问着我对于母校的热爱。和同学聊天时，总是忍不住思考：真实的衡中，到底是什么样子？

我眼中的衡中，拥有着素质教育：高一的远足和高二的成人礼，一流水平的教师节晚会和展示风采的各种"十佳"评选，我们一起开的团活，我们一起排演的话剧《茶馆》，我们一起手牵手跑完的3000米……衡中教会我坚守，教会我开朗，教会我责任，教会我什么叫兄弟情深。我感激甚至庆幸我个人品格塑造的关键时期是在衡中度过的，所以我的青春是不简单且不乏味的。我可以放下性格中的自卑、胆怯、畏缩、优柔，蓬蓬勃勃地在衡中茁壮成长起来，有阳光，有雨露。

我眼中的衡中，拥有着人性化的教育。在北大我认识了一个来自河北省其他学校的同学，得知我是衡水人后，他立刻大发牢骚，说他们学校学习了所谓的衡中模式后，他们过得"水深火热"。而对比之后，他又无奈地大呼上当。当他们在挑灯夜战时，我们已经进入了梦乡；当他们中午勉强抵抗住睡意算数学题时，我们安然地在宿舍小憩；当他们奔跑在食堂和宿舍之间，我们正走在校园的小路上，看一眼旁边玉兰花开得正好。每天8小时的睡眠，严格的查寝，四季都有的午休，禁止"跑餐"的制度……张校长曾说，学生的身体是最重要的，所以学校会尽力保证我们的身体健康。如清华那一句"为祖国健康工作50年"的口号，衡中守护着我们的健康。写到这里我实在忍不住要说一句，当年那段各处流传的关于衡中的视频里跑步吃饭的场景在学校是不允许的，只是到了高三，大家都争分夺秒，有时会跑去食堂，而外界谣传竟把这当作一种日常现象，实在是……

我眼中的衡中，拥有着奉献教育。总会听到有人苛责衡中的题海战术，其实衡中从不会盲目机械地把大量的题扔给学生。学校规定老师不允许直接为学生订购辅导书，因为每本书都有不足之处，于是学案、作业、自助……每一张试卷都是老师们从各种题目中精挑细选出来的。他们精心地编排着试卷，认真地备课，耐心地批改作业，查找着各种资料。熄灯后他们依然在宿舍巡视，早操前他们最早到位，他们兢兢业业、以身作则。从学习态度到饮食休息，事无巨细，他们嘘寒问暖。那时心情不好总会找老班聊天，他睿智而充满鼓励的眼神深深烙刻在我心灵深处，引导我走出情绪的每一次低谷……

衡中朋友说："我不知道你眼中的衡中人是什么样子，但我知道自己应该成为什么样子。"略带霸气的一句话，让人击掌叫好。面对了太多关于衡中的非议后，我也终于释怀。再怎样的辩驳也太过苍白，不如带着我从衡中学到的那些东西好好地、骄傲地走下去，这才是最有力的证明。

还记得那句"我行，我能行，我一定行"吗？原来追求卓越的衡中精神早已在身体流淌，血脉为缘，天地为鉴……

三、关于学习

关于学习，或者也是关于考试吧，在高考面前，所有的用功都是指向最后金榜题名的目标，或许很现实，甚至残酷。记得语文老师曾说，"高考是为数不多的公平的竞争平台"。"会考试也是一种能力，如果你总是考不出高分凭什么让人家相信你已经满腹经纶了？"所以作为一个不算太成功也不太失败的学姐，我姑且分享一些自己的技巧吧。

作为一个热爱小说的理科生，我只想说，不要把母语作为一种负担。印象中新课标的语文，首先字词、默写是稳拿的。当时跑操前总会抱着一本《背背佳》（衡中老师自己总结的重点字词成语和必背篇目）背来背去，如果学校没有统一印发的资料，也可以把遇到的生字、生僻成语之类记录下来，有零碎时间便复习复习。诗歌和阅读也都有固定的答题模式，这并不是所谓的死板，而是一种规范，条理清楚、分点回答总是可以得到判卷老师青睐的。作文方面，可以积累一些热门话题的素材，最好可以有一些自己的"范文"，即自己写的、经过老师和自己反复修改的文章。当然，书写清楚、漂亮也是要尽量追求的，好的书写无疑会让判卷老师对你有一个良好的第一印象，字如其人。

经历过高三一年的苦练，最后真正让人头痛的便只有压轴的"函数与导数"了。对此，我也没有什么高明的建议，只是多练。从各年的高考真题（这个很重要）到各地的模拟题，做得多了，你也许会很惊异地发现题目即使千变万化也逃不出最基本的套路。所谓"做题破万道，下笔如有神"吧，当然，不能好高骛远。

前面的基础题目需要认真对待，数学的竞技场上，细心永远比聪明重要。

英语就是多读多记，培养语感，把握文章大意，相信第一感觉，不要轻易改题，多练几篇习字……如此种种大概学弟学妹们都要听得双耳生茧了。个人感觉英语就是把该记的都记住，再加上正常的理解（不要"跑偏"），140多分应该是没什么问题的了。

对于物理这样"理而又理"的科目，需要严谨认真的态度……总之，个人是有点"怵头"。于是高三时花了很多的时间整理物理错题。每个学生都应该有属于自己的错题本吧，因为它是最宝贵的习题簿。物理改错时既不能机械地把答案上的步骤抄写一遍，也不能只写一堆公式加一个结果。我一般先完全理解答案，再独立地、完整地把答案写到本上，最后和标准答案对比一下，看看有没有什么得分点漏掉。如果过程不是很清楚，计算结果又不小心错了，那几乎会把你的分数扣光。如果题目实在没有思路，就努力地"写公式"（当然是和题目有关系的），物理同样不应该出现空白的大题。

至于化学和生物，记忆的东西会多一些。可以自己画画知识框图，整理整理重要知识点之类的。尤其生物，我到最后高考时，几本书都已经被翻得破破烂烂的了……

四、结尾

许久不曾码字码得如此痛快,甚至还有些意犹未尽。真正写起来我才发现两千多字是如此单薄,勾勒不出自己对母校的热爱和对学弟学妹们的期待之情……

咖啡还暖,书签还新,夏天已经擦身而去;树叶还绿,发丝还青,时光却从不曾逆行。那个传说中的黑色夏天已经过去,转过身却发现只不过是电光石火的一刹那。我总是忍不住怀念那时那个匆匆穿行在校园里的小女孩,也许灰头土脸,但满眼都是追逐梦想的光芒,一边抱怨数学题太难,一边低下头为了未来一笔笔认真地演算。我热爱衡中,不只因为她是学习者的天堂,是"清北摇篮",更是因为我曾在那里和有着灿烂笑容的同学们一起为着梦想努力过,爱恨情仇不是每所学校都能给你的。衡中让我明白,环境对人的性情与未来的影响究竟有多大。

写到这里,也该停笔了。夜深了,电脑里恰恰播到了那一曲《老男孩》,这个结尾到底太流于感伤了。其实,在最美好的年华,只要简简单单地疯过,就不算白活。人生许多事,即使徒劳无功,也求无怨无悔。也许,转过弯,你会发现有一种叫作水到渠成的成功就在不远处等待着你,春暖花开,一片灿然。

好了,乱乱的一段思绪,在凌晨费力地敲完。最后,祝愿母校越来越好,老师们工作顺利、身体健康,学弟学妹们好好学习、天天向上。为了自己的梦想努力吧,只要你有足够的虔诚和不懈的勤奋,相信你一定会渡到属于自己的彼岸。加油!学姐在北京祝福你们!

我是如何来到北大的

李则达，衡中2012届414班，奥赛生

北京大学是我一直以来的理想。获知自己被北京大学录取的消息，令我欣喜万分。回首自己走过的成长道路，不禁有许许多多的感慨。借着这次母校征文的机会，我想将我的成长心得付诸笔端。

一、我的经验

很多人问过我："你究竟是凭着怎样的学习方法取得优异成绩的？"我仔细想了想，也没想出与别人不同的什么方法来。我只是觉得做好高中生本分的一些东西，如抓紧课堂，做好改错和反思，把自己不会的东西弄懂等，再加上了解自己、孜孜不倦的努力以及劳逸结合就好了。我在这里只想强调以下几点。

1. 改错反思

在衡水中学学习三年，我的一个很大的收获就是学会了总结改错反思。可以说高中的题有千千万，做上三十年也做不完，而且就算做过，如果不经历改错反思的过程，也不一定有所收获。在改错反思的时候，你可以将易错题的思路重新捋顺，也可以举一反三，思考一类题型的变化方向和解决办法，你甚至可以在思考过程中顿悟另一类题型的解决办法。不要觉得改错是浪费时间，时间再长只要可以达到预期的目的，就是时间最好的投资。

2. 全面地了解自己

作为一个有着远大理想的学生，必不可少的就是了解自己的长处和短处，最起码要清楚自己在各个学科上的相对实力强弱。就以我自己为例，上高中以后，数学和物理是我的弱势科目，有时会落后三四十分，而我的语文和英语是强项。由于我身处奥赛班，奥赛的任务很多，再加上高一、高二时没有取长补短，弱势的情况没有丝毫好转。奥赛结束后，认真分析了自己的情况，我没有置数学、物理于不顾，而是在最后的一百多天里，适当调整自己的学习方案，在数学以及物理上加大投入力度，在语文和英语上减少投入力度。最后高考的结果也较为满意，虽然语文、英语没有自己预期的那么好，但是理科上的优势已经为我赢得先机。

调整学习方案这一点放在不同的同学身上可能是不同的，需要同学们了解自己的情况，适当有度，万万不可拆东墙补西墙或是亦步亦趋。

3. 孜孜不倦的努力

我始终记得衡水中学校园里刻有"天道酬勤"字样的石碑，还有我们的校训"追求卓越"。想要有超越别人的实力，必不可少的就是要有比别人更多的付出。这一点不仅体现在时间与精力上，还体现在屡败屡战的勇气与自信上。无论遇到怎样的挫折和困难，都不要轻言放弃，而要以更饱满的热情投入学习中去。仍以我自己为例，在上高三时，奥赛仅得了省级的二等奖，接着文化课成绩不尽如人意，也因此没有得到理想大学自主招生的校荐名额。在这样的打击下，我很快地走出了失败的阴影，以比其他学生更充沛的精力投入高考复习中去，最终得以赶上甚至超过了其他同学。勤奋是学习的保证，虽然不能说只要勤奋就能成功，但不勤奋的学生是很难实现自己的理想的。

4. 劳逸结合，学会放松

我很喜欢衡水中学在作息时间上的安排，我们不仅有充足的晚休时间，还有一小时的午休时间。在充足的休息时间的保证下，我在学习时有着充沛的精力和足够敏锐的头脑，学习效率自然较高。还有一点就是学会放松。在高三紧张的气氛中意志力再强的人也难免有疲惫懈怠的时候，这时候就得找个机会放松。当然必须是在不影响他人的前提下进行，比如高三会有很多的机会听讲座，在这些场合可能会有很多的机会让听众放声大笑，这样的时候何必遮遮掩掩呢。放开嗓门大笑，你就有了一次很好的放松身心、宣泄压力的机会。在高三的生活中学会苦中作乐也应该是学生必不可少的一项本领。

二、我的家长和老师

我能够实现自己的理想在很大程度上应该归功于我的父母和老师。可以说他们的教育方法给了我极大的影响。

我要感谢我的父母，他们的教育理念和很多的家长大不相同。在他们看来，孩子不仅仅是孩子，还是很亲密的朋友。我始终记得妈妈说过，我最初学会的词语是"朋朋"，其实是我不会说"朋友"而发出的声音，但是这也已经足够反映出我和父母的关系像是好朋友一样亲密，没有什么隔阂。我的父亲常常和我交流沟通，探讨各自在学习、生活中学会的东西。由于他是一位语文教师，我在与他的交谈过程中也学到了很多中国文学方面的东西。我在很小的时候就接触过不少中外文学名著，虽然在当时由于年幼没有什么感悟，但在我成长过程中，我的个人经历与曾经读过的内容相互映衬，也有颇多的收获。与父亲的交流与探索是我一生的财富。我的母亲在我的成长过程中总是给予我极大的鼓励，激励我做出自己的决定并为之不懈奋斗。在她的鼓励与赞扬下，我在较小的时候就有许多其他小朋友所没有的胆识与勇气，在求学过程中我也敢于为自己的志愿争取机会、做出决定，在为自己选择道路的过程中，我也在不断实现着自己的价值。这一切都要感谢我的父母。

在高三的奋斗过程中，我的父母给了我巨大的勇气与力量，鼓励我走出接二连三的打击，为自己的目标继续前行。在我奥赛考试失利后，在我没有得到理想大学的自主招生校荐资格时，在我的成绩始终不见起色时，是父母充满鼓励与温情的信给了我走出阴霾的勇气，激励我为自己的理想继续前行。我依然记得父母在给我的成人礼寄语中所写的话，是他们给我的信任让我敢于为自己的前途与命运放手一搏，最终创造连自己也不敢相信的奇迹。

我要感谢我的老师们，不仅因为他们教给我知识和技能，更因为他们高尚的师德与人格。我的老师们都是很敬职、敬业的好老师，当我在学习或生活上有什么难题或心结时，他们总是会不顾个人的困难向我伸出援手，有时甚至是他们察觉出我的困难而主动给予帮助，给予我建议帮我渡过难关。当为做决定而苦恼时，是他们给予我足够的理解与信任，鼓励我活出真正的自我。

尤其要感谢的是我在高一、高二时的班主任张华老师，他也是我的奥赛教练员。他为人宽厚大度，给予我们足够的自由与个人空间，让我们根据自己的特点发挥自己的特长，发展自我。他对我也是十分关注与关心，不仅给我鼓励和建议，还给了我如同父爱一般的宽容和鞭策。在我状态不好的时候，他会及时为我指出；在我为取得成绩而高兴时，他会分享我的快乐并告诫我不要满足于已有的成绩而不知进取。张老师是我的老师中的一个代表，是他们为我的付出、为我的成绩垒好了必不可少的台阶。我永远也忘不了他们的品格，他们的谆谆教导是我一生的财富。

三、处理各方面的关系

我在高中的时候参加过不少学校的组织，其中包括学生会和自主管理协会。在参加组织活动的时候，我学到了很多东西，比如与他人交流的技巧和统筹安排一些组织上的活动的能力。我觉得在高中时期参加一些课外活动是可以的，但不要本末倒置而耽误自己的学习。在二者有冲突的时候,我认为还是应该选择学习。

在爱好方面,我对阅读和音乐有较为浓厚的兴趣,但是在高中的时候,由于课业方面的压力,在这两方面投入得都不多。我觉得,在课业压力很重的时候,在爱好方面投入的精力和时间还是应该减少一些,毕竟作为高中生,应该分清什么是更重要的。一旦学习被落下了,将来想弥补就很困难,而爱好则在将来可以得到更好的发展。阅读或者演奏音乐可以作为放松的良好方式,但万万不能一跃成为主要的任务。

当然这只是我个人的一点看法,处理好各方面的关系,把握好这个度,还是需要自己不断地摸索。

四、面对困难保持良好心态

在高中阶段,我经历了很多次的打击。高一、高二时,成绩一直不是很满意,紧接着奥赛考试,我也没有取得令自己满意的成绩,在自主招生之前也未获得理想大学校荐的资格,这样就意味着我只能靠自己并不占优势的文化课、靠裸分考上理想的大学,这对于之前还自信满满的我来说,实在是一个不小的打击。我也曾一度十分低沉,无法在高三复习上投入应付出的精力。

但看着自己一再下滑的成绩,我慢慢地进行反思,逐渐认识到自己的错误。面对困难,一再逃避实在不是勇者的作为。这时候父母给我寄来了一封信,鼓励我走出阴霾,为理想重拾信心、继续奋斗。至此我终于醒悟,决心在自己不擅长的方面多下功夫,赶上甚至超过其他的同学。我一点一点地弥补自己的不足,一点一点地增强自己的信心,最终在多次考试中取得较为满意的成绩,最后考上了理想的大学。

在高中阶段,尤其是高三时期,挫折在所难免。尤其是自己的成绩与理想状态相差较远时,心理上难免有些失落。但是千万不要因此而灰心丧气。毕竟还没到最终时刻,只要当下一点一点地积攒资本,高考你就可能是那匹黑马。如果你像我一样,奥赛和自主招生都没有达到自己的预期,千万不要自暴自弃。条条大路通罗马,高考会是你最绚丽的舞台。

高中带给我们的不仅是知识更是成长

李丹琳，衡中2012届416班，奥赛生

每次向别人介绍自己是衡中的学生时，总会收获一地惊叹，有钦佩有好奇也有怀疑。我很认真地思考过我在衡中的生活，理智地讲，衡中带给我最重要的不仅是知识，更是成长。

在衡中，我学会了不怕吃苦。衡中的生活无疑是苦的，我们要习惯早起，习惯早起后跑操，哪怕是寒冷的冬天；我们要习惯独立，自己照顾自己；我们要习惯迅速，习惯早起10分钟到达跑操地点，习惯吃饭20分钟后回到教室，习惯买东西、洗衣服都要斟酌时间；我们要习惯只有饼干、牛奶和水果的零食；我们要习惯预习——上课——复习三部曲，习惯学案——作业——自助三部曲；我们要习惯每次月考年级排名，习惯成绩或其他带来的压力。但是，战胜了这些所谓的苦难后，现在的我，肯吃苦，不怕吃苦，可以踏踏实实做自己的事了。

在衡中，我学会了专注。总会听到一句话，学生的主业是学习。衡中给了我们专注于学习的能力。总有人惊叹衡中取得的成绩，马克·吐温曾说过，"只要专注于某一项事业，就一定会做出使自己感到吃惊的成绩来"，那么当专注实现时，成绩也就理所当然了。衡中的生活是难得的财富，我们可以不受环境影响，可以什么都不去想，或者可以说让自己没有多余的时间去想多余的事，全身心投入一件事。专注带来的最大好处就是高效，当内心纯净没有杂念时，我们可以用更少的时间做更多的事情。而今后在做每一件事时，我们都可以全神贯注，做得更好。

在衡中，我学会了团结。每天跑操时，大家喊出响亮的口号，喊出我们的理想，声音大到让我们每个人一整天都充满奋斗的激情。八十华里远足，虽然艰难遥远，但是我们可以坚持走下来、因为有班级的鼓劲。成人礼、运动会、家长会，我们一起准备、一起努力、一起证明自己。还记得处在低谷的时候，黑着灯，我们一遍遍吼着班歌，吼着《倔强》，更是吼着我们的"倔强"，默默地向自己许下承诺，我们要让我们的班级成为骄傲。集训的时候，几百页厚的书、数不清的卷子让压力倍增，但因为大家在一起就不觉得苦，为了"生物奥赛人"的荣誉，为了共同的目标，我们共同努力，最后，共同收获。

在衡中，我学会了追求卓越。"追求卓越"这是刚进学校就听到的话，这是伴随了我三年的话，这是我在懈怠时对自己说的话，这是我们的校训。追求卓越是一种态度，是一种对生活积极向上的态度。小到一道错题的整理，大到高考甚至人生的准备，用心都会让我们拥有不同的结果。老师的引导，让我确立目标；同学间的竞争，让我发现自己的不足。我不断完善自己，三年后已比三年前成熟许多。

在衡中，我学会了先做人再做事，真诚待人，真诚做人；我学会了认真订下每个计划，合理分配自己的每一份资源，让自己的每一刻都不虚度；我学会了敢想敢做，心有多大，舞台就有多大。曾经的幼稚一点点地被时光洗掉，也许还不够成熟，却已收获了成长。

我在衡中收获的远不止这些。

"母校就是你在的时候一天骂三遍，离开了却不许别人骂一遍的地方"，等离开的时候，才真的懂了这句话。记得每次开高考研讨会或是其他什么时候有人来参观时，我们总会抱怨又要被人围观了，但现在想来，全是骄傲。母校是一种难以言说却永恒的情结。

410，这个未分班前的温暖的集体，给了我家一样的感觉。难以忘记，过生日时精美的幻灯片和来自全班的祝福；难以忘记，第一次戴上我们自己设计的班徽时激动的心情；难以忘记，运动会上，伤痛也不能阻挡我们为班级争光的决心；难以忘记，一起找寻那只扰人清静的蛐蛐时鸡飞狗跳的情景；难以忘记，和宿舍同学一起捉虫子，灰头土脸相视而笑的温馨；难以忘记，十大学星、十佳班长评选时为选手鼓劲，自己却感动得落泪；难以忘记，奥赛考试回来，我们郑重地请同学们在自己最喜欢的奥赛书上签名的情景；难以忘记，《花开的声音》出版时心中的欢欣与骄傲；难以忘记，那些才气冲天的人，那些数学的大神，那些和我一起宣誓的人，那些亲切地喊我丹琳姐的人，那些和我一起吼过《倔强》的人。

还有那些可爱的老师。老师们其实很忙很累，有时候比我们睡得晚起得早，却尽己所能帮助我们。记得信妈妈在闹"甲流"时收留了发烧的我，记得王奶奶恨铁不成钢却依旧很耐心地为我讲解析几何题，记得艳艳姐放弃下班帮我补课到七点半，记得于老师笑着说"我相信你"……回想起这些，眼眶湿润。

衡中情结，是友情，是亲情。

到大学后，是一个全新的世界，充满机遇、挑战以及很多未知。也许不像想象的那么美好，但我对未来的生活充满激情。至少我不会因早起而纠结，不会因自学而觉得枯燥，不会因一时的落后而自怨自艾。我会不断完善自己，以新的自己迎接新的生活，以更好的自己迎接更高的要求。无论如何，衡中给我带来的这一切都将是我一生的财富。

高中三年，衡中三年，我不再懵懂，成长了许多。未来，我依然在成长，带着我的衡中精神，一起成长。

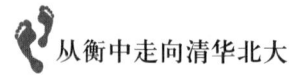

通往清北的路上铺满了卷子，但只铺卷子一定进不了清北的大门

刘雨轩，衡中2017届619班，奥赛生

我是一名物理竞赛生——按时间计算的话，到2016年10月16日前一直是。而16日，随着北大物理金秋营的闭营，我回归了高考的战场。

竞赛结束，一场竹篮打水，回归高考，然后爬坡、超越、逆袭……听起来是一个很经典的衡中套路。然而我这个人不喜欢套路，所以回实验班的时候，我手里握着金秋营拿到的北大一本线。

手握政策，整天浪来浪去，完全不想学习，最后高考随便考考比提档线低个几十分……听起来是一种很常见的竞赛生套路。

虽然手握政策，但依然严格要求自己，高考科目成绩迅速回升并领先，最终高考稳稳过线……听起来是另一种常见的竞赛生套路。

因为我这个人不喜欢套路，所以高考科目学归学，但我既没有成绩一直落后也没有始终领先。高三一年，竞赛上跳过水，也上过巅峰；高考科目挂过干，也考过年级前十；旷过课，也曾因刻苦努力被当作正面典型；接触了实验班的大神，普通班也存在挚友。总而言之，我的高三经历有典型，也有独特，而最重要的，是走过这一路后心中留下的感受与思考。

第一，关于友情

人终究是社会性的动物，求学道路虽然最终都需要自己去走，但朋友之间的牵挂、激励、建议甚至批评可以使这条路走得更顺，也更暖。依我之见，朋友不必多，三五知己足矣。我复赛成绩跳水，与省队无缘。由于情绪原因额外歇了几天的我回到学校后，文科的、理科的，包括省队的数位同学第一时间赶来，带来的不是简单空洞的安慰，而是同喜同悲的真情，以及许多关于未来切实有力的建议。我尤其感谢后来以全额奖学金考入港大的一位知心朋友，勉励之余也耿直地指出了我的问题。在种种帮助之下，我才能较快调整过来，并投入金秋营的备战中。可以说，没有挚友们的帮助，就没有我的一本线，或许也不会有北大那鲜艳的录取通知书。觅得哪怕一两位能彼此敞开心扉的知己，不仅对于高三，对于整个人生也是一笔无价的财富。

第二，关于战略与战术

恕我直言，很多成绩不理想的同学要么是打着重视战略的名义忽视战术上的努力，要么是简单地用战术上的勤奋掩盖战略上的懒惰。说到这大家可能理解了：战略是对学习内容、学习方法的选择以及对思维的提升，战术就是实实在在地动笔改错、做题。在衡中高三，特别容易出现的情况是每天埋头于卷子堆，面对老师布置的任务疲于奔命（往往还奔不过来），刷了一天题，脑子里留下的是乱七八糟、零零碎碎的对题目的印象，而不是系统查漏补缺某一知识板块后的收获感。我认为比较理想的情况是：老师留的任务不要全做，而要首先浏览，根据自己的强弱项有所选择。凡做错的题目以及蒙对的题目，一定要寻根究底、彻底掌握，唯有如此才能让每一天的忙忙碌碌都有实效。谨记：通往清北的路上铺满了卷子，但只铺卷子一定进不了清北的大门。当然要是以"选择题目"为借口，实际上偷懒，也通常会在最后尝到恶果。

第三，关于心态

高考也好，竞赛也罢，我们都希望取得好的结果，但在衡中，切忌过分看重结果。最终的考验越是临近越是要淡化功利，或者提前对所有可能的结果做好心理准备。比如在复赛之前，由于成绩一贯还算不错，教练也一直对我进省队有较大把握，加上赛前最后几天的十几场模拟考达到个人巅峰，我潜意识中认为自己一定能进省队，只是名次靠前靠后的问题，因此对一些可能的突发情况并没有心理准备。可能是为了好好给我上一课，我们赶上了有史以来最难的一届复赛题，后面的结果便不幸成了套路：我在考场上心态炸了，当然也与省队无缘。2017年高考理综也是同样的情况，题目不仅有一定难度，而且一反平时的训练套路，导致平时许多高考科目大神因为心态翻车，甚至有平常年级前十、"领军计划"优秀的同学在降了40分后仍无缘清华，一些名不见经传的同学由于放松，反而能灵活应变，"超常发挥"。因此，当大家每天喊着"我要上北大""我要上清华"之类的口号激励自己时，别忘了也提醒自己上清北本身不是目的——我们不仅要奔着清北去，更要深刻地、具体地思考到底为什么要去。譬如如果你只思考到"进了清北就光环加身，毕业后就工作无忧"这种层面，那么这不仅是肤浅的而且是错误的，多半持这种观点的同学也压根碰不到清北的门。

第四，关于成功的足迹或是说套路。

暑假里有一个小学生问我"小学成绩排到什么位置的人能上清北"，我当时的心理反应是这孩子要么生在一个功利主义过重的家庭，要么是自己丧心病狂，且不说小学成绩（在及格的前提下）跟清北真的没有半毛钱关系，就是在任意一个学习阶段也没有所谓的"成功套路"。比如说老师可能会告诉你"一模跟高考成绩接近度达多少多少"，目的其实是让大家重视这次考试而已，今年的状元和榜眼（本人），一个一模年级第一，一个一模九百多名，所以不存在诸如"我某一次考试挂了"或"某一个阶段成绩不好"最终就"一定与清北无缘"这种神逻辑。

不过，所谓的成功者们——无论喜欢套路还是不喜欢套路，无论一出生就是大佬状态还是逐步走上前台——他们身上仍是有显著共同点的，那就是有明确的战略规划和较强的战术执行力，关键时刻敢于对自己发狠，换个更精练的词语，就叫"智搏"——有智，亦有搏。

作为结语：没有走过高三时，我们可能觉得高三大概会学到头晕目眩、掉皮掉肉、令人生畏，仿佛是充斥着鲜血只能一直战斗的惨烈修罗场。但走完高三，甚至在行走的过程中，你可能就会发现高三远没有我们想象的那么单调无趣：师生情、友情甚至每一届都会有的偷偷摸摸懵懂美好的爱情都是我们生活的点缀(顺便说一句"非触"的原则：别影响成绩，别当作谈资与太多人主动谈起——这不是因为知道的人多了容易暴露，而是因为我们付不起主动搅乱他人心绪的责任)；一种正确对待竞争的态度能使我们同时收获好的成绩与好的人际，甚至只是"成绩"这"一件事情"，需要考虑、值得玩味的方面也有很多……全身心投入，你会发现高三的生活其实可以很丰富、很充实，自己的心灵也可以很平和、很愉悦。

想要取得成功，先要学会竞争

郑晓莹，衡中2009届325班，文科生

  衡中，让我生命中有你，看到你，我毅然种下我自己。昨天的点点滴滴在今天被记忆，一草一木我在读你，美丽经久不息；桃李天下是教育神话的屹立，塑造经典自己；代代学子传递，岁月流淌自己。老师的爱是我们温暖的回忆，衡中的坚强是我们人生的勇气。知识的传递，让我们的生命有了光彩；人格的培养，给我们的人生增添了魅力；爱的唤起，让我们的心灵凝聚。衡中，万千学子在你心里；衡中，你在万千学子眼里。

——题记

  从哲学上讲，内因是决定事物发展的根本原因，而外因只是条件，这也就解释了为什么我们同在衡中接受同样的教育结果却大相径庭。因此，我们必须找到适合自己的学习方法。经过了在衡中的三年学习，我对学习也有了自己的感受和体会。

一、想要取得成功先要学会竞争

  所谓竞争，其实从某个角度来说也可以称之为野心，也就是我们要有超越自己、战胜对手的野心。现代社会是一个充满竞争的社会，而这一点在我们高手如林的衡中已初见端倪。我们常常说："两眼一睁，开始竞争。"这句话虽然多少有些夸张，但确实点出了学会竞争在高中学习过程中的重要性。其实我相信在每个人的心中都选择了自己的对手，而与对手的竞争就体现在日常学习中的方方面面。跑操到位比一比谁更早，小测成绩比一比谁更好，吃饭速度比一比谁更快……只有时刻保持着一种竞争的状态，我们才能不断地为自己找到前进的动力，逼迫自己不断进步，充分发挥潜能，从而使自己更加强大。

二、成功必不可少的是心态

  叔本华曾说："一个人只有在宁静中，心绪才会像秋水一般清澈，这时才能发现人性的真正本源……一个人只有在淡泊中，内心才会像平静无波的湖水一般和蔼,这时才能获得人生真正的乐趣。"因此,时刻保持一颗平常心是非常必要的。在衡中,我们每天会遇到各种各样的挑战,尤其是考试成绩上的波动,这时,我们要学会以正确的心态对待它。我们应该明白,现在的每一次考试都只是过程的一部分,无论成功或失败,我们的最终目标应该是高考,完全没有必要为某一次小小的失利懊悔不已。无论在这一过程中经历了怎样的挑战,我们都要及时进行调整。高中生活只有三年,成功了,我们没有时间沾沾自喜;失败了,我们也没有理由自暴自弃。为了梦想,不应该有任何事情成为我们高考的绊脚石,不应该有任何事情让我们的情绪为之波动。无论何时,记得保持一种大将风度,"宠辱不惊,闲看庭前花开花落;去留无意,漫随天外云卷云舒"。

三、合理安排时间

尤其到了高三,这一点显得尤其重要。当越来越多的试卷、作业摆在面前时,我们应该如何实现资源的优化配置成了不得不解决的问题。这个时候,我们一方面要增强时间意识,一方面要根据各学科不同的特点合理地进行安排。所谓增强时间意识,即充分利用课上及课下零散时间:课上紧随老师,课下充分利用每一分每一秒,包括公共自习、晚饭后的时间等,将这些时间进行合理分配。比如,作为文科生,数学和地理需要较多的思考时间,因此应该拿出整块的时间进行做题、总结、梳理。对于文科性质更强的语文、英语等,我们完全可以利用一些相对较为零散的时间学习,如利用课间完成一张英语自助,利用跑操前的时间背一段历史等。只有充分并且合理地利用时间,我们才能达到事半功倍的效果。

对于学弟学妹们,我想说的是,无论发生了什么,别怀疑自己。成绩的起起伏伏其实是一个很正常的过程,当面对还不够理想的现实,当你觉得老师对你有些许失望,当你觉得生活中有很多不顺心的事情,都没有关系。把心放宽,世界上任何事情都有转机,一切都是有希望的。伤心的时候,抬头看一看蓝天,让阳光暖暖地洒在自己的身上,你就会发现,不管生活有多么不开心,天空都是一样明亮,明天总会是新的一天。可以难过,可以悲伤,但是要学会调整,可以把郁闷写出来,或者说出来,或者哭一场,总之,要尽快走出来,迎接新的挑战。高三有数不清的考试,我们没有时间为每一次的考试失利伤感。其实那些苦闷都只是过程中一粒小小的沙子,高考成绩出来的那一刻,没有人会去关注平时的调研考试有多么辉煌或者多么凄惨,所以,重视考试但不要成为考试的奴隶。我曾经也为成绩难过,但是走出来才发现当时好傻,纠结了那么久,还不如坦然地面对一切。如果失利了就告诉自己"我的人生就是一错再错错完了从头再来",失利也只意味着一个重新的开始,一个新的起点。

对于学弟学妹们,我还想说的是,学会珍惜,珍惜你周围的朋友,珍惜你的老师,珍惜你的高三。我们离开了衡中,才发现走出衡中的人会有那么多留恋。当你走出来你才明白,原来你有很多割舍不了的东西。和朋友们分别了才发觉,自己会不知不觉地想起那些在一起的美好时光;和老师告别了才发现,自己会不自觉地回忆起老师那些经典的语录和他们讲课的样子;走进大学了才发现,自己突然好想回去看一看,再吃一次衡中的饭菜。毕业的朋友们聚在一起,总会不自觉地聊到衡中,分享的视频大多和衡中有关,比如跑操,比如高考前的音乐等,看到那些,总觉得特别亲切,大家心里总会有一种挂念。也许你们现在还不好理解,也许你们还没有办法体会我的这种珍惜中有一种怎样的感觉,但我确实是以一个过来人的身份真诚地告诉你们,绝对不是站着说话不腰疼,真的要珍惜:当你走出来再想找回那种奋斗的激情,那种飞速的感觉,太难了,只有在衡中,你才可以觉得最充实。

四、要学会自主学习,这对你未来的大学生活很有帮助

大学的确是一个很自由的地方,但自由也确实是相对的。就北大来说,自由在于你有很多的机会、很多的选择,你要学习的课程、上课的时间、你吃饭、睡觉、起床基本都由自己安排。但是大学的竞争也很激烈,挂科也不是没可能的,而且你看不到别人在努力,没有老师紧逼着你学习,你该怎么安排自己的学习是一个大问题。如果在高中的时候你总是靠老师强逼着学习,到大学你会感觉到不知所措,不知道该怎么学下去,会变得空虚颓废,所以无论如何,在高中时学会自主一些,不要总是被动地接受,学着主动地寻找一些东西;大学里你能被动接受的东西太少了,很多是要靠你自己去找的,比如泡图书馆之类。自主学习不管对你的现在还是未来都很重要。

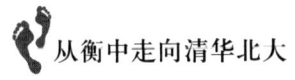

此去经年,应是燕园梦圆

王煜珍,衡中2010届365班,文科生

深夜,又是两点。修改论文至今。

蹑手蹑脚关掉台灯和电脑,舍友已经睡了;爬上床,定好闹钟,早上7点。这是在开学第二周大三时我的生活状态。

大学,远没有当初一心奋斗想要挣脱高中那种令人疯狂的牢笼时所憧憬的那么美好。

你有没有注意到芭蕾舞演员伤痕累累的脚趾?你有没有注意到长得最高大挺拔吸取天地精华的白杨的根是扎得最牢的?现在我才懂得,在人生的每个阶段,优秀、有价值都来自不懈的奋斗!

无言独上西楼,月如钩

对比衡中的日子和北大的日子,我觉得有一点没有变,那就是孤独,一个求学者的孤独,一个追逐者的孤独。我说的孤独不是自闭和不善交际——我会跟朋友唱歌唱到天亮,也会出去聚餐聊天——我说的孤独,是内心的,一份属于自己天地的孤独。

在衡中的时候,每个人都在为了自己的梦想而奋斗,时间紧,任务重,压力大。每天都是漫天飞舞的白色卷子,抬头听讲,低头做题,似乎青春的动作就那样定格在单调的抬头低头中。每天我们都在拼命地消化老师所讲的知识,那解不出的几何题,那算不出的数列,那永远都选错的单项选择,那总是跑题的作文题目,那绕来绕去绕不对的自转、公转,那背来背去还是背混的唐太宗和唐玄宗民族政策,那拗口饶舌死掉无数脑细胞的国体、政体……构成了我们的青春。看似被安排得没有一丝空余的生活里,我总会感到孤独,那是内心的一种渴望。我内心有些疑惑却无法与人交流排解,同学都在忙着做自己的事情,不能耽误别人的时间陪你聊心事。于是我便有了自己的记录本,一个很小的64开的糖果屋的本子,上面点点滴滴记录了我高三一年的心情和反思。我在高三的时候压力很大,很多想法憋在心里无处排遣，很孤独，于是这个本子就成了我倾诉的对象，我会思考很多关于怎样学习、如何更加积极快乐地学习、如何让自己成为学习的主动施力者而不是被动受力者等问题。

我觉得人和机器最大的区别就在于，我们会感到孤独，我们也会反思。

我相信每个在高中的孩子都会有感到孤独无处排解的时候，这种孤独可能来自内心的迷茫和困惑，纠结着这样努力到底会不会有成果，纠结着到底还要不要继续下去，纠结着有些固执己见不被老师看好的做法还要不要一意孤行，纠结着内心那个遥远的憧憬究竟还能否实现。我觉得，孤独是一个强者也是一个成功者应有的状态，你应该有自己独立思考的一个小小空间，在这个空间里反思自己，反思所学的东西，反思未来的路。

当你有着"无言独上西楼，月如钩"的心境时，不妨多多反思，此刻的孤独，也许正是你决定自己未来道路的时刻。

雕栏玉砌应犹在，只是朱颜改

想想昨日，似乎还是那个梳着马尾，穿着牛仔裤，背着双肩包，对一切都好奇的大一新生，几何时却已经是在熟悉的燕园里感叹岁月是一把杀猪刀的大三生了。

想想在北大成长的三年，衡中给我身上留下最深的烙印便是杂草一般旺盛的斗志和逼迫自己到绝路的勤奋。其实到了北大，每个人头上都有光环，没有谁比谁更有天分、更聪明，这是一个不讲谁是天才的时代，这是一个看谁更加努力、更加用心的时代。我学的是英语专业，当时河北的高考英语不考听力，而我们高中所学的英语其实更多程度上是在教你如何做题答卷子。于是初来乍到的我遭到了毁灭性打击，身边的同学不是高中外国语学校的就是在美国待过几年的，要不就是从小参加过各种英语演讲比赛、口语大赛。作为一个连听力、发音都有问题的人，我刚上课的时候听不懂全英文授课，不敢和外教老师开口讲话。那个时候的我闭上眼睛全是绝望，可是我想到自己是从衡中出来的，三年的衡中生活教会我的是"别人能做到的我也能做到，别人不能做到的我还是能做到"，揽月楼前面的"勤能补拙"始终是我激励自己前进的标语，于是，每天早上6点起床，六点半在未名湖边读英语听听力，七点半进图书馆，晚上睡前一小时听听力，这便是我的大学。

我从来不是个聪明的人，但是我可以很努力、很刻苦。

上课我会录音，下课整理录音，把听不懂、记不下来的笔记补全；有空就泡图书馆，看课本查单词，累了就翻翻人文社科的书籍换换心情；周末早早去占图书馆阳光最好的位置，在那儿看英文资料，听英语公开课；每天在电脑上用英语记日记，算是让自己习惯英文的一种思维；找一个语伴，每周一两次出去和语伴交流互动；把手机、电脑调成英语模式，强迫自己每天满眼看见的都是英文。

现在的我，虽然用英语写散文、写论文还是会词穷，修修改改好几天，但是带个外国教授逛逛校园当当翻译，看英文电影不看字幕，自然地和外教交流已经毫无问题了。虽然我知道这些在那些英语水平本来就很高的人眼里看来没什么，但是我知道，自己是经过了多少努力才由一个菜鸟蜕变成为现在的雏鹰。

"雕栏玉砌应犹在，只是朱颜改。"时光蹉跎的是岁月，但是努力打磨的是心性。没有什么东西扛得住坚持不懈的努力，只要你坚持。

陌上花开，可缓缓归矣

读到这句"陌上花开，可缓缓归矣"的时候，心头莫名一热。这是丈夫念回去探亲的妻子，盼其早日回家在信里写的一句话。

我读到这句话，心里久久不能平静，想到的是与我挥别三年的衡中。

衡中沉淀了我太多的喜怒哀乐，在那里，我有过年级第1名的欣喜，也有过100多名惨痛的失利；在那里，我曾经每天最早冲到教室、最晚一个熄灯离开，汗水洒遍每一寸草木；在那里，我曾经有过压抑的难受躲在操场一直哭泣的经历；在那里，我曾经和朋友一同讨论平行时空和异次元。衡中，承载了我青春里最拼尽全力的奋斗，也给予了我一直走下去所需要的勇气和努力。

在燕园，我尽情享受着这所最美丽的校园带给我的洗涤。我聆听着大师的教诲，无论是大国崛起还是昆曲赏析，无论是浪漫主义时期的欧洲音乐还是中国古代官僚制度；我在图书馆里徜徉浩瀚的书海；我在百年讲堂欣赏天鹅湖的芭蕾舞和话剧《红玫瑰与白玫瑰》；我在未名湖边晨读，我在博雅塔下散步。而我知道，我在燕园所能拥有的一切，都是用当年在衡中洒下的汗水和泪水换来的。

每当在北大里遇到困难和挫折时，我总是让心静下来，然后让思绪飘回到衡中。因为只有把心放回那个地方，我才能够汲取我所需要的所有正能量，然后无畏地前行。

"陌上花开，可缓缓归矣。"我的心总是回归衡中，因为我知道，那里有我需要的正能量。那里开的花，是我最喜欢的向日葵，因为它总是把根深入黑暗的泥土，把头望向灿烂的骄阳。

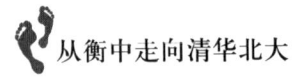
从衡中走向清华北大

与其纠结事情本身不如顺其自然

刘长佳，衡中2010届365班，文科生

现在每个夜晚想起衡中的点滴生活，嘴角都会挂满笑意。这段追逐梦想的道路充实紧张，看似单调又夹杂着许多故事，在我的人生路上留下了深深的烙印。

刚到衡中时压力挺大，大家都是各地的尖子生，课程的容量和难度也都上升了，成绩一下排不到前面心里很着急。我性格里有事事争先的一面，小时候就经常因为打乒乓球输给妈妈而下定决心要超过她，长大后在各种比赛中也总是希望能够名列前茅，所以初到衡中成绩不够突出也对自己形成一种刺激，让自己在以后的时间里更加努力，也更加合理地安排自己的学习，很快成绩也就排到前面去了。文理分班之前我还主动要求担任纪律委员，为班级奉献的同时也能更好地约束散漫的自己，更快地适应衡中生活。

整个高一、高二我用了一半多的自习时间学习数学，一小部分时间练习英语，剩下的时间用于文科基础知识的熟悉和体系的建立，事实证明这种时间安排对我来说是合理的。数学是文科的生命线，需要大量练习和总结打好基础，这一时期我数学的明显优势也成为成绩的重要支柱。而上了高三，由于底子比较厚实，所以跟着老师复习做题也比较轻松，有更多的时间去练习和熟悉文综的题型。英语按部就班，上课听语法，课下做自助作业以及加强完形等弱项练习，基础也打得比较好。至于政史地，跑操早预备等时间则用来背课本和一些总结的专题，并且列出总结的体系。晚上躺在床上利用还没睡着的时间回想体系，这样才算真正把知识记在了心里，而不会形成对课本的依赖。

很难忘记担任班长的那段日子。担任班长是比较费心力的一件事，有时上自习都会考虑班里的一些问题如何沟通和解决。但我不认为这会耽误自己的学习，因为压缩自己的时间，保持同等强度的学习任务反而在这一时期提高了自己的学习效率，也让我更加珍惜自己的自习时间。不过起初当班长也有些不自在，自己的本性是比较随便轻松的，喜欢勾肩搭背和文科班的男同学们嬉笑打闹混在一起，但是"身居高位"常常要求自己板起脸来严格要求身边的同学，但渐渐也就习惯了这种责任感，习惯了以班为家的感觉。其实这种责任感也并不仅限于班干部，优秀的班集体往往团结，有很强的合力。一旦每个同学都心往一处想，劲儿往一处使，为班级荣誉而努力，就会形成良好的氛围和昂扬的士气，自己也被裹挟到这股积极向上的暖流中，没有负面因素的干扰，跟着班级一同进步。我就是怀揣着这样的信念努力为班级做一些事情，忙碌并快乐着。

高一远足，跟同学们一起唱歌，和老师亲切合影的时光已不再；高二成人节，收到爸爸妈妈的信第一次在衡中流下眼泪的时光已不再；还有那时一起看过的十佳歌手，一起奔跑过的运动会和一起倚靠过的篮球架……上了高三，假期变短了，体育课变少了，活动基本没有了，高考摆在面前，学习成了唯一的节奏。整个高三，我的学习过程就是缜密地计划、坚决地执行以及认真地反思。每个月有自己的大计划，每天六门课都会有自己的小计划，按作业和薄弱项等分类确定优先顺序，标好每个任务的序号和完成时间，然后努力执行，完成一项就打个对钩，每天晚上反思时看着满满的对号内心都会充实而自豪。这一时期最重要的是心态，我一直用"激情似火，心静如水"这几个字来指引自己。高三容易疲惫，一定要学会给自己鼓劲。我当时心中定下目标，百日誓师的那张字条上"我要当河北省文状，我要考入北大光华"这些字眼时时提醒自己充满激情毫不懈怠。同时，我也利用跑操、喊口号及课前宣誓等机会吼掉心中的疲惫和负面情绪，给自己重新注入活力。心静如水同样很重要，过于激情很容易导致内心浮躁亢奋，要学会静静思考自己还有哪些地方可以改进，深吸一口气，不去想以后的结果，将全部注意力集中到眼前的任务和过程中去。我至今还记得教室里一大早就四溢的浓浓的咖啡味，也忘不了在宿舍夜里醒来听到有人失眠的叹息。那的确是一段压抑的日子，但我们都挺过来了，而且证明了自己努力的价值。激情似火，心中永远有底气；心静如水，使这种底气不会成为火气，心安而不烦躁。成绩波动不再成为内心的羁绊，透过成绩分析原因，解决问题则是关键。

虽然心境平和，可高考头一天晚上我却意外失眠了，可能因为脑子中想了太多的人和事。上午的语文答得很不顺利，但是并未纠结于此，而是投入下一科。考数学时脑子里偶尔还会不受控制地唱会儿歌，但也没能阻碍自己。很多事情就是这样，你越纠结它越来，你害怕失眠，它天天烦你；你不想走神，一会儿心思又游离了。与其纠结事情本身不如顺其自然，着眼当下，平和自己的心态。

当钟声响起的那一刻，我才有空叹出一口沉重，一来感觉高考题目答得不太顺，二来也凭吊一下自己的努力和这三年的高中生活。状元也好，光华也好，都只是一个光环。回首过去，我看到的是自己逐梦的充实与艰辛，一步步体验追求卓越的精神；我看到的是那些帮助我的老师和那些与我一同奋斗的同学。这些人，这些精神，我永远感激，也将终生铭记。

好成绩离不开时间的投入，
但使用的时间并不是睡眠时间

高　媛，衡中2011届393班，文科生

从衡中走出来再去回忆在衡中的日子，唯一记得的是每日争分夺秒、伏案学习的情景。

很多人质疑衡中的作息时间，他们的理由是，好成绩是用时间砸出来的，所以衡中不熬夜还午休的情况是不可能的，所以他们认为学生一定是在晚上熄灯之后偷偷学习。我对这个问题回应过很多次，一再表示所有学生都是遵循学校制定的作息时间，并且学校对于这个问题的检查是非常严格的，每天必须保证学生八个半小时的睡眠时间。

其实，"好成绩离不开时间的投入"这话没错，只不过，我们要使用的时间并不是睡眠时间，无限度地挤压睡眠时间对于高中高强度的学习终归是弊大于利，所以，我们要做的不过是对于已有学习时间的精打细算。

有人问："衡中学生哪里来的那么多时间？"我的回答是把每日发呆的时间、游戏的时间、迷茫的时间通通加起来就是了。我不是一个善于管理时间的人，所以在学校所规定的时间点下并没有再自己附加什么条件，不过是每日跟着一次次的铃声行动，不过这已经让我受益无穷，衡中就是这样一个地方，可以用8分钟做完的事不会给你10分钟。

在进入衡中之前，我对于时间的掌控是以5分钟为单位的，但进入衡中之后，却彻底更正了我的这个习惯。作息时间表上诸如8点43分、12点43分、18点23分、22点08分之类令我震惊不已，起初确实有很强的紧迫感，但是多日实行下来，却也觉得可以适应。对于其他高中同学见到衡中的作息时间表后惊呼"我可过不了这样的日子"的情况，我可以理解却并不相信，正如那则落难王子的寓言所告诉我们的一样：你觉得一种情况无法忍受，只不过是那种情况还没有真真实实地发生在你身上罢了。真正在一个所有人都和你有着同样作息时间的地方，你会发现没有什么是真的适应不了的。

就是这种对作息的严格掌握给我们争取了更多的学习时间,老师也常说:"那两分钟,你快走两步也就有了;如果不规定得严格些,时间也就在路上浪费了。这么算下来,一天不知道比别人多了多少时间。"人们常说"时间就像海绵里的水,只要愿意挤,总还是有的",可是真的到了要争分夺秒的时候又狠不下心对自己,白白让时间溜走,觉得时间不够用了再去用睡眠的时间弥补,这岂不是让自己更疲惫?

说到这儿,就不得不再提一提"心态"的问题,因为心态的不稳定也是对时间的一大浪费。我遇到过很多同学询问诸如"最近心情很低落,没有动力,怎么办""考得不好,觉得前途迷茫,应该怎么寻找方向"之类的问题。不知道你是否想过,你是不是花费了太多的时间在郁闷和迷茫这种事情上面。当然,每个人都会有情绪不佳的时候,你是否能够迅速地调整,或者说你是否能够做到即使情绪低落仍然不影响你的正常学习。

说实话,我并不知道怎么调整情绪,也许听听歌或者逛逛街都是不错的办法,但是在高中中的我们并不能每次心情不好就采取上面的方式解决问题。极端一点地说,如果在高考的时候突然心情低落了,你该怎么办?难道是把试卷一丢出去逛街吗?所以你要做的就是练习在心情不好的时候正常地做事。心情就像是天气,阴晴雨雪没有人说得准,一件小事可能在我们心中就会引起很大的波澜。在这个挫折为常态的人生中,在这个考试如同吃饭的高中阶段,你必然会无数次地遇到让你心情不好的事情,没有那么多时间给你调节。无论你心情如何,太阳依旧每天升起,学习生活依旧每天继续,你要学会跟上节奏。

我们抵制早恋,不过我倒是觉得学习就像是恋爱,你们会闹矛盾,会冷战,会吵架,不过你们依旧是恋人,依旧会照顾对方。你觉得你的付出与收获不成正比,你对现在的成绩无比憎恨,可是你依旧要学习,依旧要老老实实地坐在那里做题,那么你安安静静地做题就好,什么分数名次、理想大学,暂时抛开了,你所看的,所想的,就仅仅是那道题而已,答案是什么并不因为你的心情而改变。这个适应的过程可能是痛苦的却是必要的,逼着自己冷静下来,把郁闷与迷茫封存在题目之外。

心态的不稳定很大程度上来自理想与现实的巨大落差,我的经验告诉我,这个落差将一直顽固地存在,而且让你每每想起便痛苦不已。但是你不必担心,所有人都存在着和你同样的问题。那么你们要比的就是谁可以控制自己的理想。我们从很小的时候就在听"理想"这个词,我们被灌输着这样的思想:"要树立远大理想。"不过我们没有学过控制理想。理想对于我来说是一把双刃剑,它可以给我激励,让我在某些时刻充满力量;它也可以给我压力,让我在另一些时刻坠入深渊。你的理想给你的究竟是正面还是负面的影响呢?不要让理想成了你前进路上的绊脚石。你可以有理想,但不要在应该专心做题的时候还对它心心念念、难以忘怀。"心静似水"之所以比"热情如火"更加重要,无非就是唯有心静才能让你进入最佳的状态。

时间管理与心态调节看似是两个话题,从根本上来说却是共通的,千言万语就是一句话,"让学习成为一种习惯、一种常态。"用你原本浪费掉的时间来学习,用学习填充你生活的空白,如果在任何状态下你都可以平静地学习,高考必胜。

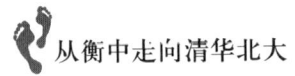

如果不被人重视就自己重视自己，
如果不被人相信就自己相信自己

胡延雷，衡中2011届401班，文科生

总有一些伤痛是让人不想提及的，总有一些事情是让人想忘记的。岁月会抹平伤口，但是多少会留下记忆这个伤疤。不知你们有没有试过，在身体的某个部位受伤以后，还没结痂，反反复复地在同一个位置受伤？

应该说，在高中没有一个人敢说自己是没有经历过辛酸与坎坷的，每个衡中人的背后都有一些方法、一些经验、一些故事。

在高中一次班会上，老师给我们看过一篇文章，名字叫作《我是差生》。讲述的是一个倒数第一的学生，奋发图强，一步步成为年级第一，进而考上清华的励志故事。不管故事真与假，放在衡中倒是很适合。衡中的学生光芒万丈，处在其中，就如茫茫银河中一星星。所以，不被老师重视是很正常的事。当然，不是说让大家自动地把自己定义为差生，而是说无论成绩一时好坏，每个学生都有薄弱项。讲这个故事的目的就是说明，不妨把自己的姿态放低一些，勇于面对自己的缺点和不足。当初的我，也有好多时候不能正确面对自己的缺点，甚至有时候还想着侥幸能够逃避掉。现在想来那时的我真的很幼稚，有时候还想逃过老师检查那一关，其实，最后欺骗的还是自己和人生。当时有一段时间，我把自己认定为差生，一步一步地学，一道题一道题地做，只要把自己做过的都保证理解了并会做就可以了，踏实却助力我成功。

每个人都有上清北的梦，不过梦终归是梦，我们总要面对现实；现实虽然残酷，但终归是依靠它我们才得以成长。对自己的水平能有一个准确的定位很重要。取法乎上，仅得其中；取法乎中，仅得其下。我们可以给自己定的目标高一点，志当存高远嘛，但是也要离实际水平高一些，这样我们的结果出来才会让自己满意。因为，定的目标我们往往达不到，而是达到一些比目标稍低一些的水平。定的目标很高，不一定对自己就有好处，因为压力很大，如果达不到，一次次反而会形成很严重的心理阴影，开始怀疑自己的能力甚至智力，这是一种恶性循环，千万要避免。高三有段时间,我给自己定的目标太高了,而由于次次未能实现便产生了强烈的自卑感。认识到这一点不好后,最后一学期我将自己的目标放得很低:我就要求自己每次的考试必须比上次都要进步,哪怕只进步一名也好,到高考的时候我还是要达到最后一次的进步。事实证明,我确实压力小了,而且学得也轻松和踏实了。给自己一个宽松的空间,给心灵一片天地,让心可以自由驰骋、随意挥洒,抒写另一种不同。

在衡中,你只需记住一句话:如果不被人重视,那就自己重视自己;如果不被人相信,就自己相信自己。我们的成功不是被别人认为怎么样就怎么样的,而是我们自己要怎么样。当你的行动与你的思想一致的时候,你的生活就会变得精彩,甚至出现奇迹。

最后送给大家一句话,彼此共勉:有志者,事竟成,破釜沉舟,百二秦关终属楚;苦心人,天不负,卧薪尝胆,三千越甲可吞吴。

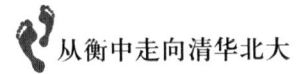

即使是被风吹到角落的种子，也要努力做好生长的每一环节，直至开花

薛丽伟，衡中2011届401班，文科生

2011年的这个时候，我和那些高考的同学一样忙碌，一样奔波，一样疲惫，目光却比他们更加迷茫。那一年，我高三。那是一个如果喊出自己想要考清华、北大会被人说不自量力的孩子的自卑，那是一个不会被老师多看几眼的孩子的无奈。

"像被风吹到角落的种子，即使没有阳光雨露的眷顾，也努力做好生长的每一个环节，扎根，发芽，生长，直到开出美丽的花朵。当路人惊叹春天竟连石缝里的生命都没有放弃的时候，只有种子自己明白，是自己没有把春天忘记。"

——这是伴我走过高中三年的座右铭。

身在衡中那样一个高手云集，成绩秒杀一切的地方，曾经的我无疑是被遗忘在角落的小草。所以今天我不想用优秀学子这样的称谓给自己定位，因为高中的我是那么不优秀，而我也不想像其他状元那样展示自己的光辉奋斗史，我更愿意与同学们分享我的辛酸史和血泪史。所以，不必仰视我，因为你们的今天就是我的昨天，而我更希望我的今天会是你们的明天。

从小学到初中，我几乎是那个小县城里的神话和传奇，写得一手好字，弹得一手古筝，而最重要的是，那个叫作薛丽伟的女孩在成绩上保持着其他人无法企及的优势。习惯了被掌声包围，习惯了被鲜花簇拥，那是一个永远只得第一名的孩子的骄傲。但是即便我可以牢牢占据第一的位置，即便每次我都可以把第二名甩下几十分甚至上百分，我知道,北大离我还是太遥远，远得连在梦里都看不真切。你无法想象那所全县唯一的初中烂到了怎样的程度，那个被戏谑地称为"婚姻介绍所"的地方对于大多数人来说就是自己学生时代的结束，而我，坚守的是一个人的战场。也许你们会问，不嫌苦累、不惧寂寞吗？我并非没有情感，只是当玫瑰花和巧克力泛滥校园的时候，我告诉自己，你还有更重要的使命去完成。所有的老师都坚信我会是学校有史以来考得最好的一个学生，而在他们的眼里，考得最好意味着你可以上河北大学，运气好点的话也许能伸手够到一所"985"或是"211"，而我，只要北大。对于梦想的追求我近乎偏执，是的，我就是要成为这个县城里第一个考上北大的人。

也许正是这份近乎冒着傻气的执着打动了上天，那一年，衡中第一次走进那个偏远的小县城招生，而我成为那个县城里第一个走进衡中的人。那个一本上线率90%以上的地方，那个每年考上上百个清华、北大的地方，那个被称为教育界的"西点军校"的地方，那个同时拥有着"天堂"和"地狱"两个名称的地方。我天真地认为辉煌还会延续，梦想会在那里开花，但是当面对着75个人中49的学号时，当面对着三位数的名次的时候，当面对着作业上大大的"差"字的时候，我终于丢失了所有的骄傲和自豪。

一次次的跌倒，让我仿佛听到了梦想的翅膀被折断的声音，闻到了浓浓的血腥，看着梦想渐行渐远，我却显得那么无能为力，只能在夜深人静的时候拿出那个遥远的梦想来擦拭伤口。和今天很多同学一样，我并不确定一直的坚持是不是终究会变成水中月镜中花，我也并不清楚处在那样落后的名次上说出"我要考北大"的话会引来怎样的目光，我更不能确定那个遥远的梦想会不会永远地成为我只能在梦里想的事。也是和今天相似的场景，也是和现在相似的氛围，那一年，学校请了一位励志老师为将要高考的师兄师姐们做动员大会。刚刚上高一的我们被用来充人数带到了会场。还记得很清楚，会场是露天的，但和今天我们的会场布置是一样的，中间也有一条很长的过道，当时，那个老师问："为了梦想你们可以不惜一切代价，无论怎样都可以吗？"然后他让那些高三的师哥师姐做了一件出乎所有人意料的事情。他说："我不光要听到你们的决心，更要看到你们的决心。你们有谁愿意从过道的那一端爬到过道这一端，然后到台上来大声地喊出你们的梦想？"我以为不会有人来配合他这个荒诞的互动，但是一个人上去了，两个人上去了，紧接着一群人过去了，不一会儿过道上已经爬满了人。然后我看到了这辈子都不会忘记的让人无比动容的一幕：爬过过道的人衣冠不整，他们一个接一个近乎撕心裂肺地大声喊着自己的梦想，我看到了他们的目光——饱含泪水却无比坚定！"我要上清华！""我要上北大！"，那一天，这样的喊声让落魄的我感到了久违的热血沸腾，那也是我第一次那么实实在在地感觉到梦想的力量。

最深刻痛彻的蜕变可能是从那一天开始的。

2011年3月21日——我的生日，就是在那一天，老师"恨铁不成钢"当着全班同学的面批评了我。我当时就问自己："薛丽伟，你还能让自己再狼狈点儿吗？你还是当初那个传奇的薛丽伟吗？在衡中比别人多吃了三年的苦，你是想从当初的县城里的神话变成全县的笑话吗？做出个样子给那些看不起你的人瞧瞧，给梦想一个机会！"下定了决心，平静了心情，我要好好想一想学习的方法。与其找一千条理由说自己不是一个白痴，不如实实在在地学习证明自己是个聪明人。那天晚上的自习，我的心情从未有过的平和。我静静梳理了一下自己知识上的漏洞以及还未复习的内容，按照剩下的时间每天分配好，清空了心里所有的杂念。当时我根本不敢对自己承诺什么，也的确承诺不起，只是我不想急着宣判自己死刑而混入茫茫人海太俗地活着。我的喊声或许有些微弱，我的脚步或许有些蹒跚，但是既然选择了，我就想给自己的梦想一个机会，用80天赌一次。我在日记本上写下：走向最远的路，哪怕前路迷茫；抱着最大的希望，哪怕山穷水尽；坚持最强的意志，哪怕刀山火海；做好最坏的打算，哪怕从头再来。我从来不知道压力大到一定程度时居然可以把人的潜力激发到那种地步。我是一个极其不安分的人，可是那段时间我表现得无比耐心沉稳，踏实得像头老黄牛。事实上我曾无数次处在崩溃的边缘：五本高中历史书我翻来覆去背了整整六遍——当你也把一本书背上六遍时你就知道那是什么感觉了——边背边流眼泪，我真的是差一点就背不下去了。只是，忍不住的时候，再忍一下。惶然而又茫然的我在敬畏与期待中迎来又送走了一模、二模以及N模，80天里考试成绩波动中小幅上升，但依然没有进过班级前十、年级前一百，然后我迎来了我生命中最重要的那次考试。至今仍记得考完试后的感觉：放下笔的那一刻，看着考场里来往的人，心中空空的没有着落，不舍得离开，为了这一次战斗，我已经透支了太多太多。结果，在这最后的一次考试中，我是我们班的第一名。当6月22日晚上高考成绩出来的时候，当看着自己645分成绩的时候，我抱着爸爸妈妈放声大哭，这一路走来真的等待了太久，压抑了太久。那天晚上，全家人都没睡，是的，我终于成为那个县城里自新中国成立以来走出的第一位北大学生。

每个人都是有棱角的石头，只是岁月磨光了曾经的雄心和锐气。我从来不是老师眼里的顶尖学生，从来没上过"清华北大希望之星"光荣榜，从来没进过精英班。高三那年文科900人我最差考过450名，班里51名学生而我即便是步入高考考场时也是以24号身份，所以说一切皆有可能，不到高考结束一切不成定局。很多人缺少的从来不是漂在水面上的能力，而是沉潜在水底的耐力，作为一个学号从来没有变过一位数的学生更要始终保持一颗向上的心。无论外界如何，我们作为一个所谓的中等生，在多少次质疑和自我否定中最终丢了自己的心？成绩单上惨淡的名次与分数磨掉了多少的雄心壮志？我们不得不承认，想到未知的未来都会有莫名的恐惧，因为高考注定是一场残酷的赌局，高考在成就许多人的同时更摧毁了无数人的梦想，只因为我们手中的赌注是12年人生最美的年华。但是即便作为文科生学的是马克思唯物主义，我依然相信人做事天在看。只要自己做到问心无愧，改变自己能够改变的，其余的就交给命运吧。即便现在是中等生，即便成绩起起伏伏没有起色，即便所有人都不相信自己时，自己也要给自己一个希望。不嫌苦累、不惧寂寞吗？对蓝天的渴望让所有的苦难都变得值得，拼搏的意义就在于此。这世上并没有不用辛苦而取得的成绩，第一名也好，最后一名也罢，或苦其身，或苦其心，都是辛苦的。有些事情一些人之所以不去做，只是因为他们认为不可能，其实有很多不可能只存在于人的想象之中。

　　喜欢俞敏洪的一段话：每一条河流都有自己不同的生命曲线，但是每一条河流都有自己的梦想，那就是奔向大海。我们的生命有时候会是泥沙，你可能慢慢地就会像泥沙一样沉淀下去，一旦你沉淀下去，也许你不用为前进而努力了，但是你也永远见不得阳光了。你沉淀了下去，上面的泥沙就会不断地把你压住，最后你会暗无天日。所以，不管你现在的生命是什么样的，一定要有水的精神。哪怕被污染了，也能洗净自己。像水一样，不断地积蓄自己的力量，不断地冲破障碍，当你发现时机不到的时候，就把自己的厚度积累起来，当有一天时机来临的时候，你就能够奔腾入海，成就自己的生命。在我们的生活中最让人感动的日子总是那些一心一意为了一个目标而努力奋斗的日子，哪怕是为了一个卑微的目标而奋斗也是值得我们骄傲的，因为无数卑微的目标累积起来就是一个伟大的成就。

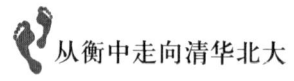

高考拼的不仅是知识还有心理，
高考考的不仅是智力还有体力

段小寒，衡中2012届403班，文科生

我是段小寒，衡中的一名学生，在2012年考进了北京大学中文系，圆了自己的清北梦。回忆高中三年，苦苦思考：衡中到底给了我什么？我是如何顺利地步入北大的校园的？此刻，我有了答案。

衡中给了学生最优质的外围支持。学校的硬件可以说是很优秀的：美丽的校园环境，设备齐全的教室，干净卫生的餐厅，不得不提到的还有各个宿舍齐备的空调。学校为打造这样的环境投入了大量的资金，仍记得高三后期，学校为解决高三学生看新闻时间不足的问题，专门为食堂购置安装了几十部电视机，这足以证明校领导对学生成长所需的硬件条件的重视。可能这些硬件看似不是最好的，但一个经济较为落后的地级市中学能够做到这一点很不易。不得不说，培养优秀的学生这些条件是不可缺的，为学生的教育和生活提供了极大的便利与支持。

衡中给了学生最科学的学习系统。她有着合理的作息制度，每天学生在紧张的学习后可以获得充足的睡眠，这一点可能许多管理严格的学校都做不到；她有着科学的时间安排，每天六节正课、七节自习，严格规定给了学生充足的复习和自我检验的时间，有利于学生能力的提升；她有着科学的备考系统，课时任务精细安排，授课进度有条不紊，课后训练集中有效，考前备考严格指导，千锤百炼始得成功。

衡中给了学生最优秀的教师团队。他们也许并不是名牌大学毕业，也许并没有极高的学历，但他们有着对学生负责的真心，有着刻苦勤奋的工作态度，有着用不完的工作激情。要说衡中谁最苦，奋战在教学一线上的老师们最苦，这句话一点不假。相对于其他老师来说，他们的节假日最少，而收入也谈不上高，工作强度却最大。比如，班主任老师几乎每天都要跟早操、查晚宿，披星戴月，一天十几个小时守在学生身边；备课区的灯光在清晨第一个亮起，却最后熄灭；学生做的每一套题都是老师们精选出的优质题目，在题海中找到这些精华对老师们来说又是多大的工作量！不管有多大的困难，老师们就是这样坚强地陪伴在学生的身旁，为学生服务，为学生答疑解惑。有了老师的陪伴，我们有了更加强大的力量，为了报答老师的恩情，我们也要拼到底、赢到底！

衡中给了学生最昂扬的精神状态。"追求卓越"是衡中的校训，这一口号并不是空谈，它已经成为衡中每一位在校学生、教师、工作人员的追求。在这里，每个人都向着一个目标努力拼搏，这便是学生的成长与发展。这里的每一个人都感染着你，严格程度不亚于中南海安保人员中的看门大爷，处处关心学生、嘘寒问暖的楼管大妈，热情的食堂大厨，他们身上都有着一种精神——努力把工作做到最好。当你生活在这个校园中，你会感受到衡中带给你的力量，一种内在的动力，时刻在激励着你向前再向前，这些，绝对不是单纯的口号和标语能够带来的。只有具备好的精神状态，在繁重的学习任务中才会发现乐趣、获得真理，坚持下去，赢得胜利。

抛开环境，从个人角度出发，学生面对高考的应试制度应该做些什么呢？怎样才可以步入名校的殿堂呢？我谈一谈自己的心得体会。

一、必须有良好的心态

把这一点放在第一位，毫不夸张。高考拼的不仅是知识，还有心理。高考对心理的考验体现在备考以及考试过程中。学习是一个长久的过程，其间风雨起伏实为正常，无论是从高峰跌到谷底抑或是从谷底飞上高峰，对人的心态都是一个考验。高考的备考讲究持续踏实，因而需要时时保持平静的心态，不管遇到什么都能够平静应对的人才是最后的赢家。当然，在考试中，过硬的心理素质更是好成绩的必需，而好的心态是平时养成的。面对平时生活的琐事、成绩的起伏，我们要刻意地去克服，沉潜心境，专注地投入学习，不为外物所打扰；面对日常的训练，我们要紧张高效地去对待，每道题都要以高考的要求去对待，限时限质，这样日复一日地训练才可以磨炼出高考两天的正常发挥。

二、必须坚持系统的习题训练

高考考的不仅是你的智力，还有体力。在有限的时间内准确地表达自己的思想，清晰地把答案书写在试卷上，才能成为赢家。这样的能力只能通过扎扎实实的训练获得。

首先是做什么样的题，要合理搭配习题。简单的题不可以轻视，要挑出几道经典的题目认真作答；中等难度的题目是练习的重点，需要进行大量的训练，练后的总结也必不可少；高难度的题目少量地练习，以提升自己的能力，但不可因为个别难度极高的问题扰乱自己的节奏，放弃一些超高难度的题目是明智的选择。

其次是如何做题。限时限量是要求，而且训练期间不可以查阅任何资料和工具书或者请教别人，这样的训练才可以真正地提升能力。

最后是如何高效地利用习题训练的结果，错题集是最好的选择。对于一个不懂的问题，记下来，一遍一遍地阅读、思考，因为反复地翻阅思考有助于知识的消化吸收，并且错题集会给考前复习带来极大的便利。

三、必须与老师建立良好的互动

一方面要听取老师的意见，跟随老师的脚步学习，不要自傲地抛开老师的路线建立自己的体系；另一方面要有自主意识，明白自己的长处和短处，将自己的实际情况与老师的计划结合，合理地安排自己的时间分配，在这一过程中一定要时时请教老师，说明自己的情况，相信老师是可以理解的。我们都是年轻人，冲动也许是我们的标签，但是在学习上，老师绝对是我们的引导者，他们比我们成熟。记住，与老师建立良好的互动才有可能获得成功。

以上便是我在衡中学习三年的一些收获，我将带着梦想，带着衡中给我的一切，再度起航，希望能够帮助学子实现自己的大学梦，步入名校的殿堂，也祝愿我的母校衡中更加辉煌！

永远不要背弃梦想,保持虔诚并为之坚持

李思源,衡中2012届403班,文科生

回顾在衡中的日子,心跳总是不由自主地就会加快几分。如今站在一个过来人的立场上再看衡中生活,满眼望去都是阳光,有关希望,有关理想,有关追逐,有关拼搏,有关虔诚,有关坚定,有关自信,有关倔强,有关整个青春时节的所有美好的词汇。

站在高考门槛的衡中学子,在迈步前行时,我想以下几点是不容忽视的。

一、精神比什么都重要

在衡中,我们有一句调侃的话叫作"年轻人得靠精神活着,还吃什么饭啊"。对,在个别人眼里,衡中的孩子自觉地把吃饭的时间压缩到5分钟以内是一种重压之下变态扭曲的行为。但他们,这群在路途中行色匆匆、在食堂中风卷残云的孩子,每个人心中都有一团烈火,我想这可以叫作"精神"。

衡中的孩子都知道丘吉尔的一句话:"一个人回想起年轻时候,没有一件让自己热血沸腾的事,这个人就白活了。"很多令人无法想象的事情,衡中的孩子都在精神的支撑下做得无比漂亮。比如高一的八十华里远足,整个年级没有一人掉队。忘不了一个女生坚持到最后,直到远足正式结束回到校园后才坐在地上放声大哭;忘不了一个男生从医疗车上往下跳,非要自己走完的场面。比如坚持3年每天五点半起床,每天跑上两次800米;比如排队打饭的几分钟也要背书;比如到了高三每天保证质量地做几十张卷子;比如把5本历史、4本政治、64篇语文古文和无数散碎的地理知识以及补充的知识点翻来覆去背上好几遍;比如用5分钟做20个英语单选题;比如每天向自己宣誓,不断重复梦想,不断发起挑战。除了精神,我不知道还有什么可以解释这种持久而沉重的疯狂。精神比什么都重要,每一个追逐中的孩子都应该学会在重压之下用精神支起年轻而高贵的头颅。

二、永远不要背弃梦想,保持虔诚并坚持下去

我一直认为我是这句话的受益者。我的高三,可谓大起大落,艰辛满途。在数学测试满分的名单占满了一页的情况下,我的数学依然是可怜巴巴的一百零几

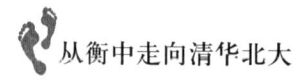

分；历史课提问大家都顺利过关，我却被挂了一个星期；我的地理成绩从来没有进过班级前20；向来引以为傲的语文总是在110分左右徘徊。你可以想象，一个心高气傲的女孩子，一个自认为为清北而生的女生当时的心里到底有多疼。你可曾有过偷偷躲在被子里失眠，不断质问自己能不能考上北大的夜晚？你可曾有过在考试成绩出来以后睁着眼睛瞪一中午天花板、沉默一个午后、晚自习前绕着操场疯狂跑步的经历？你可曾有过做题做到一半忽然把笔摔掉，想要抱头痛哭的绝望？我都有过。我如此庆幸我没有放弃梦想，保持虔诚并坚持了下去。我将厚厚的数学积累本重新做了两遍；喊出"历史课再挂便自刎以谢天下"的口号；认认真真地额外做了一厚本"五三"并整理改错；在考到了300名的情况下也只是偷偷大哭一场，然后下午仔细听讲评；在没有清北推荐资格的时候，拒绝了人大、浙大的校荐名额斩断退路；在一二三模成绩连续下滑之后依然跟班主任说非清北不上。这些看起来挺狂、挺悬的行为，你不会知道我多么感谢当时的选择，那是梦想给我指的路。

衡中有几句话："高考是件良心活。""人在做，天在看，父母在期盼，伟大的事业在召唤。""6月8日之前你左右高考，6月8日之后高考左右你。""高考以后，我和苍天两不相欠。"其实无非是鼓励你对梦想虔诚，然后脚踏实地地学习，顺其自然地迎接一切。梦想给了人一个强大的内在驱动力，把所有难以承担的重压都变成了外在驱动力。这就解释了为什么同样的环境对追梦的人来说是动力，对平庸的人来说是压力。永远不要背弃梦想，那是你在重重夜幕之中唯一的光明，请保持虔诚并坚持下去。

三、学会自己找乐子，和一个团结的集体一起走

没有任何一个人的高三可以优哉游哉地晃过去，那些青春小说里描绘的生活永远都不可能在现实中经常上演。坐拥书山题海的高三人必备技能包括学会自己找乐子。和同桌趁下课讲一个冷笑话，翻看一下语文"五三"页脚的美文，重温老师在课上的搞笑言行，甚至出去跑个步，都可以成为生活的调剂，将人从单调枯燥中拯救出来。传言中那么恐怖的衡中，其实校园里最不缺的是笑声；传言中那么呆板的衡中的孩子，却比很多同龄的孩子拥有更多的灿烂笑容。我们要勇于面对沉重的现实，但不能消磨掉青春的轻扬灿烂。让自己快乐一些，这是生活的艺术。

快乐，又往往来源于我们所处的环境。对于"水涨船高""想要走得快，一

个人走;要想走得好,一群人走"等言论,每个衡中人都耳熟能详,并身体力行,这也是衡中人对于母校有一种本能的热爱与维护,是衡中所以能够创造出一个神话一样的成绩的原因。如果高三毕业时带走的只是一张录取通知书,那么他是悲哀的,我们应该拿走的、有同窗的情谊,有对班级的热爱,有投入中学会的负责。设想一下,当三十年后大家聚在一起,拥有共同的回忆和欢乐,你亲眼见证自己参与打造的一个团体蓬勃成长并拥有无限未来,这是一件多么美妙的事情。

四、无比信任你的老师,无比感激你的父母

老师、父母是对我们成长影响最多的人,也是扶持我们走好这条路的人。我们总要脱离他们,尤其是当我们寄宿时,总会面对一些不得不由自己解决的事情,我们需要在掌握决定权的同时拥有对他们正确的态度。

要无比信任你的老师,他们与你朝夕相处,他们兼有家长的疼爱之心和局外人的客观理智。经常找老师聊一聊,你就会发现,其实,老师并没有那么古板,并不是一个活的读书工具。他们曾经安慰过那么多少年不堪重负的心灵,他们曾为那么多重压之下的少年打开过桎梏思想的锁链,他们曾经护送那么多斗志昂扬的少年走入理想之地。借他们的阅历和视野看待这个世界,我们会跳出自己偏执的怪圈,走向更为合理的选择。我们可以和他们没大没小,可以和他们称兄道弟,但我们要记住,要无比信任他们,无比尊敬他们。

要无比感激我们的父母,这是为人子女必须要具备的情感。成绩是我们的,情感是我们的,未来更是我们的。所谓来自父母的压力,不过是希望我们能够更好地掌握在社会生活的技能,最后的受益者是谁呢?还是我们。他们没有怨言地为我们的一切买单,你有没有看见他们因为你一点点小小的进步和成就眉开眼笑?你有没有看见他们给你的笑容背后有多少不想让你知道的辛苦打拼?真的,考爸考妈往往比考生更难受。他们不了解情况,他们只有一颗高高悬着的心等待着没有上诉的最终判决。所以,体谅一些,感谢父母别只是口号,要从心底去体贴,要用行动来体现。

每个人的路都不同,希望你细心地捡拾你在路上发现的每一个闪光点,希望在衡中的三年成就你青春灿烂的三年。清华北大等着你。

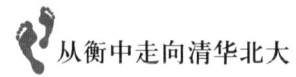

从衡中走向清华北大

没有奋斗的青春是苍白的，没有高三的人生是遗憾的

闫嘉钰，衡中2012届403班，文科生

并不是所有人都理解她，并不是所有人都赞叹她，反而很多人怀疑她、指责她、不屑于她的做法，那是因为，所谓"围城"外面的人没有真正地融入她的生活。这样一片净土，给予我的是终生难忘的教育——就如小操场的围墙上所写的那样。

衡中不是一个只有书本、只会学习的地方。她会给所有同学一个成长的平台，只要你勇敢地、适时地抓住那些机会。

高一春天的远足，那是所有人都不会忘记的经历。清早醒来集合站队，在天蒙蒙亮的时候，浩浩荡荡的队伍出发了。八十华里，12小时，一路陪伴的老师们、同学们。那一路嘹亮的歌声、口号声，声声振奋人心。累了，稍稍地歇息，再出发；痛了，咬紧牙关，过去了。衡水湖畔的终点歇息，同学们累得躺在还未青的草地上，不知名的小虫子爬上了衣服；签名合照，留下我们疲惫却开心的笑脸，回程中，捡拾垃圾宣传绿色环保，相互搀扶打气，掉队的在后边慢慢走，不上收容车，支撑不住的同学坚持到最后一刻；回到宿舍里躺在床上一动不动，看看脚上的水泡、摇摇欲掉的指甲盖，痛着却不流眼泪……那一天我们累着、痛着，亦笑着、坚强着。

高二时的心理剧比赛，从主题的选择、剧本的撰写、演员的选择到排演时间的安排、排演组织、比赛，我们小剧组的成员们都那样认真地相互配合着，大家牺牲了许多，学习的时间、体育课的时间、篮球爱好者的篮球时间……整整半年的时间，突破重重阻碍，其中的辛苦、不快在结果出来时都归于平静。尽管结果不是最好，但我们是自己的冠军，我们得到的远比奖状上写着的"一"珍贵。每期校内心理杂志的出版，虽要耗费精力与时间，但看着自己参与编辑的杂志发到老师、同学们手中，给大家带去工作后、学习后的心理小憩，放松心情，感觉付出很值得。参加学生会，虽然会分散精力，却也提高效率、提高能力。每周的例会时间、地点，部里成员需要一个一个去通知，冒着被老师误解的风险（有一段时间，为了使同学们改正不带书的坏习惯，会严查到别班借书），一次又一次出现在其他班级。为了节约大家的时间，努力提高组织语言能力和语速。学生会给了一向比较封闭的我认识更多人的平台，虽然每次开会时都会因小小的紧张而感觉自己很糗，但回忆依然美好。我没有参与"十佳班长""十佳歌手"、赴国外交流等各种活动，如果愿意成长，衡中会给我这样一个舞台。

虽然早上5点30分起床，但一整天都不会很困。高三时，每天早晨5点32分可以听到操场上的男生大喊"我要上北大"（据说东区对面精神病院的患者也会准时跟着喊一句"我要上北大"）……每天早晨的口号声声声震天，那种向上的力量，在其他地方很难找到。早读的读书声亦振奋人心，旁边的同学读大声了，自己会比他的声音更大些才能听到自己的声音。那种场面，现在忆起，那样鲜活。6点30分，早读下课铃声响起后，高三同学鱼贯而出，奔向食堂，可谓浩浩荡荡的"跑餐大军"。不是怕没有饭吃，是为了有更多的时间去学习。高三那种疯狂的程度，达到了令自己感动的程度。虽然学校为了我们的身体健康严查跑步就餐，但仍然抵挡不住跑餐大军的吃饭热情。12点45分为必睡时间，睡觉一小时。下午1点45分起床，1点53分到教室进入状态。晚上20分钟新闻时间。21点50分下课，同学们一般到22点才离开教室；22点10分熄灯睡觉。一年四季从不改变的时间点（一年四季都可以睡的午觉，现在成了奢望）。学校的生活节奏快，却有合理性（从来没有熬过夜，好像不是高三的生活呢）。高三后两周一次放假，是从周六晚上6点15分到周日早晨8点，8点30分开始一整天的周测与自习。那样心无杂念学习的日子，纯粹地为了梦想而努力的日子，回头看来，依然在不远处熠熠生辉。在衡中，放假永远和考试联系在一起，讲评必不可少。考试后放假，开学马上考试，寒假前10天的时间里考试两次，比月考时间短很多……就是这样的考试，在放假前查漏补缺，开学时检验成果，开始新的征程。这样的安排，在现在看来，是一种明智的选择。

衡中的老师很辛苦，对学生很好，感觉很温暖。每天班主任起得比学生早，和同学们一起跑操；到深夜，还要查宿，再赶回家。老师生病了，还是会坚持着上课，他们大多都顾不了家里的小孩，把学生当孩子一样对待。每年"最受欢迎的教师"评选时，我们都会为那浓浓的师生情，还有老师们的人格魅力所感动、所吸引。他们不一定最优秀，但他们一定最敬业。"追求卓越"的校训，是每个衡中人的追求，不仅是衡中学子，还是教育了一代又一代学子的老师们所努力达到的标准。

在高中，需要摸索属于自己的学习方法，不断地发现自己、改变自己，尝试新的东西。高三，我常常会把一些励志的话贴在桌角上，让它时时激励着我。有些话，看过一段时间后就失去了原有的作用，需要再换一句触动自己的。我们都需要外界的刺激来激励自己，寻找它们，让它们为人生助力。高三时间紧、任务重，零碎的时间就是金子。知识需要重复记忆，时间就是一个问题，方法亦是问题，没有办法面面俱到时，就查漏补缺。每次做完一张卷子就梳理一张，看哪些知识点还是自己的盲点，然后找来课本复习。利用好每次的考试、总结，成绩与名次不重要，重要的是为下一阶段找方向。每次考完试后，各科我都会找出最需要解决的问题，在下两周或一个月里集中提高，前提是完成老师的同步任务后，利用自己的零碎时间。比如说数学，某次考试选择题错误较多，我会在接下来的两周里集中做选择题，自助上的其他题可以选做，但选择和填空必做并及时总结。下一次考试中，这一板块就会有明显提高。如此循环，练习可以覆盖大部分知识点。各科都可以这样去做，知识掌握程度和做题技巧都会螺旋式上升。

我相信，没有奋斗的青春是苍白的，没有高三的人生是有遗憾的。清晨在跑操时默默为自己打气加油，每天早晨和中午高喊的"高考必胜"宣言，每天厚厚的卷子、紧张的气氛、安静的课间、讨论题目的场景、老师的陪伴、因思考而皱起的眉头……忙而不乱，紧张却充实，日日重复同样的动作却每天都是不一样的自己。有一天看到一句话："老师，我们什么时候进行高考卷子讲评？还是那间教室，那些人……"看完之后就流眼泪了，那些单纯的日子，真的回不去了。

那些在衡中的点点滴滴，都是人生中美好的回忆。记得操场上那方天空飞过的反射着阳光的银白色的飞机，小小的草坪，多功能餐厅，那排教室前的几株梧桐；夏日在洗手间里叫个不停的蛐蛐儿，中午起床后播放的《怒放的生命》；闷热潮湿的夏日，每天成三角形奔跑在宿舍、教室与食堂；每周的班会，必响起"要成功，先发疯，头脑简单向前冲"的经典句子……外人想不到这看似应该苍白的三年有那么多难忘的瞬间。如果你在衡中，请珍惜在学校的每一个日子，好好去经历衡中的磨炼；如果你不是衡中人，请不要妄加指责，每个学校都有不同的作风，但都是为了学生的未来。

每个人都有不同的人生轨迹、不同的成长方向。可以说，阴错阳差到衡中改变了我的人生轨迹。在衡中的生活与学习，让我学会感恩，学会学习，学会自我成长，学会乐观，学会坚强，让我想要成长为更加优秀的人。

衡中的许许多多是千余字写不完的,以上所写只是我在衡中三年的一部分,虽然文字略显简陋,内容不甚详尽,但每写一句,都有回到了衡中的感觉。衡中是一本好书,需要我们静心去读、去品,去融入其中。

母校是什么?母校是你每天骂她八次却不允许别人说她一句坏话的地方。

谨以此文献给母校,感谢母校的栽培。

"追求卓越"不是空洞的口号，而应是实实在在的目标

李　响，衡中2012届428班，文科生

前一阵子接到衡中老师约稿的消息，心里颇为激动，也有些不安。一方面为自己能为母校留下些什么而欣慰，另一方面也怕自己不能写出些真正有价值的东西。于是决定十一期间重回衡中，寻找曾经的那种感觉。果然，又见母校，心中的感情如洪水宣泄，往事一幕幕在脑海浮现。

一

刚到衡中的时候我在403班，这是一个实验班，可谓藏龙卧虎，后来还出了奥赛金牌得主，然而我却停留在初中的优越感之中，完全没有意识到竞争有多么激烈。浮躁的结果就是成绩如一潭死水，落后而且进步很缓慢。初到衡中的这三个月算是给自己的第一个教训吧。后来面临文理分科的抉择，对于选文科这个决定我丝毫没有犹豫，原因很简单，老实说，第一，我不擅长理科；第二，我的确对文科感兴趣，从小就这样，也许与家庭教育有关。后来想想，我当初之所以理科不行，也许有一点破窗心理在里面，但这也都是假设，我相信我的确是不适合理科的。

就这样来到了431班，分学号的时候我是5号。当时从衡中网上查到学号时，我想，完了，连实验班都进不了了。后来意外得知431也是四个实验班之一，我才发现原来自己文科成绩并没那么烂。记得分班后开学，妈妈很为我的成绩发愁，爸爸把我送到431班的门口，对我说："你已经选择了文科，你没有后路了。"是啊，我没有后路了。如果依然落后，我还能找什么借口呢？

于是，我开始渐渐融入衡中踏实的学习氛围中。我选择静下心来，认认真真地学习，不再浮躁。其实真的没有什么特别的，也就是静心做好每一件事。后来分班后连续两次考试我都是年级前十。这算高中的第一个高峰。

然而从高一下学期开始，我的成绩开始波动，从整体来看停留在20名左右。在这一段日子，也出现了一种很不好的习惯，那就是形式主义学习：有时候，表面上是在认真学习,实际上在想别的;有时候看似记了一大篇笔记,实际上也仅仅是停留在纸面上而没有记在心里;有时候看似到位很早,但实际上效率很低。这些到最后似乎也没有彻底改掉,但却在逐渐改正,这是后话了。就这么庸庸碌碌、平平淡淡地过了高一下学期。

我这三年第一个转折在高二上学期。记得从高二上学期开始,我连续考了三次班级第一、年级第五六的成绩,不仅老师同学,就连我自己也很惊讶,毕竟以前我虽然进过前十,但也只是停留在第八、九、十的位置。我发现我完全可以达到前几名的水平,也应该有实力进清华北大。这里我不得不插一句,按季羡林先生的说法,我也算一个幼无大志的人:高二之前我是真的不敢想清华北大抑或是什么更远大的理想,只是在机械地学习,在现实的逼迫下学习。从高二开始,我开始把北大当作我的理想,并立志干出点什么事来,后来还去过北大一趟。那段时间,记得爸爸经常给我讲一个跳高的故事,就是说你在没有够到一个高度的时候,你永远不知道自己到底能跳多高。我想,既然我曾经能跳到这么高,我就应该可以继续跳这么高。在这种想法的支配下,我后来还一度取得了年级第二的成绩,这应该算第二个高峰吧,然而低谷似乎总是紧紧伴随高峰。后来我开始骄傲、自满,甚至形成了一起一伏的"规律"。我开始担心,担心这种规律会影响到我的高考。

上了高三以后,我还是在担忧一起一伏的规律。然而,可笑的是,后来我只有"伏",没有"起"了。正式开学后一直到11月底,这三个多月的时间里,只有天知道我是怎么过来的,那种越努力越退步,始终停留在四五十名,甚至到过90名的感觉,是痛苦,是抓狂,是手足无措,不知道该怎么办,这从我的日记里可见一斑。

6月20日:今天是我的生日,但我不快乐,很忧伤。

7月14日:这几天以来,连续的不知所措和连续的迷迷糊糊让我对现状彻底失去忍耐。

8月20日:连日来的阴雨天终于放晴了,但我心里并没有放晴。

8月24日:这两天心情真的很不好,浑身没劲,特别懒散,不想学习。

9月17日:考砸了,还是很砸。

10月5日:这两天想了很多,来衡中到底是为什么呢?

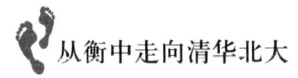

11月16日：没有退路了。

这些消极的文字真真实实地反映出我当时极其消极的情绪,后来想想都会很辛酸,然而老天还是没有让我一直沉沦下去。某次调研考试后开家长会,我开始还觉得没什么,然而出乎我意料的是,在和褚老师交流的时候,我妈妈忍不住哭了。看着褚老师安慰妈妈说一切不成定局,迎着别的同学投来的怀疑目光,我心里很不是滋味：难道真的就这么沉沦下去吗？难道在最后倒下吗？难道好成绩真的这么难争取吗？印象里妈妈当着我的面只为我哭过两次：一次是初一,一次是高三。也许就是她的泪,让我知道我的沉沦带来的是整个家庭的痛苦,我肩上有不可转嫁的责任,也让我知道什么是真正的高三。后来,我静下来真正面对内心,找寻自己真实的想法,真正地面对自己,不再那么浑浑噩噩,也不再一有点儿事就找爸妈哭哭啼啼。平静下来了,好成绩也来找我了。13名、16名、17名、16名是接下来4次的成绩。虽离巅峰甚远,却足够稳定。后来我基本保持在十几名的位置。

当一切看起来都那么平静的时候,挫折又来敲门了。我参加了清华大学的自主招生,初审过了。当我志得意满地抱着拿30分加分的目标参加完笔试后,现实却又狠狠地扇了我一记耳光：我离清华划定的线差十几分,我连笔试都没过！这一次,我终于知道我就是褚老师说的"半瓶子醋",我以为我次次考试都在十几名就清华北大没问题了,现实却是如此啊！记得那次放假回来,我到校很早,来到操场上,靠在最北边的围墙上,望着空无一人的操场,想流泪却流不出,我对自己说："努力吧,别再自以为是了！"我终于明白,现实已把我推到走投无路的位置,我只能不间断地往我的瓶子里装醋,装醋,直到高考装满为止。悲伤过后,我开始冷静地分析失利的原因,我认为自己当时不够全神贯注,也没有抱定坚持到底的精神答完最后一科的最后一道题。幸亏这不是高考。我平静地投入高考复习中。后来成绩依旧平稳,19名、14名、12名、11名是接下来的成绩,然而每一次总是差那么一两分就是进不了前十。走过高考之后发现,也正是那一段时间的平稳心态让我养成了平静地和与自己交流的习惯,如果没有那一段时间,最终结果如何不敢想象。接下来的一模二模,我又遇到新的问题,也曾找老师交流,但最终还是靠自己心理的力量克服了。

其实有时候想想,自己真的是输怕了。我好像是那种平时可以,一到关键时刻就掉链子的人，中考失利、自招失利可以为证。但是在高考前，我想，如果用从前所有的失败与挫折换取高考的胜利，我愿意。我向上天祈求不要再让我受打击，不要再让爸妈伤心。

在走过三年的风风雨雨之后，我发现，有些时候的不知所措与烦恼其实是自己和自己过不去；有时候的恐惧也是自己吓唬自己，真正值得恐惧的只是恐惧本身，以一种开放、大度、勇敢、无畏的心态面对一切，反而会把困难吓跑！高考之前，往事的影子总在我脑海中浮现，我有一种曾经沧海的感觉，经历过那么多，还会惧怕高考吗？过去的一切不允许我停下来，我不愿辜负了过去的自己。我相信自己已付出了足够多，我相信自己是优秀的。就这样走上考场，平静、顺利地完成四张考卷。

二

下面写一写在衡中的课余活动。我在衡中这三年并非只是学习，还参加了很多课外活动。除去学校组织的集体活动，还有合唱团、竞选十大学星、学生会等。对合唱的印象极为深刻，虽是80多人一起唱，我却感受到了音乐的魅力与精深。参加合唱比赛的日子虽耽误不少课程，却有免费的饭票，还有放松的机会等。至于竞选十大学星是高二下学期的事，虽然最终没能成功，但是我从中看到了集体的力量，几个帮我竞选的同学那种团结、努力与互相帮助是我永远难以忘记的。参加学生会是高二、高三那两年的工作，耽误时间是肯定的，但从长远来看，其中的益处总超过那些时间的损失，另外还交到一些不错的朋友。那种面对众多任务纹丝不乱的态度是极为可贵的。

三

曾经一直觉得自己是一个孤单的人，这也许与我喜欢独处有关，但实际不是这样，应该说我很幸运，我身边有一大批关爱我的人。我的爸爸妈妈，无论我怎么样，始终都在陪着我走，他们对我的教育让我明白，勤奋是一个人最优秀的品质，也让我渐渐学会自立，不再依赖他们。还有我的老师们，他们的敬业精神是我难以想象的：褚艳春老师的霸气、位维维老师的活力与关心、海国治老师的严谨以及张海霞老师的练达、孙文盛老师的资深都让我终生难忘。当然，还有那些朋友，总是在我无助的时候借给我肩膀，然而我却常耍小孩子脾气，没少伤他们，真的很抱歉。还记得我高三学生会的部长，总是不跟我计较我偶尔的缺勤，在离高考 20 天的时候，他与我们部每个成员都进行了一次谈话，和我的谈话内容是让我从一些琐碎小事上退出来，勇敢地面对一切，我真的觉得很幸运、感激！

再回首这三年，风风雨雨，哭哭笑笑，都已过去；三年时光的书页都将渐渐发黄，被岁月的大手翻过，那些执着、坚持、奋进、追求、梦想永远留存心底，永不褪色！

最后，我很想总结出衡中带给我的东西，但是想想，那些可能都已经潜移默化地变成了生命的一部分。衡中让我知道，"追求卓越"不是一句空洞的口号，而是实实在在的目标；衡中让我知道，没有白吃的苦，付出总有回报；衡中让我知道，保持谦逊是为人的准则；衡中让我知道，坚持到底就是胜利；衡中让我知道，集体的力量是伟大的……每每想到这些，就为伟大的衡中感动，也总是为自己感动。

我相信，其实这一切都是成长，而成长是衡中带给我们的。

离开的不值得记忆，而留下来的都是可敬的对手

韩冬琳，衡中2012届428班，文科生

高中毕业后，经历了等成绩的煎熬、暑假的悠闲、大学的新鲜，生活步入正轨之后，反倒怀念起三年的衡中生活来。

早就听别人说衡中是"衡水第二监狱"，军事化管理，初来衡中，还着实捏了一把汗。时间是万能良药，后来就慢慢适应了。那个时候的自己，和朋友一起在不大不小的衡中拼着未来。五点半起床并不难做到，5分钟之内穿衣服、洗脸、刷牙、上厕所、叠豆腐块被子也不是难事，3分钟之内从宿舍楼到操场候操，每个人手里还捧着书叽里呱啦地背知识点，忙忙碌碌的一天就这么开始了。接着便是上课，一天上13节课，还不包括早读、早预备、晚新闻，大家几近亢奋地听课、做作业、问老师题，和同学因为一道题的解法而争执。一直忙到晚三下课，9点50分打铃。教室里的人赖到10点还不走，敬爱的明志楼楼管便往外撵人，大家抄起第二天早操要背的书撒丫子就往宿舍跑，到宿舍整10点05分，匆忙地洗把脸洗洗脚，折腾完到10点08分宿舍熄灯，分秒不差。有意思的是，每个人的手表都调的是一个时间，那就是衡中时间；重要的是，要和班长等一系列班委的表保持一致，这一点在查迟到的时候作用十分明显，常常会听到某同学气愤又委屈地说："我没迟到！我的表才6点42！"班长正色道："我的表都43了！你就是迟到了！"这倒也算是衡中才有的乐事吧。

怀念衡中，怀念跑操。早上和上午都要跑操，每次两圈，夏天上午一圈，大家站好队背一会儿书，体委嗓子一扯开，大家就雄赳赳地跑。高一的时候还会踩到前面同学的鞋，然后两个人就一起出列提鞋、系鞋带儿；高三当然不会再有踩鞋的事了，每个班都跑得很整齐。遇到会操比赛就更是没话说，大家扯着嗓子喊口号，每天都喊好几遍"高考必胜，高考必胜"，那真是热血沸腾的日子。有参观的人来了说衡中学生候操的时候背书是作秀，其实没必要。这种说法是太不了解衡中学子了！大家都知道自己要的是什么，也明白怎么样才能做到，背书是大家都习惯了的一种学习方式，若是要衡中的学生候操站队的时候什么书都不

看，我们倒真觉得是无所事事、局促不安了。学生之间一度流传这样一句话："在衡中不学习就是违纪。"记得高二一个冬天的早上，北方五点半天还是漆黑一片，非常不幸的是学校停电了，然后大家站着队扒拉着书却看不清字儿，学委就出了个好主意，说大家一起背《离骚》吧，漆黑的天空上方顿时飘荡着我们欢快的背书声。

印象最深的还是高三。那个时候大家晚三在写数学学案，第二天早预备还在写数学学案，一张8开正反面的卷子，总共没几道题，可是大家写了一个半小时之后还是空白许多。早预备下课，通常大家都难得一致地叹一口气，互相询问着某些变态题目的解法和答案，其乐融融。那真是纯真而执着的日子！

每月一次的调研考试在高三加快了步伐，通常是半个月一大考，周周有周测，天天出成绩单。大考的时候大家把书搬到教室外面的楼道去，我和好朋友的暗号就成了"回来搬书，老地方见"。高三当然不会一帆风顺，成绩的大起大落是最平常不过的事儿。受得住班级前五的喜悦，也禁得起班级后二十的酸楚。需要心理调节的人多了，老师忙不过来，我们大部分人就都练就了自我治愈的超能力。常见的是成绩出来以后，俩女生在一起相互开导，再不行了就抱在一起哭一小会儿；男生嘛，苦笑着喊一声，"天理何在？！"又埋头于高耸的卷子里了。

记得高三下学期，自己实在承受不了了，就在本子上写下一堆话安慰和鼓励自己。最深刻的是老班的话："你们要做到，我与苍天，两不相欠！"班会的时候听到这句话很受震撼，记在本子上，以后难过了就一遍一遍地写，写几遍心里面舒服了就接着学，那个时候的我们真是学到忘掉自己，累到不觉得累。最常写的是"坚持一下，再坚持一下，你可以的！"就这样和自己说着鼓励的话，没有一个人退缩。有人说，离开的不值得记忆，而留下来的都是可敬的对手。

从衡中走向清北，每个人都走得艰辛而扎实，我自己也会想怎么就到了这万千人向往的北大，其实每个衡中人都值得收获一个清华或北大，只要他在衡中是用心地生活了三年，认真地过了每一天，就值得未来的赞许。踏实学习或许是所有衡中人唯一的法宝，全国的高中或许都找不出几个比衡中更累的，而我们的累，是有价值的，有意义的，有目标的。到了大学，很多人一听到衡中先是惊叹，然后就是笑，笑的内涵也许有很多种，笑我们疯狂不该这么严格，笑我们只知念书不知娱乐，笑我们生活单调，也许都有吧。其实，衡中教给我们的，当然不仅仅是知识，还有一种品质，是处境再苦再难嘴上牢骚不断心里也不会放弃，咬着牙把事情做完,禁得住任何一种打击的品质!

我相信,一个人如果遵照自己的心去走,无论多远都会走好!衡中不是仅一站的风景,是可以安心回去的地方。就像如今回去的时候,久违的亲切涌过来,撞个满怀,还是熟稔的味道。

偶尔遗忘不要惊慌

路 贺，衡中2013届437班，文科生

高中三年最重要的就是学习，当然身体是本钱，生活上一定要简单，各种闲杂事儿一定不要放在心上。

偶尔遗忘不要惊慌

起伏实属正常，尤其是文科生，文综的成绩变化总是特别大，成绩下滑更多时候并不是你实力下降了，可能是你的做题感觉发生了微妙的变化。如同你记住的手机号打的次数多了可能有一次会突然想不起来号码，当你不再想，过了一会儿常常就又想起来了。做题的感觉也是这样，低谷可能就是你忘记了你条件反射的那些东西，如之前找到的做题时候的最佳感觉，这时需要的就是放轻松，然后再慢慢记起那些忘记的东西，无论是再做题也好，再翻书也好，这样回忆起来之后记住就一定不会再忘记了。

正确对待考试

对于考试成绩，正确的心态是考好考差都要想的是自己哪里还有失误，哪里还有提升的空间，而不是过分在意名次和分数。考试的目的在于发现自己的盲点，找到自己的提升空间，为了考试而考试最后得不到任何实质性的提高，即使考好了也是偶尔。盲点没有填补上，越积攒越多，高考就算只考到一两个你的盲点也会让你后悔不已的。而且千万不要对自己的强势科目掉以轻心，补弱是在强势更强的基础上，对强势科目放松注定考试不理想。

不要盲目，做自己

不要看别人做什么自己也做什么，要有自己的计划，并且做题的时候一定要突出自己是怎么想的就怎么答、怎么写。做题时（尤其是文综）老想着自己想得不对就轻易放弃自己本来正确的想法，违心地选，这样的结果很可能本来能做对的做不对，本来做不对的还是不会。我高三有一段时间文综选择总是想着自己选的不对，不相信自己做的选择，然后文综选择错误率越来越高，后来我想通了：高考考的不是大家都知晓的东西，大学选的是个人的能力，如果自己都不相信自己想的、自己选的，老想着一般情况、大众思路，你的思想又怎么凸显出来呢？（当然不要盲目地求新求异）

反思与做题

我们地理老师说过只做题不反思等于零，好多同学为什么总做题却不见提高？其实做题应该是一个完整的过程，它至少应该包括三部分：做题，对答案，反思和总结。而真正提升的时候是在第三步，也就是反思。反思之后的改错一定要最小化，改错其实不用改整道题，只要改自己失误的或者没想到的那些东西，一种比如是犹豫某个知识点不清楚而做错，只改那个知识点就好了；另一种可以总结做题思路、做题的注意事项。后者一定要写在一个专门的本子上，考前翻看这些对考试很有帮助。

时间分配

可能我们都有这种经历，虽然自己很想补自己的弱科，但是各科老师的任务已经占用了绝大部分时间，这时候我们一是不能抱怨，要努力完成；二是要学会取舍，尤其是高三后期的时候，一定要选自己最能提分的内容去做，都做完的人不是应付就是神人。课间零散的时间比较适合做自助一类的，最好是换换科目，换换感觉。剪切的工作应该选在状态不是很好的时候或外界干扰比较多的时候，如晚新闻，课间也可以，切忌自习课上剪切，既耽误时间又打扰其他人。还有英语笔记课上完成，为公共自习时候做其他科目腾出一些时间。

对待老师

一定要听老师的话，老师都是经验丰富的指战员，有的时候可能会有失误（这种情况很少见），总体来说还是要跟着老师走。老师的休息时间比我们还要少，衡中老师都是很辛苦的，虽然不同老师的方法不同，但老师都是为我们好，所以不要评论老师怎样怎样。当然不能走极端，自己的计划和思考必不可少，但是千万不要自搞一套，除非你特别聪明，自学能力超强。

现在许多媒体都在说衡中的模式乃至衡水模式如何如何摧残人，其实，经历过衡中的高中生活，你就会觉得吃过那样的苦对于整个人生都是宝贵的财富。

若干年后，再想想高中学的那些知识，恐怕都不记得多少了，但衡中三年给你的是一笔精神财富，让你在今后的人生中有一颗努力奋斗而不服输的心。衡中给我的最大财富，我觉得也就是这种觉得自己不能比别人差的心态，它是激励我不停前进的动力。

身在其中，累在其中，乐在其中

郭　晨，衡中2015届533班，文科生

相信对每一个在衡中生活过的少年来说，这段日子都是独一无二的，对我来说，更是永恒。这段时光将定格在我的生命里，浸润着青春的酸甜苦辣。

当年高考后7月21日回学校拍照，漫步在熟悉的校园里，心境却已完全不同，不复当初的步履匆匆，不复当年的紧张，忽然发现校园有着另一面的美好，也忽然觉出终要分别的无奈。当我们找到亲爱的老师，以毕业生的身份送上关心与祝福时，惊觉自己再也回不到那看似枯燥但生机无限的青葱岁月。

衡中在局外人眼中，是一个严格到近乎严酷的地方，我无须再述已被重复N遍的衡中生活，那是肉眼可见的，肉眼看不到的，是严格纪律与时间要求下培养出的自觉自发，是务实苦干、追求卓越的校风，是纯粹而淋漓尽致的拼搏快感，是为了理想一往无前、近乎疯狂的执着。老是有人质疑，衡中的孩子是不是书呆子？我可以坚定而自信地回答，不是！我们只是在貌似封闭的大环境里活得纯粹而充实，专注而自得其乐，衡中给我们的精神财富，足够支撑我们走过所有的沟沟坎坎！

记高三：东边日出西边雨，道是无晴却有晴

而今的我终于相信老班燕姐当初那句话："高三会是你们最刻骨铭心的一年。"的确，高三当得起这四个字："刻骨铭心"。我的高三，晴天甚少，似在风雨中一路跌跌撞撞走来，所幸，在尽头迎来了艳阳高照的有"情"天。相信每个衡中人都在高三经历过起与伏，在此我不想赘述，选几个印象犹深的时刻与君共赏。

考80多名那次，老班把考砸的尖子生召集到308教室，掀起了长达一小时的狂风骤雨，从成绩到日常状态到反思深度到虔诚度……我仍然记得当时的迷惘伤心和不知所措，我对自己产生了深深的怀疑与否定，但就像《武林外传》里"这世间有太多的不如意，但你的生活依然要继续"，除了埋头苦学，我不允许自己

有其他后路。

当我认为88名必须是最烂的成绩时,期末给了我更大的"惊喜",年级184名!得知成绩那晚在宿舍,我像受伤的狼一般痛苦地号叫,号完之后我把自己关进厕所,强迫自己冷静下来,分析各科失误的原因,设定寒假计划,调整心态。我难以形容当时的心情,仿佛一个伤心颓废、难以思考的我与一个理智冷静的我在猛烈厮打,即使伤心更甚,却不得不让理智占据上风。想通的我长出一口气,沉重地上床睡觉。

回到家我把书桌搬到地下室,想效仿先贤过好高考前最后一个假期。除了吃饭睡觉,我就伏在桌子上跟书本、卷子较劲,累了听首歌或喝口水。我往墙上贴了两张纸:一张是"北大不接受184",一张是"胡昕阳在学习,妍君在学习,小俣在学习,他们效率都比你高,赶紧学习",当时想法很简单,无论结果如何,我只要在6月8日后坦然无悔,我与苍天,两不相欠。

开学后的成绩仍不如意,但当时的我已学会不论好坏,淡淡一笑,自嘲一句,然后一如既往地学习,到后期渐入佳境之时依然如此。

镜头切到高考前:少有人高考前不惴惴不安,我也是。你永远会觉得还有知识没复习完,还想再背背书,再做几道题,然而高考就在那里,不远,不近。6月6日晚我重新归于平静,想着明天考前再把哪些知识点过一遍。也许真的是上天眷顾,6月7日和6月8日我感到前所未有的心静,静得不起一丝波澜。真的,那时我才明白什么叫心如止水,我只想把题好好做完,仅此而已,无所谓好坏,无所谓悲喜。我不知道自己考得怎么样,即使在对完两遍答案之后仍然没有任何感觉。

从知晓分数到收到北大录取通知书,我竟如当年梦中一样,并未欣喜若狂,并未泪如雨下,不过淡淡的,像是收到原本就属于自己的东西一样。我明白自己前面依然高手如云,这不过是个全新开始。

其实我并非是个心理素质过硬的人,不自信与放不下导致了N次考前焦虑与找老师谈话,也导致相当长时间内学得很被动。仍记得考前78天父母到校,燕姐与柳姐轮番上阵开导,以及考前两个月老班收到"投诉"后赤裸裸地告诉我"不要再熬夜了,用智慧自主安排时间,否则我对你不客气"。经历了大的情绪波动与N次自我说服,我逐渐打败心魔走向淡然,并且发现,其实我在越失败时越坚定地执着于梦想。或许成长就是这样,用马哲的话就是"对自己不断辩证否定,在痛苦磨炼中完成蜕变，走向崭新自我与朗朗晴天"。也许这也是高三与高考的意义，只要用心走过，我们收获的就不只是分数。燕姐对我说过最多的一句话是"天道酬勤"，回味这3年，正是始终对自己不放弃与扎扎实实的努力给了我最终的好运气。虔诚耕耘，淡定收获，高三给予我的是一种态度，无关成绩。关于高三，我用一句话与君共勉："一个人一生中如果没有回想起来就热泪盈眶的时刻，那就白活了。"

记519：前不见古人，后不见来者

上文写高三，以成绩为主轴记叙。毕竟谁都不能否定成绩与分数在高三的重要地位，然而衡中留给我们的并非"唯分数论"，有一个地方与一段时光同样定格在我的生命中，永不褪色。

那是519（我高一和高二所在的班级，前身530），难得这届文科分班不勤，我们这群少年在一起待了一年半之久。当一群奇特的小子，领教着法家国老（国列通老师）与儒雅王爷（王玉春老师）时，再碰上几位可爱的老师，这个班级变得"奇葩"无比。

几乎每个人都有"奇葩"的一面或好多面，比如，外表好色却极有内涵的嘉森"姐姐"（性别男），风风火火闯九州的刘迪，从幼儿园毕业的萌喏喏，好朋友大楠和大钰，数学怪才且文采亦佳的杨昊部长，简直不胜枚举；比如，自创经典语录庄谐并重的国老，儒雅可爱强调要"四个字四个字说话"的春春，笑着留许多作业让你难以拒绝的梅梅，数学大神对我有救命之恩的芳芳（突发阑尾炎的半夜是她带我去的医院），讲课超棒的气质美女杨柳姐，初生牛犊十分要强的车车，大好人二哥卫军同志……这一锅师生大杂烩，是衡中独一无二的一道菜。

"奇葩"的事更是接连不断，你方唱罢我登场。比如，班歌。课间放《最初的梦想》，国老师恍然大悟："噢，原来这是咱班班歌啊。"全班喷饭。等到春春掌柄，由他谱写了一首《一九雄风》，用《亚洲雄风》的调子，最搞笑的两句"教室飘玉带，宿舍织彩绸"。比如，各种活动。你可以看到融中医、穿越、华佗、关羽、五禽戏、专家讲座与古风歌舞表演于一体的团活；情节经典、台词搞怪、慢动作与歌剧齐飞的英语剧；为柳姐、二哥、梅梅庆生，为车车庆婚的课前活动。而在各种情况层出不穷、各种人物群态毕现的"活跃一九"，我们常常捧个第一回来。

"让期待未来的明天，同青春做个伴"，"一九"是高中里最明亮的一抹色彩，

在衡中史册上闪闪发光。

记亲爱的他们：此中有真意，欲辩已忘言

回忆中最不该忘却的是老师与家长。

衡中的老师，毫无疑问是全国最累的，各种组题和各种PK，熬夜判卷，鲜有假期，朝五晚十……如此拼命与敬业绝对当得起"最美"二字。在父母不在身边的日子，他们集"师、友、亲"三种角色于一身，全身心为学生服务。国老的关心，燕姐的耳提面命，郭老师像妈妈一样地照顾，还有数不尽的老师数不尽的帮助，值得永远感激。

衡中家长的付出，更是难以用言语衡量。后来我才知道，高一军训，妈妈接到我的电话后哭了好久；后来我才知道，妈妈为我成绩的接连失意哭了一下午；后来我才知道，爸爸在某次看过我后生了一场病，住了三个星期的院后又来看我；后来我才知道，老哥每次跟我谈话的内容都是事前与爸妈商量好的。高考出分那天，一向爱睡懒觉的哥哥，却是全家起床最早的。

冰心曾说，爱在左，同情在右，走在生命的两旁，随时撒种，随时开花，将这一径长途，点缀得花香弥漫，使穿枝拂叶的行人踏着荆棘，不觉得痛苦，有泪可落，却不是悲凉。一如冰心所言，衡中学子走向优秀与卓越，实在凝聚了太多人的心血与辛苦，其中滋味，实乃纸笔难抒，恰如佛家舍利，凝在心间。衡，为永恒。

在通往理想的道路上从来没有终南捷径

赵大伟，衡中2006届248班，理科生

对于学习的心得，历来疏于总结，此时想来，却又突兀而清晰地出现于脑际，遂记录下来，希望对高三的学弟学妹们有所帮助。

一、关于课堂

虽然是老生常谈，但我以为仍有必要再谈一下。无论何时，课堂总是最重要的，课上老师的授课都是精华之精华、重点之重点，不要希望课下恶补来弥补课上的疏忽。另外，衡中的学生都很聪明，有人超前学习，课上便以为无所裨益，不认真听课。其实，预习是必要的，但预习的目的是为了更好地利用课堂，切不可反其道而行之。

二、关于笔记

上课时时间有限，而我们的大脑多数时候要处于思考的紧张状态，所以，那种照搬板书或将老师的话全部记录的方式是不可取的。作为理科生，物理、化学很有必要把一些重要结论和数据记下来，尤其是化学，很零碎又很无规律，平时可把重要的知识点在笔记本上梳理一下。数学则不能只记些概念及逻辑关系之类的知识，一定要做到以题为纲。英语笔记则重在积累小的语法点和单词。老师课上会讲解大量的单词用法和补充课外单词，在不影响听课的基础上多记，对培养语感也有好处，引用我们老师的话："让你的英语笔记本成为一部小型词典。"

三、关于改错本

实践证明，大力提倡的改错本确实功用非凡。但需要指出的是，改错本必须有实际意义，它的利用率是一个普遍的问题，要坚持高效地利用好你的改错本，才会真正发挥改错本的实际作用，否则就是只做表面文章，浪费了宝贵的时间。

四、关于时间

高三的时间紧是众所周知的，我不想再提高效利用时间的重要性，我只给高三的学子们一个建议：不和别人比，只和自己争。我们的精力过多地消耗在了无意义的比来比去中，心情也多多少少受到影响，这在高三紧张的学习中是极有害的，只有快乐而精神饱满地投入每天的学习中，才能拥有一个良好的状态，而良好的状态对于一个高三生来说，它的意义自然不言而喻。

五、老师的指导

高三老师个个满腹学问、经验丰富。老师的指导不仅重要而且十分关键，尤其是语文、英语等学科，注意事项、答题规范更是非常重要。建议同学们平时多和任课老师沟通，或请老师帮忙分析自己的情况，有针对性地进行指导，一定会受益颇多。

六、坚定的意志

求学路上，从来不会一路平坦，成功的鲜花只属于那些意志坚定、不断进取的强者。有人说高三是一笔财富，而我要说高三像一首歌，只有志存高远不畏难者才能引吭高歌、一生无悔。

在通往理想的道路上从来没有终南捷径，人间正道是沧桑，一路打拼，一路执着，成功的大门为每一个人打开，终有一天你会拥有属于自己的那片天空。

◎各类学子分享

学习并非一个痛苦的过程，
除非一直用痛苦的眼光去看待它

王　琪，衡中2009届327班，理科生

最近忙于日常事务，仿佛进入了与世隔绝的状态，在大学生活也来不及回顾的时候，猛然看见同学发来的2009年考上清华北大的衡中同学的照片，那时的我还是一个稚嫩的戴着发卡的小姑娘。像是一眨眼就被拉回了衡中，本以为长江后浪推前浪，我与母校都早已相互遗忘，却没想到当年的记忆还是这样触手可及。看到母校征稿通知的时候，一再犹豫自己作为"潜水"颇久的老人还要不要出来写可能已经过时的经验帖，然而仔细想想，正是我们这些经过了大学四年磨炼的人，才能从更长远的人生角度回看自己高中的三年，体会着当时的一个小习惯、一个小决定，对自己的将来意味着什么。如此便决定动笔写点东西，算作对自己高中生活的再次理解和感悟。

记得刚进北大的时候，像极了高一刚进衡中时的感觉，都是从一个小地方到了一个更大的环境中，原来在学校数一数二的自己瞬间被周围各种人才包围了，升学所常见的适应、压力、心态调整等问题也扑面而来。相对在衡中而言，在北大问题就更加明显了，有着各种经历、各种背景的奇才无处不在，仿佛自己在哪些方面都技不如人。任何环境都有曾经优秀的同学没有开好头，自暴自弃、一蹶不振的例子，因此能平稳地走到现在格外庆幸；不管是在本科学习中、出国交流中，和顶尖的同学一起保送研究生还是在实习、工作中，都能保持一种自信而谦卑的态度，而这种态度正是衡中给予我的终生财富。

高压力、高工作量是现在每个人几乎都会遇到的困难，我把自信而谦卑的态度在抗压能力中的应用解释为衡中一直提倡的"深潜"状态。高中的压力与初中、大学都不同，目标鲜明，竞争激烈，压力更是显而易见，再加上课程量大，特别容易造成毛躁紧张的气氛。如何对待这种高压力，正视三年貌似枯燥的读书生活，关系到高中学习的心态和成果，到现在我还记得高中班主任在班会上讲的企鹅深潜靠浮力上岸的故事。这就如弹簧一样，在合适的范围内，压得越狠，弹起来才会越高，只不过好多人只感受到学习的痛苦，而看不到自己积蓄能量爆发时的灿烂。从那次班会之后，我就一直坚信着"深潜"的规律，觉得自己现在受的压力再大，学得再多再累，都不是无用的，而是为了将来的厚积薄发——自己多努力一分，将来就能跳得更高一些。在我看来，我们做的每一件事情都是会对人生产生影响的，这些影响或快或慢，或大或小，或有形或无形，但一定存在。就比如除了应对高考看似"无用"的地理、历史知识会在将来某天旅游的时候化成看地图讲解的能力，物理、化学知识化为生活常识等。所以即使有些时候我们努力了但成绩不明显，需要思考的也只是使用的方法正确与否，而不应该怀疑付出一定有回报的定律，这样想来心态也会好很多，觉得每分每毫的努力都有意义。学习本来并非一个痛苦的过程，除非我们一直以一种痛苦的眼光去看待它。怀着对目标不灭的希望，低下头，承受压力，埋头苦干，才能把压力化成动力，实现将来真正的腾飞。

  需要我们以自信谦卑的态度面对的，不仅是压力和竞争，还有所学的知识。刚上高中的时候，本来以为数理化很好的我在开始的几次作业中都做得一塌糊涂，每次都需要在成绩单上倒着找自己的名字，当时还倔强地以为是考题的缘故，仍飘飘然地觉得是发挥失常，根本没有重视，成绩也就越来越不行，进入了成绩落差大——心情糟——成绩更差的怪圈。后来还很不懂事地哭过鼻子，也不想怎么解决问题，就只是抱怨成绩不好，好像马拉松赛场上刚开跑不久，看到自己一开始就落后了于是赌气撤出比赛了一样。幸好当时有父母的劝告，自己才能以一种平和的心态重新回到跑道上。印象特别深的是，在开学不久的第一次高一运动会后，夜幕降临，我一个人走在学校跑道上，看着不同跑道的不同起点，心里就想着，即使我与别人的起点不同，但不代表我不够快，赶不上别人。我可以勇敢地低头，谦卑地承认自己一开始的不足，但也应该有绝对可以超过别人的自信。后来在高中的三年学习里，我每每告诫自己，在知识面前，对于不擅长的要低头承认不足，并且从头做起，努力提高；对于擅长的永远不要存有得意之心，更要注意小心保持和不断补充。扎实巩固知识基础非常重要，而只有怀着对学问自信谦卑之心的人才能最大限度地吸收知识，将基础打牢。就拿我专修的英语语言文学来说，我在高中和大学都曾见过有过英语竞赛、出国等经历的英语优秀的同学因为一开始胜人一筹而放松了警惕，对老师留的任务和细枝末节的单词查找积累、名著阅读不屑一顾，时间长了，坐吃山空，强势变弱势，那些起点低但是一直努力的人反而后来居上。在求学的路上，不论走多远，只要还能再迈出一步，就永远还能有新的发现。

"三人行，必有我师焉。"孔老夫子这句话不得不说其意义于如今依然重要。先不说我们从其他人身上如何吸取经验教训，首先针对我们的老师就应该有一个正确的态度。原来在高中的时候就会听到各种关于老师的议论，后来自己在北京当老师的时候也发现现在的学生挑老师挑得愈加厉害。但是老师数量有限，学生众口难调，总不能老把老师换来换去的，只能让学生适应老师。我们经常看到某个同学因为喜欢某位老师而成绩突飞猛进，跟某位老师不对眼就成绩下滑等例子，这说明学生对待老师的态度，能否信任老师、正确对待老师，对其学习态度是至关重要的。我在刚上高三的时候我行我素，尤其在英语学习上，总觉得成绩一直很好，所以从来不怀疑自己的学习方法。但随着后来题量渐渐增加，我的阅读越来越跟不上速度。老师多次建议我尝试用快速阅读的方法，了解文章大意再带问题回原文找答案，可我一直不认同，坚持要仔细读完课文才做题，直到自习课上我完成的作业越来越少，英语考试的信心不断下降，这才肯转变思路，后来在老师的指导下，我的快速阅读方法应用得十分自如，不仅加快了阅读速度，为做题节省了大量时间，也提高了做题的准确率，我现在的英语阅读速度也受益于高三的训练。所以，老师能为老师，就一定有比学生强的一方面，尤其面对高考，老师们有极其丰富的经验。信任老师，发现老师的可取之处，才能在学习中收获更多，少走弯路，少犯错误。在老师面前，保有思维的个性，又要能谦虚地听取老师的意见，与老师讨论。

回想着过去的几年，也着实觉得成长真是件不容易的事情，然而我一直相信年轻人吃点苦是好事——经过高中的历练，有了良好的抗压能力和生活态度，才能在之后更激烈的竞争中坚持下来。一个被社会需要的人才，绝不是一个不会低头、自恃颇高的傲才，而是有自信、有抱负，能昂首挺胸，也懂得何时低头的前进者。普希金说："而那过去了的，就会成为亲切的怀恋。"

此去经年，应是燕园梦圆。

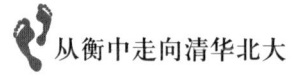

有勇气改变可改变之事，有胸怀接受不可改变之事，有智慧分辨二者不同

勾文慧，衡中2009届330班，理科生

三年衡中生活很难忘，有朝夕相处的同学、老师，更有自己奋斗三年的滴滴血汗。高中的我们像泥土中的种子，在衡中的土地上发芽、吸收水分、沐浴阳光，我听得到种子生长的声响。直到高考，小小的种子历尽艰险成为花骨朵。高考，是我们最灿烂地绽放。

经历了从小学到高中十几年的学习，每个高中生都是沙场上的老将，经验也像树的年轮一样一天一天增长。我的经验只是在无数次跌倒又爬起的过程中得到的教训，我的学习经验主要从两方面来谈：一是心态，二是方法。

把心态放在方法之前，是因为我认为心态在某种程度上讲是重于方法的，高考很大程度上考的是心态。在高三下学期，随着高考一天天临近，心里的弦也越来越紧，这样的紧张让人变得敏感，丁点的小事有时就会引起情绪波动，这样的状态对高考来说是非常不利的。所以，面对繁重的学习任务，它即使对于你来说过于繁重，也应该用一种平和的心态去对待它。平和不是放松，而是去接受你所面对的一切。记得李开复在写给中国学生的一封信中提到了这样一条做事原则：有勇气来改变可以改变的事情，有胸怀来接受不可改变的事情，有智慧来分辨两者的不同。已经成年的我们应该有度量去接受学习中的挫折，毕竟没有人可以一帆风顺地走下去。面前是无穷无尽的习题，有时满篇的错总是让我心里很不平静，脑海里总会出现高考考不好怎么办这种想法，其实这些想法都是没有必要的，我们要做的只是将眼前的这道题做好、改好、理解好，这就是一点一滴的成功。

关于学习方法，每个人都与众不同。一个人运用起来得心应手、最为高效的方法，对于别人来说却可能比没有方法更糟。衡中经常调座位，所以我有机会和许多同学坐同桌，细致观察他们，发现人和人的学习方法差别很大，所以即使是属于状元的方法，自己也应批判性地吸收，而不应该轻易改变原有的方法，更不应该因自己的方法与众不同而猜疑是否会被别人超过产生不自信的情绪。

作为一个理科生，大题量的训练是必不可少的，学校的学案、作业、自助，每天都要安排好时间来做。对于自助，我的同学中有一张不做的也有张张必做的，你可以根据自己的时间和习惯，针对当天学案、作业中出现的漏洞，对自助有选择地利用。对于数理化等理科，我习惯用整节的自习时间去做题、改错、整理；而英语、语文等记忆的知识点可以利用候操、打饭、课间的零碎时间多次重复记忆。多次重复是非常有效的记忆方法，其实，更多的方法在于你对自己学习过程的摸索、总结，以及对周围人的学习、吸收。

说了这么多，其实学习主要就靠两个字："用心"。只有做个有心人，才能发现生活和学习更多的奥妙。

从衡中走向清华北大

教育就是让人什么都忘了之后剩下的东西

许 哲,衡中2011届386班,理科生

不想说"时间过得真快"这类老生常谈的话,但的确是这样。离开衡中已经有很久了,在北大时我依然时常回忆起衡中令人难忘的点点滴滴。其实从衡中毕业后一直想写一些东西来铭记那不平凡的高中三年,时间久了我发现衡中留给我的一切随着时间的沉淀而更加深刻,永不流逝。

记得语文老师王文霞说过:"教育是什么?教育就是让人什么都忘了之后剩下的东西。"这句话到现在我才算真正地理解。

在外人眼中,衡中也许是一个管理太过严格的学校。外界太多的传闻让人们对它有无数种理解。在大学里,每当我向别人介绍自己是衡中毕业生的时候,大家都是满脸的惊愕,总会有人问我:"你们跑操的时候真的是要站那么紧吗?真的是要背书吗?"大家总会觉得衡中是一个只有做题机器般学生的学校,学生有做不完的作业,还有不可逾越的纪律。其实,对于一个每年有上百人考上清华北大的高中,这样的传闻也并不奇怪。曾在其中的我要说,真正体验过、经历过在衡中的三年之后,我对母校只有满满的感谢。

高中的三年无论对于谁都必定是充满挑战和艰辛的。从高一到高三,我也逐渐锻炼自己的心志。从刚开始远离父母的孤独、学习环境的不适应,到后来成绩渐有起色,再到高三时压力之下的极不稳定,最后临近高考时的积极调整取得不错的成绩,这个过程真的很漫长。这一路上因为有了老师、家人、朋友的陪伴,才让我如此坚强地面对一切失败和打击。我不想说太多的空话,因为那些看似华丽的话语也许并不是大家想要听到的,我想最平实、最朴素的语言才能更加真实地记述我从衡中到北大的心路历程。

一、你能,是因为你相信你能

刚上高一的时候,我们班有一位当时衡水市的中考状元(她后来考上了清华),每次考试她的成绩总是很好(我并不觉得她在教室里学习的时间比我长,那时我几乎每天中午都是最后一个离开教室去吃饭),而我的成绩总不见起色。

有一天，我问她到底有没有什么学习的好方法，记得她说："你能，是因为你相信你能。"真的是这样，如果你自己都不相信自己，那么谁还会相信你？班里同学的水平相差其实并不多，不要觉得你本来就比谁差。只有相信自己行，你才有勇气面对失败和挫折，你也才能让老师认为你有提升的能力。

说实话，虽然我当时把北大定为自己的理想大学，但我绝大多数的考试成绩并没有达到那个高度，年级的前几名永远是班里经久不衰的尖子生，可是我就是一路坚持了下来，一直把北大作为自己的目标，我相信自己，相信付出一定会有收获，相信总有一天我可以超过别人，无论有没有人关注我，无论别人的目光是鄙夷还是冷漠。

高三那段时间，我的成绩波动特别大，尤其是分班换了同学和老师之后，自己有很多的不适应。两次考试，时间相隔仅仅一个月，前一次成绩年级排名80名左右，而下一次却排到了800多名。但是我没有过多的懊恼，我已经做好了心理准备，甚至在和老师及家人说起的时候我自己都带着几分滑稽的语气。因为我知道，这不是高考。既然我有考年级80名的实力，我就相信不是我的能力有问题，我就相信我能够纠正自己的心态和方法。事实上，高考的成绩是我高三一年最好的成绩。

二、我要上北大

高二的暑假，我曾到北大参观，那是我第一次到北大。在西门，我站在"北京大学"四个字下面拍了一张照片。后来我把这张照片贴在了自己的书桌上，每天离开座位的时候总要看一眼。

翻开高三时学校发的"计划本"，看到距离高考156天倒计时那一天开始，此后每天回宿舍之前都会在纸张的最下端重重地写下"北大"二字，不论心情是好是坏，不论成绩是好是坏，就这样一直坚持到高考最后一天。无论一天的学习过程中遇到了怎样的困难，也无论自己有多么累、多么厌烦，当我认真地写下"北大"这两个字的时候，我就知道，我不能放弃，我不能轻易放弃。那时"我要上北大"成为心中的一个目标，一直支持着我走到最后。

还记得距离高考最后的几个月，班里每天都有同学在上课之前在全班同学面前说出自己的目标大学、竞争对手或是自己的座右铭等，日期由大家自己决定。我选择在5月4日这一天，为此我准备了很长时间。当时我站在讲台上，在老师和全班同学面前说出我的理想，现在我依然记得，我的最后一句话是这样的："我不希望高考之后，我指着那些考上清华北大的人的照片对别人说这个人是我们班的，我要说这个人就是我。"那时看似遥远的梦想，后来真的实现了。

三、勤能补拙是良训

我必须承认自己并不属于聪明人，也不是那种老师一讲就会、举一反三、融会贯通的学生。班里聪明的"天才"有很多，那些每天花同样时间却能够比我做更多的题、做得更好的人有太多太多。学校每年也会请已毕业的师兄师姐回校介绍学习经验，每次听到他们说自己没有考进年级前30名就到了成绩的最低点之类的话，我的心里总觉得简直就是天才们的讽刺。像我这样一个非典型的理科生，一个数理化拿不出手的女生，确实感觉上课或者做题有些吃力。但我始终相信勤能补拙（每天晚上下自习之后，我尽量在教室里多做几道题，多做总结，然后锁上教室的门，再飞快跑回宿舍），但也不是说光靠蛮干，毕竟到了高三大家都会努力，重要的还是效率，还是在于你学习时的专注程度。

高三的最后一个寒假，学校只放了一周左右的假，却有很多的作业。那时我感冒，每天都要去输液，就在输液的过程中我做完了英语试卷里的所有阅读题。假期我在没有电视、电脑的屋子里写作业，只是吃饭的时候妈妈把饭菜送进来，其余的时间我都在学习，连春晚都没有看。但是我当时心里一点也不委屈，甚至还有一些欣喜，因为我知道这是在为自己奋斗。过了寒假，高考会一天天临近，等一切过去之后，我再也没有这样的一个机会能够在如此有限的时间里左右自己的命运，还有什么事情比这更值得的呢？现在，我真的没有后悔，没有遗憾。

四、士气高昂，展翅飞翔

从高一开始，我们每个班跑操时都要喊出自己的班级口号，一直喊到高考。开始我并不理解，可是时间久了，我们真的会因为这个口号释放出心中的压抑，给自己更多的信心。"士气高昂，展翅飞翔"，这个口号伴随我们班走过春夏秋冬的每一个早晨。通过口号我们可以看出一个班级整体的精神状态，口号也似乎成为班级与班级之间较量的一部分。高三后期，每天早上和下午上课之前都会集体宣誓，假设你稍稍有些迟到了，就会听到整个教学楼里一阵阵呼啸而过的呐喊声，那真的是一种振奋人心的力量，会让你每天都有一个好的开始。班里的墙上也都挂上了红色的横幅，写着"审慎、规范、准确、速度""明天我要比今天做得更好"诸如此类的话，教室外面也同样挂着横幅，上面有每一位同学的签名和各自的理想。如今想起当时的场景不免有些惭愧，大学之后我似乎没有了过去那种只为学习和理想的强大和单纯的动力。

口号和誓言以及自己心中默念的目标伴随我们走过备考的每一天，在那种每天都是士气高昂的氛围中，渐渐体会到了老师们的良苦用心，渐渐忘记了曾经的低迷，渐渐以饱满的热情投入学习，渐渐学会了自我鼓励和相互鼓励。

五、老师永远在身边

仔细想想，高中三年教过我的老师有三十多位，所有的老师绝对都是认真负责的好老师。在我的印象中，听师兄师姐们说过最多的一句话就是"紧跟老师"，按照老师的要求去做能够避免自己走弯路，能够提高自己的效率；遇到问题请教老师，老师们一定会尽力帮助学生。每一位老师都是那么兢兢业业、无私奉献。

我一共有过四位班主任老师，每当我遇到困难找老师倾诉时，他们都会耐心地帮我分析原因，寻找解决办法。在老师面前，我有过因成绩好而展露出发自内心的欢笑，也有过失败后难以控制的泪水。在老师面前，我可以毫无顾忌地说出自己所面对的困境，因为我知道老师们会给出对我最有益的指导。

衡中的老师很辛苦，而且每一位老师都有很大的压力。在他们关注班里每一个学生的学习情况的同时，还要备课、组题、批改作业、开教研会。他们甚至把自己的孩子都放在了学生之后，当我们有困难需要帮助和鼓励的时候，他们会一直陪伴我们、支持我们。他们一直在我们身边。

六、可怜天下父母心

对一个班级来说，我们每一个人都只是几十分之一，但是对于一个家庭来说，在父母的眼里我们却是百分之百，父母对于孩子的希望超过了家庭的一切。最初我离开家来到衡中，因为路途遥远，每年只有寒暑假才能回家。父母送我去衡中上学必然也是经过了反复考虑的。高一时我由于不适应住宿生活，总是会哭着给家里打电话。有一天，一位老师说也许我们打完电话后就可以躺在床上睡着，却不知道父母可能因为我们的电话而在家里有多少放心不下的牵挂，我因此明白了，我要学会坚强，我要学会独立面对生活。

高二那年，学校请来一位演说家为我们讲述"感恩"主题，每位同学都请来了自己的父母。演讲者煽情的话让在场几乎所有的人都流下了泪水，我清楚地记得那是我第一次对自己的父母说"爸爸妈妈我爱你们"。学校精心设计这样的讲座，不光是为了让我们学习上更有动力，也是在教导我们如何做人，如何做一个大写的"人"。

上了高三之后，给父母打电话的机会少了，但是每次和父母联系，父母都会不厌其烦地听我倾诉，给我鼓励。每次放假，学校大门口总是早早地排起长队，家长们在寒风中久久等待，只为能够早点见到自己时时牵挂的孩子；在短暂的假期之后，家长们极力掩盖起不舍的眼神，剩下的只是一个微笑，他们拍拍孩子的肩膀，看着孩子走进学校，消失在自己的视线外。高中三年对我们来说是考验，对于我们的父母来说又何尝不是一种考验呢？

七、朋友一生一起走

与我们一起并肩奋斗的还有我们的同学。多年之后当高中的同学相聚的时候，大家一定会因为曾经我们共同为梦想打拼的那一段日子而感到由衷的欣喜。同学是你的对手，但也会带来鼓励。

一位老师曾说："一定要给自己找一个合适的对手，但不能是自己，因为那样会使你缺乏竞争的勇气。"我把我的一个好朋友定为对手，每一次考试，每一次作业，甚至仅仅是做一道题，我都要找出自己和她的差距在哪里。当你通过自己的努力超过对手时，内心的那种成就感是别人无法体会的。与对手间的竞争会让你进步更快，也会让你有更大的动力和热情。

当然同学之间更多的还是相互的支持与鼓励。每当自己心情不好时，身边总会有朋友安慰我、鼓励我。我们一起在远足的路上相互搀扶，我们一起在成人典礼上分享蛋糕，我们一起在倒计时的书签上写下赠言，我们一起解决难题分享方法，我们也曾一起放飞孔明灯……还记得一位同学为我写的一首藏头诗：许愿默念空冥间，哲人去兮早日还。快语且待金榜后，乐安天命尽欢颜。朋友们的支持给了我无尽的感动。

八、花开不败

高中时的每一次班会，老师都会精心准备，为我们讲一些励志的故事，介绍一些杰出的人。每个星期，在紧张的学习之后，我都非常期待这个能让我暂时放松的时刻。记得老师当时分享过一篇文章《花开不败》，看过之后我感触颇深。"高三的三百多个日日夜夜里的一点一滴，也正如一朵一朵姹紫嫣红的小花，开在每个人的心里。也许不是每朵花都美丽得惊天动地，不是每朵花都香艳得惊世骇俗，也并非每朵花都能结出丰硕的果实。但那些花儿的确真真实实地在每个人心中最柔软的地方绽放过一回，也确确实实留下过一些花开的甜香。这些花儿的影子连同高三带给我们的是今天我们用来看世界的一双成熟的眼睛，这份刻骨铭心会影响着我们今后在人生路上的每一个选择，每一次决定。花儿开过了。我们承认也好，忽略也罢，只要花开，就会不败。"当时读到这里，我甚至流下了眼泪。

是啊，每个人的心中都会绽放属于自己的花朵。似水流年，花开花落，我们站在岁月的河边，看流水轻轻划过。高中的三年是我们人生一次宝贵的历练，是人生中一次难得的洗礼，它让我们成长，让我们成熟。当这一切都过去之后，我们会永远记得青春的花散发出那一缕缕沁人心脾的幽香……

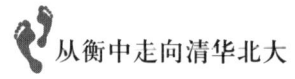

与其说熟悉知识和解题套路，不如说更熟悉自己

刘一迪，衡中2011届386班，理科生

有些岁月久了，再次拾起来还会很怀念。那些没齿难忘的往事无论什么时候都会记得，也许已经不那么清晰，但那种感觉、那种味道、那种淡淡的泪水味的苦涩，还是记录着那些年的存在和那些青春的意义。

我的高中关键词：衡中，青春，坚持，泪水。

学习篇

关于衡中，关于我的青春，我觉得一切都要从学习开始回忆。这条伴随着我前十几年的主线，在高中阶段成了唯一重要的东西。

一切以学习为重心，却收获了健康的性格。虽然时至今日，我会觉得这样每天完全是学习的方式需要辩证看待，但这种专注的精神是我这辈子都会受用的。

上高一的时候，自己不是很能适应这样的生活，会违纪，会考试失利，会做不完作业。当周围的人都成为自己仰望的对象的时候，卑微感一下子涌上心头，而且就这样一直跟了我三年。这种卑微感让我的心沉静下来，开始思考别人的优点、自己的优缺点，开始思考自己的路，开始理智考虑学习，考虑生活，考虑自己的性格。高二的时候学习有了一点点的起色，但还不是很理想，但那种学习是一切的思想在那个时候却基本形成了。开始放弃原来浮躁的自己，放弃好多不切实际的想法，放弃"面子"，放弃无谓的自尊心，开始变得务实、谦逊、执着。

我觉得经历了高一一年的蜕变，高二的我就像刚出壳的小鸡，开始渐渐形成一个新的我。在学习的过程中，我感受到了自己性格的改变，从浮躁、幼稚变得沉静、执着。

高三一年，实现了我的飞跃，学习习惯慢慢形成，有了自己的套路。与其说更熟悉知识和解题的套路，不如说更熟悉自己。遇到难题，开始分析做不出的原因，分析自己的思路死角。这些东西都让我明白，不能解决困难是因为自己还不够了解自己。

生活篇

主线结束以后,我想说的就是生活,这是离开衡中以后我才意识到越来越重要的。也许是衡中替我们做了太多,让我们觉得这些都是学校应该做的,有时候还会怨恨学校。现在诸多事都需要自己亲力亲为的时候才发现,我们应该多么感谢母校。

衡中教会我规律生活、健康生活。衡中让我学会了规律的作息,每天晚上10点睡觉早上五点半起床,每天按时吃饭,合理安排学习时间。如果没有这些准时的时间安排,自己怎么可能保持旺盛的精力,怎么可能高效地投入学习?而这些都是自己在上了一年大学以后才慢慢体会到的。刚上大学的时候,每天的学习时间不能保证充足,睡眠时间不足,有时候嫌麻烦就不去吃饭了,生活上常常遇到各种各样的问题。当健康状况渐渐不如从前的时候,不由得想起了在衡中的一切。

衡中给了我最珍贵的友谊。在衡中,我遇见了我这一辈子都会珍惜的朋友,她考入的是清华。我们当年在衡中每天一起学习一起吃饭,一起哭一起笑,一起在回宿舍的路上边笑边唱跑了调的《我相信》,那时候我们约定有一天一定一起在大学里再唱这首歌。现在当我们一起在学校骑着自行车一起唱《我相信》的时候,那些年的画面一下子又那么清晰。一起追过梦的我们,一起走过青春的战友,就这样成为我们轰轰烈烈青春里最华丽的背景。

衡中给我的一切我都会记在心里。

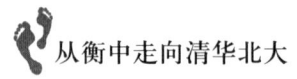
从衡中走向清华北大

凡汗水浸润之地，必托起腾飞梦想

赵　琳，衡中2012届429班，实验班

离开衡中越久，回首衡中的一切越清晰：整齐的跑操，响亮的口号，激情的讲课，可爱的老师，亲爱的同学，可口的饭菜。当然了，也会有漫天飞的卷子、不断的面批、一次又一次的考试、成绩的退步，可是无论是喜还是愁，我只能说，当我离开衡中再回想这一切的时候，我的心里剩下的只有感激！

作为一个普通班的学生，我确实有些许的自卑，年级排名排到1000多的我，对清北，不敢抱任何的奢望。文理分科，我选择了文科，由于实验班的扩充，我很幸运地进入了实验班。但是，我对文科有种天生的蔑视，以为它很好学，有些目空一切，结果分班后的第一次考试，我以班里27的学号考到了班里40多名，这犹如当头棒喝，我猛然惊醒，明白了两件事：第一，文科也不那么容易；第二，班里人才济济，你什么也不是。整个高一，我的成绩起起伏伏，虽然曾经辉煌过，但是离清北依旧很遥远，可是我忽然有种想考清北的冲动，虽然这种冲动在高二也被打消过。

刚刚进入高二，在所谓的小学期成绩就一直在退步，直到高二正式开学之后，成绩依旧没有什么大的起色，看着曾经水平相当的同学纷纷取得了进步，我却依旧原地不动，不禁暗暗着急，在课间，我也会闹会笑，可当一个人的时候，就会很责备自己，为什么成绩上不去？就这样浑浑噩噩地度过了高二上半年，下半年忽然将四个实验班缩成了两个，虽然上学期成绩不理想，但是依旧勉强进了实验班，在强手如云的地方，更加凸显我的渺小。那时我就在想，我已经离清北很远了，还是上个普通的大学吧。在实验班中，我感受到了落后的悲哀，没人责备你，但看到别人耀眼的成绩时，我问自己，为什么在同一个教室上课，别人能考第一，你却只能垫底？或许是一次次的自责，加上一次次的努力，直到高二结束时，我的成绩总算冲到了中上游。

高三匆匆来了，离高考越来越近了。我的成绩刚刚稳定在前100名，作为一个没有太大追求的人，这样的成绩我很满意。可就在我以为成绩会这样一直顺利的时候，高三小学期结束时的考试我考到了年级292名——退步200多名！我当时装作很镇定，给自己找了很多客观理由，什么没睡着觉了、状态不好了，但是心里仍旧有忍不住的担忧，成绩怎么会退步这么多，我是不是跟不上了？快高考了，我该怎么办？暑假过后，二调考到了年级250名，心理防线彻底被击垮，我打电话给爸妈，本想故作坚强，可是听到他们声音的一刹那还是很不争气地哭了。我从没哭过那么惨，整整20分钟我都在哭，说我的努力，说我的付出，说我的失败，其实也是在说我的害怕。高考一步步走近，我不能失败，可成绩却一次次地让人大跌眼镜。时间留给伤心的并不多，哭过之后，一切还要自己面对。

不得不提的，我高三时的班主任——燕姐。我从不找老师，在高三经历过如此惨痛的失败后，我不得不去找人倾诉。燕姐很耐心，她没有训斥我，而是很平静地分析我的成绩，我的弱势、优势，大到文综小到一个题目，整整20分钟，我有种脱胎换骨的感觉。以前很迷茫，猛然间，一条路出现了。有时我们认为老师很严厉，可当你真正接触她时，你会明白老师一切都是为了学生，不要害怕和他们交流，有时他们的一句话顶过你一个星期的忙碌。

我抓紧我的优势科目，是优势就要把它发挥到极致。对劣势科目也不畏惧，尤其是文科，成绩起伏很正常，所以对待弱科，做到问心无愧即可，成绩只是暂时的。数学的小题要注意，计算这种小问题坚决不可以忽视。文综，多数是背诵，紧张的高三学习，没有留下太多背诵时间，所以上课便成了记忆的另一大战场，边听边记，没有走神的时间，提高了课堂效率，更节省了课下时间。错题分类整理，做到心中有数。经过这样一个月的努力，我终于恢复到了正常的水平。但是当老师在课堂上问有多少人想上清华北大的时候，懦弱的我还是不敢想，看到那么多人都想上清北的时候，我问自己：凭什么他们可以，我却连想都不敢想？于是我在心里暗暗发誓，我一定要考上清北。

从来没想过自己会那么努力，吃饭时间由10分钟缩短到5分钟，为了节省时间，基本上一学期中午都是吃面条。课间去厕所，跑着去跑着回来；候操的时候记忆历史，跑操的时候脑子里重复刚刚背过的东西；课上走神就掐自己……或许在别人看来，这样的生活很可怕，可是没有这样的努力，怎么会取得好成绩？燕姐常教育我们，没有吃不了的苦，只有享不了的福；人总要苦一阵子，但不可能苦一辈子。通过一次次的努力，我的成绩终于稳定下来，基本上是稳步上升，到了下学期，我的成绩越发优秀。直到高考，我都很坦然。高三一年，我很努力，成绩都是过去，我相信努力不会白白付出。成绩出来，我顺利地被北京大学录取，来到了我梦想已久的未名湖畔、博雅塔下。

  我之所以能有今天的成绩，最该感谢的就是衡中。虽然衡中的军事化管理遭到了很多人的抱怨，但是经过我的切身体会，我可以很郑重地说，没有这种环境，我们一定无法拥有这样优秀的成绩。我们的跑操，整齐划一的口号声反映出了衡中人追求卓越的信念；我们的老师兢兢业业，从早忙碌到晚没有一句抱怨；我们的学案、自助全是精华，充实了我们备考的资源，正是因为在这样的学校，我们才能取得优秀的成绩。我们感恩衡中，她不仅让我们成才，更教会了我们如何做人。高一的八十华里远足，帮我们磨炼斗志；高二的成人礼，使我们明白了责任的含义；高三的百日誓师，让我们追梦的激情燃烧……走入衡中时，我们是个懵懂的孩子，是衡中，帮我们把青春演绎得淋漓尽致。

  衡中，梦想起飞的地方；衡中，带我走向清北。

成功无捷径，除了虔诚的付出没有其他的路可走

马秋朔，衡中2012届429班，实验班

从一个紧张忙碌的高中生，蜕变为一名游走在未名湖畔、博雅塔下的北大人，2012年夏末秋初，我从衡中来到了北大。

有时候我喜欢坐在未名湖边的长椅上，静静地凝视着眼前的景色，如同梦境一般。其实考上北大于我来说本身就是一个梦，一个只能幻想却从来不敢奢望能实现的梦，可这个梦最终实现了，从未把清北当作自己目标的我却真切地坐在北大的教室里，心底涌起感动，回想起一路走来的点点滴滴，回想起衡中。

衡中，让我有机会来到北大的地方。

以前我只是知道很多人都听说过衡中这所学校，但上了大学之后我才发现衡中的知名度远远超过了我的想象。每当我告诉别人我是河北人的时候，他们总会脱口而出："你是衡水一中的吧？！"惊讶之余，心里也会有一些小小的自豪，为自己身上打着衡中人的烙印而自豪。

谈起衡中，人们的评价有正面也有负面。其实作为过来人，我只想说，她只是一所学校，只不过是用自己的方法、自己的努力取得了异于其他学校的成绩而已，她不应该承担太多的舆论压力。

如果你是衡中的同学，请你珍惜她，因为她给我们创造了无与伦比的激烈的竞争环境与浓厚的学习气氛，你一定会被她天道酬勤的氛围、专业认真的精神和老师们的人文关怀感染；如果你是衡中之外的人，也请你理解她、包容她，因为我们身处全国一本录取率倒数第二位的河北省，分数线如此之高，竞争压力如此之大，若没有衡中，多少人的梦想恐怕一辈子都难以实现！因此无论我之前在衡中是多么纠结，但离开她之后我还是要承认，没有她就没有我的今天，我还是要向她说一声：谢谢您，我的母校！

能够进入一所重点高中念书自然是好，倘若没有这样的机会也不必太过懊恼，毕竟学校、家长等都是客观因素，事在人为，只要主观努力到了一定程度，一样可以取得成功。高中三年是大家公认的一个关键时期，压力最大，学业最辛

苦，但成长也最剧烈。

这三年，自己既经历了很多坎坷曲折，也积累了一些有益的学习心得，能够最终取得成功，想必也是在这些经验帮助下的结果。下面我想和大家分享一下我认为比较重要的一些体会。

在学习方面，我认为大目标不必定，需要制订的是一些具体的计划。

这点恐怕是我与大多数人不同的地方，因为几乎所有学校的老师都会鼓励我们为自己设定一个理想大学。但我认为，其实高中学习很简单，因为它的目标是单一的，就是分数越高越好，这就是本质。目标定得过高，可能会成为压抑自己能量的包袱；目标定得过低，就难以激发出自己真正的潜能。高中三年我从未把清华北大当过自己的目标，我只是告诉自己不要想结果，尽最大的努力就好，这样坚持下来的结果才会是问心无愧的。但在一些细小的环节，是需要用心设计的。比如，这一阶段我的重点在哪儿，这一天的早读、自习怎么安排最高效。只有把握好老师的教学规律以及个人的特点，才能实现最优安排。

成功无捷径，除了虔诚的付出，没有其他路可以走。所有经历过高考的人都会明白，在这条竞争残酷的高考之路上，我们除了竭尽全力别无选择。或许很多人想快乐地学习与生活，做到了，很好；做不到，说实话，我觉得高中三年真的是苦大于甜，让自己疯狂地学习有时候很痛苦，我不觉得那样的日子有多青春多美好，我只是单纯觉得值得，至少回忆起来不后悔。

其他的话，我也无须多言，想必很多过来人都会跟大家强调这个道理：不要嫌苦嫌累，不要怨天尤人，因为这就是成功的规律。

塑造良好的心态，即给自己正确的心理暗示。我始终把自己高考的成功归于自己心态的成功。在我看来，在肯付出的前提下，最重要的不是学了多少知识，而是有一种正确的心态，要明白在什么场合要跟自己暗示些什么，且越到后期越是如此。

要有勇气下定决心做事，并坚持到底。我高中好好学习的时间只有一年，一部分是高二上学期，另一部分是高三下学期，其他的时间都可以用混日子来形容。因此，在高三下学期之初我开始决定要玩命学习的时候是有些不自信的，因为自己荒废了一年，而且在那所天才、神童一抓一把的学校里我从来没觉得自己有多聪明。可我告诉自己，不要再想过去你落下多少东西！只要你拼命地走好下面的路就对了！你已经没退路了！学吧！我相信我是能力挽狂澜的那个人！就这样，尽管情绪起起伏伏，可我一直咬着牙走过了最后那几个月的路。

要懂得取舍，学会衡量。如果你总为一些儿女情长、哥们姐们牵肠挂肚的话，如果你总因为其他各种看似难以放下的东西而患得患失的话，那么我只能劝你一句：别傻了。有些事情可以等到高考以后再做，有些不能等到高考以后再做的事情估计也没必要再做。认定自己耗尽三年想要的究竟是什么再去决定。没有什么是放不下的，只要你想成功。

要灵活地给自己心理暗示，特别是在考场上要保持镇静，尽己所能。例如，就我个人而言，我的英语和文综较好，而语文、数学较差，在考英语和文综的时候我就会告诉自己，平时好和考试好不能画等号，考试就看临场发挥，别嘚瑟，认真做题；而在考另外两科的时候，我就会想，我平时已经努力了，平时能做好那我考试也可以做好，放平心态即可。这招对我确实奏效。再比如，文综和数学都是时间比较紧张的两个科目，但我做文综时会适度频繁地看表，提醒自己不能怠慢任何时间；而做数学时就少看表，避免自己紧张过度。

必须要学会抗压，特别是高考之前一定不可以觉得自己还有很多东西不会。面对高考，谁能不紧张？这个节骨眼上各方面压力一起袭来，谁能扛得住谁就赢了。"面对压力，最好的想法就是没有想法。"在高考前几天的自主复习期间，我看到同学们翻看了好多资料，而自己光改错就几乎耗尽了时间，不免有些心慌，可后来在班主任给我们放的学长寄语视频上听到这句话后，我慢慢稳住了心态，反正知识永远复习不完，保持题感与心态最重要。

最后我想特别强调一下改错。如果在我面前摆着一套新题和一套需要整理的旧题的话，我肯定选择后者。一则我认为我们学校本身题量就很大，该见的题型在平时做题都可以见到，没必要自己找题；二则改错、反思是真正能给我提高的东西，一味地做题最后什么都剩不下。不要看别人又多做了多少题，不要怕自己总结归纳一道旧题花了多少时间，要清楚万变不离其宗，要是真想到点子上了，把本质弄清并能应用到别的题上去，这绝对比傻做题简单改个错要强得多！

不知不觉中已经说了这么多，可能真的是一路走来有很多话想要倾吐吧。各位学弟学妹，不知你们听完我的一番絮叨后是否有所感触，不过我想说的是，你们不一定非得时刻把考清北挂在嘴边，甚至不用挂在心里，像我一样，不想任何后果，尽自己最大的努力，最后结果如何，那都是天定的，只要自己无悔，就不怕去面对。

最后，我想以此结束我的文章：因为我们没有什么不同，天黑时我们仰望同一片星空，没有追求和付出哪来的成功。谁说我们一定要走别人的路，谁说辉煌背后没有痛苦，只要为了梦想不服输，再苦也不停止脚步。

◎各类学子分享

有梦不觉天涯远

李小雨，衡中2012届429班，实验班

2012年9月，彼时已踏上燕园的净土，驻足这湖光塔影中，心里挥之不去的却是那段刻骨铭心的衡中岁月。曾经的不满与无奈渐渐淡去，升腾起的感激与怀念充斥脑海，剪不断的情愫仿佛是一道不可破解的魔咒，一遍遍地在无数毕业生身上应验。因为，经历了那不同寻常的三年，我们最终明白，衡中在我们的成长中何其亲切、何其重要！

衡中教会了我们什么？她告诉我们，学习是一个人的事，外在的力量敌不过内心的动力；她告诉我们，学习又不是一个人的事，衡中的每个班级就像一个真正的家，每个人都要为班级的荣誉而努力。

大学里我们可以上QQ，可以刷人人，关注别人的新鲜事的同时自己却备感空虚，我们开始怀念那一段赤白干净的清凌时光。没有任何可以让我们分心的杂事，生活中纯粹得只有学习。那时的我们，不带手机，不玩电脑，高高的书堆后是埋头苦读的身影，最大的娱乐是班会课上的视频和作文课上的活页，可是我们很快乐，那种不辜负每一分钟的充实感，在外人看来的"艰苦卓绝"，却是我们此生都不会忘却的记忆。

见过了太多对衡中生活的回忆，诸如"课间的卷子像雪花般飘落"，现在自己看起来都感慨万千，只是当时我们都那么心甘情愿地接受，因为我们没有抱怨的工夫。所有与学习无关的事都被压缩到了极限，曾经的我们对着奔跑的高三生唏嘘不已，不知不觉中才发现自己在学校里也逐渐开始一路狂奔。"时间"与"效率"是衡中最常听见的词，"两眼一睁，开始竞争"真的是很恰当的描绘。早上起床到操场的时间从7分钟缩短到5分钟甚至3分钟，操场上是令自己感动的呐喊；中午离开教室的时间从12点25分到12点30分甚至到12点35分，"灌饭"而非吃饭的时间可以以秒计算；到了最后的阶段，为了宝贵的上课时间，我们取消了下午课前的宣誓……

衡中的每一个学生都是有梦想的孩子，就好像我们的校训"追求卓越"。追求卓越——哪怕全班、全年级只有一个人做好，那么，那个人为什么不能是我呢？老师常说"求其上者得其中，求其中者得其下"，敢于争取高目标的人才会是最终胜利的人。高考倒计时50天时，我们在红色横幅上写下自己的目标，那些铺天盖地的"清华北大"让人动容。我记得全班站在桌子上让人热泪盈眶的宣誓，记得自己为梦想拼搏时洒下的汗与泪。这样充满激情地奔跑，让我们的青春无悔。

有梦不觉天涯远，梦想就是我们发自内心的动力，严格的管理是外在的形式，却不是成功的根本。在大学，有好多同学问我："你们学校那么苦，你们不觉得累吗？"甚至有人问："你们是不是被洗脑了？"我总是会告诉他们："不是这样的，我们学得很快乐，所谓的被洗脑只是因为我们活得纯粹，活得热烈。"在衡中，我们逐渐变得强大，周日测试早就不值得我们抱怨，因为数学的周二测、文综的周三测与周五测还在等着我们。成绩起起伏伏，眼泪却不再廉价地流，因为所有人都知道，最后的目标是高考，最后的梦想是大学，高考前一切辉煌或暗淡都是虚幻。无论我们怎样努力，我们都可能失败，但无论我们怎样失败，我们都只能更加努力，我们在前行的道路上，无论艰难险阻，都不曾回头。

很多人以为衡中像一所监狱，有人想尽办法将她妖魔化，是因为他们看不到学校里氤氲着的无尽温情。在我的上学生涯中，再没有一所学校的同学比衡中的朋友感情深厚，我们尊重彼此心里神圣的殿堂，我们在前进的道路上共担风雨。高三时，我们班的状态曾处于低谷，连续8次被兄弟班踩在脚下，每个人肩上的担子都是沉甸甸的。我们一起在班会课上分析现状，找解决方案；一起在考试前互相鼓劲；一起在考后带着期望查询班级成绩；一起承受那种骇人的沉默；一起挥洒着泪水奔跑在操场上伤心难过……全班同学和所有老师，就像是一个温暖的家，而这个家，在最后的关头，没有让我们失望。

高考前的几天，学校的减压措施一项项地推出。教室里倒计时的牌子被取下来，教学楼中央用鲜花堆砌出笑脸，老师们也都带着一些"拼到最后"的亢奋。还记得班主任燕姐在讲台上气势磅礴地开班会，我们却早已在下面哭红了眼；还记得那些天我们用一角钱就可以吃遍食堂的强大福利，每天晚上9点就可以洗漱睡觉的丝丝欣喜；还记得小小的燕姐带着两个大大的装满茶叶蛋的桶在跑操地点笑眯眯地等着我们，以及所有的蛋糕上都印着"高考必胜"的字样；还记得每场考试后走出考场的第一眼就能看到老师信任的眼神和如花的笑靥……衡中，是你不曾想到的充满爱的地方，因为那里，有你这辈子都刻骨铭心的恩师与挚友，他们的出现，让你的成长不再寂寞。

　　对于衡中，每一届毕业生都有无尽的情感想要表达，只是真正提笔时才发现语言的干涩，怎么也表达不出这种复杂的情缘。我知道，衡中的岁月，已成为我一生的转折。寒窗数载，一朝梦圆，所有的泪与汗，所有为梦而拼的奔跑，所有的努力与付出……只要此生的青春在衡中被演绎得淋漓尽致，一切的一切就都值得了。

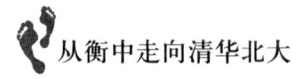
从衡中走向清华北大

学校对于快乐的学习者是天堂，对于愁苦的学习者则是地狱

武 丹，衡中2004届208班，普班

学校对于快乐的学习者是天堂，而对于愁苦的学习者则是地狱，那么大家是想生活在快乐的天堂里，还是生活在地狱里，你们一定会异口同声地说："我要天堂！"

是啊，如何才能在学习上笑逐颜开呢？以我粗浅的经验，总结了一套学习方法，仅供大家参考。

在学习上，主要强调个人的主观努力，掌握一套最好的、最适合自己的学习方法将会起到事半功倍的效果。

第一，最重要的应该是确立一个合适的目标。

一个合适的目标好比海上的明灯，指引我们前进的方向，使迷航的船只驶入正轨。无数人的经验证明，明确的目标对学习的作用功不可没。目标的设定一定要切合实际，切忌好高骛远，一个明确的目标应该使人感到可以达到却也不是唾手可得，正如我们老师说的跳一跳可以摘到桃子。如果不跳就可以摘到桃子，那目标就定得太低了；如果努力跳也摘不到桃子，那就会给自己心理上造成一种挫败感。

目标可以分为两种：近期目标与长远目标。近期目标完成（如本周学习计划）可以帮助我们循序渐进；远期目标（如在期末考试中提高成绩）可以用较宽广的视野来检验我们的努力程度，反馈现实差距，从而鞭策我们加倍努力，策马扬鞭。

第二，在学习中要充满必胜的信心，充满克服困难的勇气。

面对失败的痛苦，面对现实的差距，面对如崇山峻岭般的阻碍，充满信心，对自己说："我一定能行！"面对成功的喜悦，要对自己说："没有最好，只有更好！"信心意味着锲而不舍，意味着永不放弃。充满信心，拼搏就不会有遗憾。

第三，学习过程中恰当的技巧也必不可少。

下面，我简要谈一下语数外这三大学科。

语文的学习是一个长期积累的过程，书本上的基础知识一定要认真掌握，同时也要涉猎大量的课外知识，学习一些杰出作品思维的新颖、语言的优美、结构的缜密，这对于提高我们的阅读写作能力大有裨益。

对于数学，首先，要培养对数学的兴趣，课上一定要认真听取老师的讲解和强调的重点，熟记课本上重要的公式定理，课后要经常复习，这样才能打好数学学习的基础。其次，数学学习是一个循序渐进的过程，要想一步登天是不现实的。熟记书本内容后将书后习题认真写好，有些同学可能认为书后习题太简单，不值得做，这种想法是极不可取的。书后习题不仅可以帮助你把书本内容记牢，还辅助你将书写格式规范化，从而使自己的解题结构紧密又严整，公式定理能够运用得恰如其分，以减少考试中无谓的失分。最后，适当增加题目的难度，由浅入深。刚一开始做起来可能会比较吃力，但这种锻炼有利于数学思维模式的形成，即使做不出来也不要气馁，结果并不是最重要的，只要你认真去思考了，这种思维的过程才最宝贵。

对于英语的学习，我要说的是点滴积累最重要。英语成绩的关键是词汇量，同时语法和理解能力也扮演着非常重要的角色。扩充词汇量一定要掌握一些技巧，例如，可以采用李阳疯狂英语的句子中心论，即把单词放入句子中去记忆，这样的效果不错。建议大家准备一个小本子，将没有记住的单词常翻一下，以加深记忆。语法的学习是课上认真做好笔记，课下经常温习，做到温故而知新，熟读课文可以帮助我们理解单词和语法在实际中的应用，更重要的是培养我们的语感。

总之，在学习过程中要始终抱有一种钻研的精神。最后，在我们的学习之路上，我用一句话与大家共勉："我的人生，我做主！"

从衡中走向清华北大

你吃过的苦终将照亮你前行的路

侯志军，衡中2005届220班，普班

身处衡中，总是在品味衡中带给我的一点一滴、一颦一笑。尽管后来我踏入了燕园，但是我依然眷恋着衡中那片热土，那个令人魂牵梦萦的家园，那个令人心驰神往的地方。

初入衡中，我是带着一种对衡中的神秘感来观察那一草一木、一砖一瓦的，仿佛衡中的寸寸空气都有一种神圣的味道，我呼吸着、憧憬着……

衡中真的很美，却又很朴实。当她那光艳的外表令人惊叹时，她却又用朴实的灵魂来感染人们的心灵。那或许是一种素质教育的氛围——将那种对知识的渴求和对性格的完善植入每个衡中学子的心中，深深地扎根，茁壮地成长，直至每个衡中学子踏出衡中大门时，他们的眼中蓄满的是离别衡中的不舍与留恋的泪，他们的心中却永远根植着衡中的魂，那便是素质教育！

参观过衡中的人总会觉得衡中严格，在衡中的学子都会感觉到衡中的苦。许多人戏称衡中是"地狱"，原因是衡中的学生是如此拼命。然而，学生的拼命是"自找"的，而非被动的，或许这就是素质教育带给衡中每个学子的上进心吧。因为我们知道，衡中教给我们的，不仅仅是知识，更重要的是培养我们的一种责任感和坚韧的性格。因为我们肩负着自己的未来、家人的希望、社会和谐的责任。衡中或许是当今社会培养接班人的一个家园，因为在这儿，我们明确了要适应竞争、积极竞争。更因为在这里，我们陶冶了性情，理解了责任。

衡中以她独有的魅力，感染着每一个深深为她所吸引的人。她以母亲的胸怀接纳了你，爱护着你；她又以母亲的责任教育着你，磨砺着你。不为别的，只是因为，凡是她的孩子，个个都要有能够独立飞翔的翅膀！

当那丰富多彩的课余活动陶冶着我们的性情时，当那建设"诚信校园"的口号激励着我们的行动时，我们成长着，我们改变着。我们不仅要以优异的成绩回报母校，更要以坚强的人格融入社会。无论我们走到哪里，我们的脊梁上始终刻着"衡中人"这三个字，那是我们的自豪、骄傲，更是对我们的鞭策。当我想起晨星寥寥时,我们整齐的步伐声、嘹亮的口号惊醒了大地,惊醒了曙光,也惊醒了我们倦怠一夜的灵魂,这让我们更加信心百倍地投入新的一天中。

在高中时,我和同学们常常聚在一起,讨论衡中到底带给了我们什么。或许是身在衡中,反而更不易真切地感受她吧,我们仅仅得出一些肤浅的认识,认为她给予我们知识,给予我们信心,给予我们毅力。当然,也听闻一些抱怨衡中的声音,有的同学甚至觉得:衡中像围城,在外面的人想冲进去,在里面的人却想冲出来。可是,当高考过后,再次回首之时,却总是心存无限的眷恋,仿佛儿女即将远行,要离开母亲的呵护。我们如此惜别,我们又如此坚定,有了衡中给我们的东西,够了!走在人生的征途上,慢慢发现衡中是人生路的一部分,怎么也抹不掉。当我们走在这段人生路时,我们或许在经历荆棘,可我们却明白,荆棘终会开花,我们信奉美丽;我们或许也在搏斗风浪,可我们却憧憬,波浪总会平息,我们信奉坚强。衡中留给我们太多太多的记忆,留给我们太多太多的财富,作为一个衡中人,真的感到很幸福。

高考或许是一个驿站,只是走过之后,却不能再回来了。当我们于高考结束后再来到衡中时,我们内心的最大渴望便是再次聆听老师们的句句箴言,再在月光下的草坪上席地而坐,体会一下"以天为盖地为庐"的徜徉心境。或许,在课堂中,在星光下,在草坪上,正是我们与衡中在进行心与心的交流吧,只是高考之后,无法再次重温旧往,但人生中有如是经历便一生无憾了。

衡中是个家庭,同学们都是兄弟姐妹。我们学会了彼此相亲相善、互帮互助。哪个同学生病了,他身旁的同学便会无微不至地照顾,老师更是关怀入微,让同学们充分享受到离家求学时家庭之外的"亲情"。衡中让我们明白,社会是温暖的,人与人之间是真诚的。

衡中,已然在风雨中走了数十年,然而,岁月的流逝,并未使她活力衰退;风雨的剥蚀,也并未让她满面皱纹。衡中,在岁月流逝中更加健壮,在风雨剥蚀中愈加坚强。她哺育出的学子,肩负着"衡中人"的使命,发挥着她"素质教育"的美丽,在人生路上,描绘着一程又一程的美丽风景!

从衡中走向清华北大

你最怀念的路必定有你最深刻的过往

霍建龙,衡中2006届249班,普班

离开母校太久,曾经的陌生与新鲜已荡然无存,取而代之的是亲切与怀念,而今这种亲切与怀念更是与日俱增。

忘不了优美的校园环境。大而整洁是总体印象,干净的地面上不见尘土与纸屑,每一个衡中人都尽力维护着校园。美丽的校园有假山,有亭台,有池塘,池塘内有成群的金鱼,学习之余,游目骋怀,倒也有许多情趣。行走在校园中,既可见普通的垂柳,又可见珍贵的银杏。春夏秋三季,校园内鲜花绽放、馥郁扑鼻,花丛中常有蝴蝶起舞、蜜蜂采蜜。夏日清晨,睁眼即闻窗外鸟啼,有麻雀,有鸽子,有布谷,有喜鹊,于是心中便会泛起一丝清意。真不愧是"园林式学校",衡中让我们感受到自然的美,于自然的美中又让我们领略到学习的美、生命的美,让我们轻松而奋然前行。

忘不了这里丰富多彩的活动。衡中每年都要举办很多活动,像研究性学习、读书比赛、演讲比赛、教师节晚会、"学星竞选"等。高一上学期,我的研究性学习成果获得了二等奖;下学期,在外教的组织下,我参加了英语话剧《茶馆》的排演,还加入了合唱队,参加了衡水市中小学艺术节。高三上学期,我又参加了"十佳班长"竞选活动。受学业所限,我不能参加所有的活动,但在参加这些活动的过程中,我学到了很多,既满足了兴趣,又提高了能力,使自己全面发展。衡中给予我的,是真正让我终生难忘的教育。

忘不了踏实勤奋的学习氛围。在衡中,每天的作息时间都是固定而科学的,每天的学习过程都是紧张而有序的,这样的生活让我觉得无比充实。每位同学都在为了自己的高考而踏实勤奋地努力,而我们在共同拼搏的过程中,组成了一个个温暖互助上进的集体,笃行着衡中"追求卓越"的校训。校园里随处可见励志的话语、状元们的感悟,这一切形成了浓厚的学习氛围。有这样的氛围,难怪衡中能够取得如此骄人的成绩。

忘不了可亲可敬的老师们。上了衡中,我不禁感叹,老师们竟能兢兢业业到这地步，竟能无私奉献到这地步。父母病了，他们不能守在床前；子女饿了，他们无暇回家做饭。他们把全部的心血都倾注到我们这些学生的身上，一心想的是帮我们实现自己的理想。他们或许不是好儿女，不是好父母，但他们绝对是最好的老师。有缘结识衡中的老师真的是一种幸运、一种幸福，每天都被衡中的老师们深深地感动着，他们正是塑造灵魂的工程师。

　　忘不了衡中，纵然时光如白驹过隙；忘不了衡中，即使走到海角天涯。杏坛春暖，升起满天繁星，我愿点缀衡中的星空；烈火熊熊，锻造精品钻石，我愿折射衡中的光辉。衡中，梦想起飞的地方！

如果曾把失败当作清醒剂，就别让成功成为迷魂汤

郭　婧，衡中2007届270班，普班

岁月如风，时光如电，衡中在我心中由枯燥的音符变成了溢彩的华章，由地狱变成了天堂。难忘教室里渴求的眼神、操场上震天的口号……而当衡中生活的点滴化为记忆中漫天飞舞的彩蝶后，我再次衷心地感谢衡中——梦想起飞的地方。

只有走过高三，才真的明白那是一场自己和自己的战斗：困境中，战胜自己的懦弱；顺境中，战胜自己的骄傲。久经沙场的我们，少不了累累伤痕。或许，理想和现实相距太遥远，无法把自己放飞；或许，平淡生活的交替轮回，早已把斗志磨碎。多少次筑起的梦想堡垒，又一次次地被现实摧毁，充满阳光的日子总觉得是那么少。不想流于平庸，却又在平庸中沉没；无数次的挣扎，换来的是脆弱和敏感；想要超越一切，却始终走不出那层重围。如是青春，有意义吗？与其唉声叹气、徘徊不前，还不如做加减法，给自己增一分执着，减一分失落。人生不相信眼泪，命运鄙视懦弱。困难和不顺在所难免，如果总是沮丧，高考后不会有你自信的笑颜。既然"厄运"已到，何不将它踩在脚下？既然伤痕已在，何不把它变成美丽的勋章？用乐观与积极迎接风雨，凡事换一个角度，花样年华必将有别样的风景。即使有一千个理由哭泣，也要有一千零一个理由坚强；即使只有万分之一的希望，也要勇往直前、坚持到底。现在的名次不是一成不变的圣旨，更不是命运对你的死亡宣判。只要你迈步，路就会在脚下延伸；只要你上路，就会发现诱人的风景；只要你起程，就会体会到跋涉的快乐。十七八岁的我们，"不爱沙滩擢贝子，扬帆击楫戏中流"，青春的翅膀赐予我们飞过绝望的力量。相信自己，在失败后努力为成功奠基，所有的梦想就会开花。

作为过来人，还是要提醒一句："如果你曾把失败当作清醒剂，就别让成功成为迷魂汤。"花团锦簇、盛世太平之景最易让战士失去斗志，我们也一样，较为理想的名次很容易让人止步不前，甚至成为落后的前奏。千百次考试，可以教给你如何承受挫折，但不会教给你如何在鲜花和掌声中依然不忘该有的方向，这就需要我们时刻提醒自己：我还没摘到山顶的红花，既然已比别人快一步，何不与之拉大差距呢？没有最好，只有更好。进步无止境，奋斗不需要理由，何况强中有更强，我们并非完美。

最后借毕淑敏的一段文字作结尾，这是支撑我走过高三迷茫期的精神支柱：我不相信命运，我只相信我自己的手。因为它不属于冥冥之中任何未知的力量，而只属于我的心。我可以支配它，去干我想干的任何一件事情。我不相信手掌的纹路，但我相信手掌加上手指的力量。蓝天下的女孩，在你纤细的右手里，有一粒金苹果的种子，所有的人都看不见它，唯有你知道它将你的心炙得发疼。那是你的梦想，你的期望！女孩，握紧你的右手，千万别让它飞走！相信自己的手，相信它会在你的手里，长成一棵会唱歌的金苹果树。

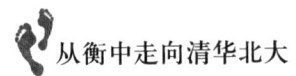

黄沙百战穿金甲，不破楼兰终不还

张洁琳，衡中2008届283班，普班

吃得苦中苦，方为人上人。衡中教会了我如何竭尽全力攀登高峰，给了我一个历练自己的机会。永远记得那些流汗流泪内心苦甜交加的日子，一边奋斗一边憧憬梦想；感受老师的关切呵护、朋友的善良体贴，心头总泛起暖暖的涟漪，冲走了所有疲惫与不安。高考之前想到易水上荆轲的悲壮，高中百战三年一去不回头，辛苦努力只为对得起逝去的时光。

高考只是高中最后一次考试，经历后便失去了往日的神秘与威严，变得淡了，可是那些实实在在拼搏的点点滴滴，越发深刻和闪光。梦想与人的距离其实很近，只是在结果揭晓之前的距离才远得令人生畏，与其问自己我可以吗，不如自信地说舍我其谁！

分数宝贵，它值得人去做得更完美。一张张卷子、一套套习题都要细心研究，积累知识与经验。无数次听到"名校之路是用雪花般的卷子铺就的""用心将黑色、红色染在纸上，便稳稳地铺下一块砖""努力化作甜蜜的糖果，聪明只是美丽的糖纸——付出才有收获，与天资无关"，因为我不聪颖，所以更不可偷懒，眼前是一条艰辛的路，唯一步步奋进。

高三少不了雄壮的誓言口号，但学习是硬功夫，将学习归于每天的每节课，尽最大力量获取知识，温故知新，融会贯通；听老师的话，把能做到的都好好完成，对自己要狠得下心，对别人则应理解和真诚。老师的措施日渐完善，怀着虔诚的心接受才是上策。比如，那令人谈之色变的成绩单画圈制度吧，它能帮助同学及时弥补漏洞、知错就改，且让人关注平时成绩，及时调整状态，何乐不为呢。我有一段时间地理不好，连续几次被画圈，题也被罚做了一大堆，成绩反而越罚越糟。我找到了地理老师，她让我静下心来反思平日学习的问题，从根本上摆脱困境。我照此而行，成绩终于又赶了上来，也不再迷迷糊糊的了。还有政治反思，课上我总是榜上有名。似乎种种惩罚措施为我量身定做，既丢脸又增添了许多任务。有时烦闷急得想大哭一场，最终咬咬嘴唇忍忍忍，为了未来这点小事又算什么!

　　高三,分分秒秒都是充实的。班级是个大家庭,兄弟姐妹在一起为了同一个目标,任课老师也整天围着同学转,上课和开会,绞尽脑汁提分数。有了这样向学好胜的环境,就看自己的了。天高任鸟飞,做错的题目、不懂的难点摆在那儿,解决它们!保持平和的心态与不灭的斗志,成绩定会提高!不管进步一名两名,相信自己,向上攀登!

　　学路并非一帆风顺,有笑也有哭,只要没有落幕,我们仍有翻本的机会。若意志消沉,受伤的永远是自己。当我屡次受挫的时候,总是咬紧牙关,从不放弃。想想丘吉尔胜利的演说,看看墙上贴的未名湖,重新开始,从零起步。

　　"坚持不懈,直到成功。"记得读过一篇文章,当初我一边读一边感动,一遍遍地写下这几个字。尚未成功,又怎能放弃?加油,让今天不虚度,明日不后悔!

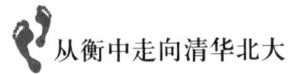

舍不得别人都有的就得不到别人没有的

李 青，衡中2009届326班，普班

2006年8月我进入衡中，抱着几分对梦想的向往，几分对未来的期待，却不敢对自己要求有多高，因为我必须面对现实，接受学号52暂时落后于别人的现实。但是我明白接受不代表认同，我从来都不会服输，从来都不认为自己真的比别人差。就这样，尽管衡中是一个人才济济、藏龙卧虎的地方，我还是凭借自己的付出与努力开辟出一条小路，为自己闯出一片天。我变得对自己越来越有信心，我离梦想那么近，近得踮起脚就可以嗅到北大的气息。我不断告诉自己，没有理由不拼下去，为了我的梦，就要这样一直勇往直前。我坚信爱拼才会赢！

然而，老天似乎很喜欢考验我，就在我成绩节节升高，基本稳定在年级前列之际，意外发生了：在一次课间跑操的时候我不小心把膝盖摔伤了。一开始，我以为这根本没有什么大不了，照旧拖着腿奔跑在托起我梦想的校园，可是太阳一次次升起又落下，它不但没有好转，反而越来越严重，我走路越来越费劲，腿也不停地疼，连听课都成了问题，别人两分钟能走完的路程，我差不多需要20分钟。在衡中那样一种高效的环境中，我越来越着急，越来越担心，但是我明白只要自己还留校学习，纵使有多不舒服，也比在家里面学到的知识多。那时已经是高二的下半学期，我无法忍受离开校园一天带给我的损失，我不能看着快要走到跟前的梦想白白地溜走，我不能拿自己的未来开玩笑，我必须留在学校，不管父母和老师怎样规劝，不管身体状况怎样每况愈下。不久，我开始全身上下都痛，我的身体和我做着无休止的反抗，并不是我想要学习、想要看书就能学下去看进去。我开始明白身体是革命的本钱，我同意了班主任的建议，一千个一万个不情愿地跟爸妈回家了。在家里治病、养伤近一个月之后，我满怀信心地回到了校园，心想，该把我失去的都夺回来了。然而因为没有遵从医生的嘱咐提前返校，不到一个星期，病情变得比之前更为严重，我不得不走向回家的车站，接受膝盖半月板手术。

2008年4-9月是我最难熬的一段日子，那段日子没有早上催促奋进的铃声，没有同学们整齐的跑操与充满斗志的口号声，没有活跃的课堂，没有课间的欢声笑语……2008年9月1日，两个月的术后复健后我重新回到了校园，忍受着成绩下滑的巨大落差，开始为我的梦想打拼……苍天不负有心人，终于10个月之后，我如愿以偿登上了通往北大的列车。

不管现实有多黑暗，只要心存梦想，就要勇敢拼下去。同时，面对无情的现实的时候，一定要有乐观的心态，要庆幸现实没有比想象中更差，要学会去享受生活和命运带给你的痛苦与折磨，因为那背后必然蕴藏着助你成功的未知能量。

个人格言：舍不得别人都有的，就得不到别人没有的。

学习感悟：学习，不仅要用脑，更要学会用心去思考。

个人寄语：以北大为跳板登上人生的舞台。

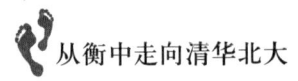

不想当将军的士兵不是好士兵

张 彤,衡中2009届329班,普班

衡中,是勇者的天下、智者的乐土、王者的社稷,不是隐者的江湖。

衡中是一所学校,但绝不仅仅是一所学校,她是多少人才的摇篮、多少梦想的起点,是灵魂的牧场、成长的沃野、青春的花园。在这里,习得的不只是知识,珍藏的不只是情谊,收获的不只是梦想。

作为衡中人,我们没有借口不自豪:清晨的太阳被我们的口号声唤醒,夜晚的月光在我们的灯辉下黯淡。我们是家人的未来、学校的希望、河北人民的骄傲!

身在衡中时,多少幸福无心体会,只道是书山题海勤学苦;今别衡中去,不尽回忆有意珍惜,方知那朝晖夕阴奋斗甜。书山自有险路,学海绝无退路,执着才有出路,杀出一条血路,留下我的心路,为君照亮前路。

在衡中,学习是第一要务,学习就是硬道理。回顾自己三年的学习生活,经验谈不上,只有一些简单的心得体会,暂且讲一讲。

首先,一个明确又恰当的目标很重要。

所谓明确,就是目标清清楚楚可以实现。目标是写在自己心里的,你可以敷衍别人,但如何欺骗得了自己的心?我没有大声喊给别人听诸如"杀进北大"之类的话,因为考入理想学府的目标已经铭刻在心,并随着时间日渐清晰。

所谓恰当,不言而喻,目标要和实际相符。衡中学子激情豪迈,但豪言壮语如果远离实际,就无异于一阵大风,带不来什么收获。

学习上的目标,可以是实力相当的对手,也可以是曾经取得的最好成绩,高而可及即可。

其次,安排好时间。

把可支配的时间计划好、分配好、利用好尤其重要。每个人都有适合自己的安排,我上高三一轮时利用了划分自习法,比如早预备给政治时间,用来预习和改错(政治课多在上午),中午12点以后的半小时用来背历史(历史课多在下午)等，每天如此，养成习惯，既给各科留足了时间，又配合了课程安排。

再次，良好的心态必不可少。

衡中大到全体会小到班会、座谈会，无数次强调良好心态的重要性。一个心智健康的人，是不轻易言败的，是不可战胜的。

我体会很深的一点还是低姿态。尤其是成绩好些的同学，基本做到了放低姿态、看清自己、谦虚谨慎、戒骄戒躁。我上高三之前英语一直很差，于是在英语上我放低姿态，不因一点小小的进步而松懈，成绩由低到高，终于在高三初期有了明显进步。我平时不爱请教老师，导致错误积累，这是最大的教训。勤学多问绝不会错，可惜到如今我才深切体会到，但愿不会有人重蹈覆辙。

然后，学习的制胜法宝是适合自己的方法。

是题海战术让你乘风破浪，还是典题总结让你不断创新，抑或是记忆积累让你下笔有神？只要合适有效，发挥到极致，就会招招制胜。我以我的积累本为自豪，历史、地理、政治分别有积累，还有文综典题集合、数学改错本、语文积累本等，是平时的积淀，更是救命稻草。我做新题很少，但积累总结也可以聚沙成塔。

最后，跳出书山题海，珍惜身边的亲情、友情、师生情。

我最好的朋友当面痛骂发牢骚的人，让我从此改掉了发牢骚的毛病；校学生会的学弟学妹都留言激励我考北大；班集体支持我参加的每一项竞选活动；宿舍长在我胃痛时跑遍校园，班主任为我找药时不慎摔倒……也许事情微不足道，但其中真情足以让人珍惜。融入集体，关心他人，参与活动，不但有利于学习，还能收获最真实的感动和回忆……

莫说学习枯燥，衡中的酸甜苦辣将三年时光装扮得多姿多彩。试着快乐地学习，快乐地生活。想起我在某次初选时说过的话："方法是路标，效率是引擎，勤奋是车轮，心态是安全带，思考是方向盘，知错就改是刹车——学习快车，我主宰！"

谢母校，三番春秋冬夏难忘记，血汗浇灌。我的臂膀，因插上衡中的羽翼，折射出太阳的光芒，助我飞往成功的彼岸！

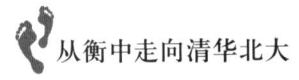

留不住的过去，回不去的曾经

张　辰，衡中2011届392班，普班

一个人"漂泊"在这座陌生的城市，心却丢在了某个地方……

时间已经匆匆地过去了一年，看着微博、人人、QQ上大家的签名档，才突然发现，我们已经不再年轻，我们已经走入大学，我们已经毕业太久。我不知道该如何表达自己的心情，伫立在海淀桥上，看着车来车往，川流不息，感受着北京这座大城市的现代气息，突然开始怀念那方质朴的水土，那座湖边的城市，那个改变了我们一生的母校。

以前看过很多学长写的回忆衡中生活的文章，没想到有一天我也向大家叙述我的故事，叙述我和朋友那些年奋斗的日子。内心不知道从何说起，有千万种言语想要表达，不得不承认，这所学校对于我们有着太多太多特殊的意义。

刚刚走进衡中时，有激动，但更多的是迷茫，在衡中，我找不到归属感，即使我本来是一个适应能力很强的人。不论是小学升初中，还是初中升高中，我们都还小，对未来的一切都充满了好奇，不了解友谊的珍贵，不明白离别的真正含义，可是经过高中三年的洗礼，我们每个人都成长了许多。对于未来，我们都有了自己的想法；对于友情，我们更加珍惜。可是，明白之时就是分别之际……

关于衡中我不想说什么豪言壮语，我只想用朴实的文字描绘我那三年的时光。再回首，蓦然发现慷慨激昂的记忆中隐藏的实际上是一种平平淡淡的小生活，一些回忆起来让人会心一笑的日子：常常忆起高中时成天想着如何躲避班主任的监督，如何在札记本上少写一点东西，每天为能够最早到达食堂吃饭而欢欣鼓舞，为自己的作业全部正确而斗志昂扬。一位师兄感言："衡中给了我们太多习惯——习惯了早上在天黑黑的时候冲出宿舍；习惯了跑操的整齐划一，仿佛嘹亮的口号依然会在耳边响起；习惯了每次进教室前扫一下自己贴在教室外面的目标，让心中拥有更多的自信；习惯了买饭排队时哪怕用几秒的时间记一个单词；习惯了每天看着高考倒计时上自习，看着表分秒必争地努力着；习惯了不再属于高三人的课间，不再聊天聊地，只是一心弄懂自己不会的知识；习惯了课间追着老师问问题；习惯了利用课间到水房洗头，无论严寒酷暑；习惯了中午离午休铃声 8 分钟冲出教室，向餐厅奔跑，狼吞虎咽后再次狂奔到宿舍，每次到宿舍都恰好打铃。"不知道那是一种怎样的生活状态，我们更习惯了晚自习 10 点放学不愿离开，被楼管向外撵的情景；习惯了晚上自己一人躲进被窝想想一天的收获，默默地念叨着高考目标，无数次掉下的泪水一次一次浸湿被角。那时的生活确实令人感到酸楚，有时是对高考的迷茫，有时是被成绩一再打击，不知从哪里再次找到前进的力量。习惯了那种害怕考试却时刻期待，用心准备着每一次的到来；习惯了每天作业都有的成绩单；习惯了每周都有的周测成绩排名，无数次的不理想却总也打不垮自信的我们，不管进步退步，努力的汗水却从来没有停止流过；习惯了每次考完试，制定自己的对手与目标，掀起新一轮的拼搏与战斗；习惯了几次月考后的家长会、换学号；习惯了两周放一次假却总共在家待不到 12 小时，晚上黑着天回到温暖的家，早上天不太亮就得准备好没晾干的衣服再次启程，回到追寻梦想的地方。

在衡中的三年，我们收获的是友谊、意志与前途，我们带走的是满满的思念，留下的是对这片土地深深的爱恋……

老狼和高晓松在回味他们的中学生活时说"那时候天总是很蓝，日子总过得太慢"，而我高中的日子里只记得一样瓦蓝的天空却从未觉得日子漫长。当我的记忆变得模糊不清的时候，已经无法牢记每一个清楚的细节，斯人斯景在我的脑海中已经成为我对那个时代真挚情感的表达，成为我对高中生活最真挚的怀念。

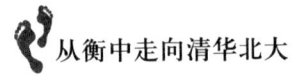

只因过往深刻，青春永不褪色

郭　睿，衡中2012届402班，普班

2012年7月23日

　　时隔45天，借着清北学生返校拍照的机会，与这个曾与我朝夕相处三年的校园再度相逢。和以前一样的教学楼，一样的林荫路，一样的泛着波纹但并不很清澈的小池塘，一样阳光明媚到灼人的草坪操场。

　　只是，心境不一样了。

　　尤其是看到还在为期末考试奋战的学弟学妹，看到他们艳羡的、惊奇的或是漠然的眼神和我们也曾有过的匆匆忙忙的脚步。

　　是的，不一样了。在这个时刻，置身校园的我们感到的已非当年的壮志满怀和对未来的忐忑不安，而是梦想成真的幸福和对高中生活的追忆与怀念。

　　下午离开学校，站在校门口忍不住再次回首，对这个给予过我压抑、紧张、单调更多的却是智慧、真情和幸福的学校，留下一眼深深的感激。

　　我们就这样停留、成长，然后告别、留恋。

2011年6月24日

　　这一天，是2011届同学高考成绩公布后的第二天。

　　也是我们进入高三的第15天。

　　结束了在前夜的鞭炮声影响下质量略有下降的睡眠后，一路小跑来到操场。这个清晨注定是不平凡的。几乎所有的老师都在谈论着双状元的辉煌成绩，脸上带着掩不住的笑意，同学们的读书声似乎也比平日响亮了几分。作为衡中人的自豪和对一年后的自我的期待，酝酿成一种微妙的力量，朦胧，却格外振奋人心。

　　彼时的我们，正怀着对"高三"这个字眼的无尽虔诚，蓬头垢面地蛰伏在教室里，因为认真地听了一节课而心神舒畅，因为永远做不完的作业、学案和自助而眉头紧锁，因为即将到来的月考而焦虑不安。那样的氛围里，随时都被一种暗无天日的感觉压得窒息。

　　文理状元包揽，近70个清北，也许这正是晦暗的心情所需要的那点明媚和希望。

我在日记本上写下:"高三,我的高三,我知道这是非常神圣的一段时光,是决定 2012 年那个 6 月我将以一种怎样的心情走过,是决定那个 9 月我能否在北大某条馥郁的花径中微笑。奋斗吧!潜心学习,抛除杂念,你可以!"

原来,我们都不得不在原本轻狂的少年时代学会了潜伏。

2011 年 12 月 25 日

日子如流水般过去,文综和理综的开始意味着一轮复习渐入尾声。渐渐习惯了起起伏伏的成绩和被各科老师叫去谈话;习惯了眼巴巴地盼着每两周周末出去洗澡,吃顿好饭,在宾馆里美美地睡一晚;习惯了忍住烦躁认真地在数学改错本上整理长长的难题。

当初的激情已经演变成一种波澜不惊的生活状态,很难断定这是一种成熟还是退化,但我想这是每个高三人必须经历的过程。不觉得累,即便偶尔累,就走到教室外面看墙壁上北大的宣传画,静静地与照片里的博雅塔和未名湖待一会儿,然后继续回到座位上,看书或者做题。

这天刚好是圣诞节,也是我 17 岁生日。不知道大家是如何纷纷得知此事又是如何挤出时间飞奔到超市为我精心挑选礼物的,我只清楚地记得,那天晚上我抱着许愿瓶、钥匙扣、咖啡杯、同学亲手制作的小卡片和水晶盒走回宿舍的时候,有种想哭的感动。

我挚爱的 402,或是凑巧或是定数,我们从高一分班起就再也没有分开过。我们一起经历了六十华里远足的磨炼,一起感受了成人礼的狂欢,一起筹划了那个令所有人难忘的教师节,一起接受了临时更换老师的考验,一起分享成绩进步的喜悦,一起在高三这条路上跌跌撞撞。我们是同学,更是战友,一直在并肩作战,为自己的梦想打拼,也为班级的梦想战斗。哪怕一次次被打倒,也一次次地手拉手站起来。

我挚爱的朋友们,这段情,是单调的时光里最值得收藏的礼物。

2012 年春天

之所以用"春天"这个笼统的词汇来代表日期,是因为我觉得这整个春天的记忆是勾连在一起的,不可分割。

比如说,校园里的樱花、玉兰花和更多我叫不出名字的花,好像一夜之间都开了。绚烂的花海给校园带来了一种浪漫的气息,从整体的紧张氛围看起来,这似乎有些奇怪，但，真的很美。还记得有个周末，高强度、高密集度几乎完全模拟高考的周测让我疲倦，于是溜出教室散心，郭成迎面走来，说："走，我们去赏花。"然后我们静静地坐在草坪后面看着树上开着的和地上散落的花瓣，不知过了多久。

再比如说，课间铃声换成那段经典的音乐《The Truth That You Leave》。第一次放这个曲子的时候褚妈还在讲课，她优雅地转身在黑板上写下一串公式，粉笔的律动与音符的跳动几乎吻合，瞬间一种非常美好的感觉在心中升腾，我觉得这是世界上最好听的曲子和最美丽的数学公式。不得不说那段日子这首歌极大地鼓舞了我们的小心情。大学开学后，我在微博上说，开学典礼入场时放的音乐竟是《The Truth That You Leave》，恍如隔世。钰宁立即评论：我们学生会招新也放了这首歌，我还是怀念那段春天里阳光明媚的日子。

再比如说，高考百日誓师的时候，花花带领我们声嘶力竭地喊出我们的梦想和誓言，那是一种怎样的震撼！老师站在讲桌上，同学们站到课桌上，似乎只有这样，年轻的心脏才更能接近云端，才更能让上苍感受到我们发自内心的呼喊。那是唯一一次让我热泪盈眶的宣誓。

这个春天我感到很快乐：虽然每天中午学到 12 点 37 分甚至更晚才和钰宁跑去食堂吃饭，然后 12 点 43 分午休预备铃响起的时候又尖叫着狼狈地向宿舍楼飞奔；虽然依旧有永远做不完的作业、学案、自助；虽然每周文综测试增加到三次并且选择题的难度让我日益头疼。

但是我真的很快乐。因为我们什么都没想，只是在简单地努力着，仅此而已。

2012 年 6 月 7 日、8 日

这是令多少人期待而又惧怕的两天。

这是高考。

曾看到一张图片将高考描述成史上最大规模灾难片，我不敢苟同，相反地，我觉得我的高考很幸福，不是矫情，如果你细心品味这两天得到的温暖，你会有同样的感觉。

考试前一天上午，我们把书搬到临时充当自习室的图书馆。途中看到校园里的喷泉打开了，白花花的水柱在暖暖的阳光下分外诱人，我听见后面的同学说真想冲进去玩玩，自然地想起了童年时代从喷泉里跑进跑出的场景，不由得笑了。图书馆的桌子宽大而明亮干净，心情也变得敞亮起来。收拾完书，回教室打扫布

置。明志楼里，我们曾经的标语条幅、高考倒计时和一楼大厅里拼成笑脸的花都不见了，只剩白色的墙壁矗立着，安静而肃穆，仿佛我们在这里生活过的一切痕迹都已被抹去。此刻才猛然发现，铁打的营盘流水的兵，告别已近在咫尺，但我们无力伤感离别，因为，这是高考。

6月7日跑操过后，开始了衡中沿袭多年的传统：高考爱心早餐。每个班的同学到自己班主任那里领蛋糕、火腿和鸡蛋。老班双花发早餐的时候，脸上一直是她招牌式的清澈单纯的笑容，她什么都没说，而我们什么都懂。共同奋战了365个日日夜夜，我们一起经历了很多很多，402是她的亲学生，更是她的亲孩子。很难想象这个瘦弱的女人是怎样做到在晚上11点后赶回家，精心地为她的65个孩子煮鸡蛋到两三点，早上6点又出现在这里，脸上却没有疲倦只有笑意。这样的爱，如何不让我们感到幸福而勇气倍增！

第一场考试入场前，以前收上去的准考证和身份证再发下来时都贴了一个笑脸。我至今仍保留着这个笑脸贴。不知道为什么当初这个微不足道的细节都能给我持久的感动。

每次考试前，老师们都在自习室门口送我们离开。还记得文综考前我们几个人赖在自习室多看了会儿书，维维和花花在门口等着我们。走的时候，我们分别和她们抱了抱。花花拍着我的肩膀说："你肯定没问题的。"然后我就觉得我真的是没问题的，就那么快快乐乐地进了考场。

每次考试后，老师们都挤到图书馆门口接我们，看我们的表情给予小小的鼓励或安慰，让我们全心准备下一科。我敢说他们的关心绝不比我们的父母少丝毫，这又是一种不可多得的幸福吧。

而食堂的饭菜、免费的水果，更加宽松的休息和吃饭时间，同学们的相互鼓励带给我们的幸福感更是无须多言。

就这样，两天很快过去了。考完英语后杨逸的一声呼喊打破了心中一直刻意保持的平静，她喊："姐以后是校友了！"

于是我们彻彻底底地毕业了。

2012年6月13日

同学聚会。一个大包间里坐满了人。

我们还在开着中学时的玩笑，相互调侃着，气氛一片欢乐。

不知怎么的，大家都渐渐地喝醉了。男生大都瘫倒在椅子上，或坐在外面的台阶上，沉默了。几个女生躲到角落里，流泪了。

一个朋友很认真地和服务员一遍遍地解释，我们这不叫散伙饭，因为我们不散伙。

然而这世上是没有不散的筵席的。站在酒店门口，目送着同学们三三两两地离开，我想这是否就意味着我们青春的落幕呢？

回去之后，我反复听着《*The Truth That You Leave*》，陷入回忆里。

我看到褚妈写下那串最美的公式。

我看到小梅还在努力地拖堂。

我看到海哥又拿出那把"戒尺"敲桌子吓人。

我看到花花在黑板上画出一个不够圆的地球。

我看到维维下课被一群人包围，讨论那道匪夷所思的哲学题。

我看到晓霞在表扬和批评谁谁谁的习字。

我看到我和钰宁偷偷钻到座位下面吃巧克力和核桃仁。

我看到小耿给数学成绩不好的同学亲手写下鼓励的小字条。

我看到我们在青春里疯狂地奔跑，华丽地跌倒，狼狈地站起来，又重新开始奔跑。

热泪止不住地流下。我想我是醉了，真的醉了。

高考是场成人礼。然而我明白我们的青春依旧停留在衡中那片热土上，定格在2009年到2012年的那段时光里，永远放射着灼灼光华，永不褪色。

奇迹是努力的另一个名字

徐 蕾，衡中2013届422班，普班

听说，旧时光是美人。

7月21日，我又回到了衡中校园，激动、喜悦、感念种种复杂的情绪翻涌。纵然我曾经在黑夜里流下泪，纵使我曾经因答错问题而红了脸，纵使一次又一次的模考几乎磨灭了我的斗志，但是在我从这里走出去后，依然怀念这里，深深爱着这里。

我的梦想曾经被狠狠摔碎，是这里，给了我重生的机会。高三这一年的生活，不仅仅是在学习上的努力，更是内心的磨砺。我渐渐在心理上更加坚韧，在感情上更加成熟，学会隐忍、包容以及某种必要的牺牲，视野也一天天开阔起来。

一、关于学习

奇迹，是努力的另一个名字。同学们应该做有智慧的学习者，学习要讲究方法。

首先，要学会了解你自己。

有的人看上去很努力了，却不如他们眼中不够努力的人成绩理想。有句话说，"你必须非常努力，才能看起来毫不费力"，所以不要盲目定义自己或别人。加缪说："一个人应该了解自己像了解自己的手掌一样。"这就涉及学习方法和选择性学习的问题。学校平时会有很多讲座，教我们学习方法，大家应该借鉴而不是盲从，不能某位同学学习好就照抄他的学习方法。

自己的弱势科目、强势科目要了解，原则上学习时间应该多向弱科倾斜。但强势科目也不能放松，更不能语文不好数学好就在数学课上学语文。我们一天会有很多自习，补弱要放在自习课上；上课时要专注，用心理解、体会；作业要认真独立完成。独立完成作业很重要，一轮的作业大都是根据当天的学习内容安排的，好好利用可以有效查漏补缺。很多时候我们的作业做不完，但不能形成一种作业太多一节课本来就该做不完的意识。要努力完成作业，提高效率，渐渐提高做题速度。你没做的题老师上课难道就不讲了吗？少做题你就会比别人少练习，一天少做几道题一年累积下来数目绝对很庞大,所以大家可以利用课间写作业,因为就算剩下题也就是几道而已,课间写也可以高效利用时间,可以省下自习课的大块时间查漏补缺。

其次,时间合理分配问题。

早上跑操到位情况我们班一直很好,基本5点36分或5点37分就能全部到位,在操场上都可称作风景线啦!大家到操场上可以大声朗读学习资料,既可以醒脑提神,奠定一天良好的学习状态,又可以真正学到知识,用心记忆。吃饭去得早需要排队,大家可以利用排队的时间拿书背会儿,也可以先洗漱再去(大家肯定自己会有体会)。课间尽量少说话、少走动、多学习会儿,也能给整个班营造良好氛围。写没写完的作业、自助、复习,都是很好的选择,希望大家好好利用。

最后,说一下改错的问题。

不要盲目剪裁,其实你把它弄懂、吸收比把它放到本子上而不去理睬要好得多。尤其是文综,理解很重要。我政治原来不是很好,我就反复看材料和答案,把材料和答案联系起来看答案是怎么得出来的。自己总结一些除了课本上的常用句子,而不是简单地搬运。另外,上课的时候一定要认真听讲,不要上课改错,那样会效率低下。笔记不一定一字不落,只要自己能看懂就行。课上精力要集中于听讲和领悟。

二、关于考试

考试的过程中时间是大问题,可能会有写不完的情况。可以在考试之前试着把每道题时间具体化,同时留出10分钟左右的富余时间。其实觉得时间不够用要么是前松后紧,要么是在自己不会的题上耽误了太多时间。要敢于暂时放弃,才能把握住后面自己会的题。要是因为难题慌张了,可以暂时放下笔,深呼吸,调整状态。我高考时文综历史前面有不确定的题,有点慌,当时就放下笔,鼓励自己没有人文综能拿满分,然后跳过去做后面的题才保证了文综的分数。

周测的时候不能因此而放松,要当作高考训练。不必太在意最后的成绩,一切考试都是为了最后的高考。大考我考差的时候也会难受,但想想自己的目标是高考,还是会静下心来分析问题。每次我都会想到,是因为经历了这些,才会有以后的回报。自己抱怨的时候,别人正在努力学习。错得越多暴露的问题越多,一张满分试卷反而发现不了问题。考好的时候想想其实试卷里自己有幸运的成分,如果下次考的恰好是自己不会的就要考差了,还得努力。祸兮福所倚,福兮祸所伏。

每次考完试都总结反思，下次考试前拿出来看看，提醒自己避免这些问题。距高考100天的时候，学校会发一个日志本，可以好好利用，多总结反思。也可以找老师，老师会很细心地帮助我们分析，帮我们调节压力。当然，朋友间也可以倾诉，互相交流同时也可以互相发现问题。

三、关于同学友情

余秋雨说，友情因无所求而深刻，不管彼此是平衡还是不平衡。高中几年，我们都会找到情投意合的朋友。朋友可以帮我们逃出梦的断裂，可以为我们扫干净心上的尘埃。快乐有分享，悲伤也在身边，这样的感情，我们可以称为革命友情，多年以后回想起来心还会为之颤抖。我不会忘记生日时收到那么多祝福和礼物的感动，不会忘记上了大学的朋友写一封鼓励我的信因为不满意而写五遍，不会忘记难过的时候收到小字条带来的温暖。我们应该感激有人知道我们的深浅长短，然后懂得、包容、无声地陪伴。请珍惜高中时你交到的好朋友，不要辜负你们的缘分！

一个班级就是一个整体，班级的团结度绝对影响它的战斗力。很庆幸，我在一个很团结的集体里，感受到种种温暖。我们都得学会去付出，去爱我们的班级。

四、关于师生情

这一年，陪伴我们最多的是老师，为我们不理想的成绩着急的是老师，愿意倾其一切来帮助我们的人是老师。还记得宁老班这一年打过几十个吊瓶，在发烧的时候还在我们身边陪着我们。一次扫雪，他拔掉输液管发着烧就来看我们，回教室后说大家已经做得很好了，提醒我们路滑注意安全。这样的老师，足以让我们仰望。跟着老师的步伐走，才不会迷失方向。

记得有人说过，应试教育下的老师一直在告诉我们坚持努力会有回报，却没有告诉我们跌倒了要怎么站起来。这话原来一直觉得是在讽刺应试教育，但如今仔细看，倒更像是教会我们要学会自己站起来。陈奕迅有句歌词："玫瑰的红，伤口绽放的梦。"站在人生的聚光灯下，背后定会经历挫折和阴影，幸福有时是沉重的。

勇敢地追求梦想吧！你若想得到，就别只是期望。高考前的两个月我比以前更努力，脑子里只有一个念头："我不能让自己的青春留下遗憾，否则我日后一定会恨现在的自己！去做想做的事情吧，趁一切都还来得及的时候！"

学弟学妹们，把里尔克的一句话送给你们："愿你自己有充分的忍耐去担当，有充分单纯的心去信仰。"在不远的将来,你们会笑着回忆如今的一切,感谢命运让自己经历,让自己成长,让自己成为想要成为的人!我在未名湖畔,等着你们!

人生就是总和力

宋玉婷，衡中2013届436班，普班

将北大梦溶解在血液中

第一次走在衡中那条挂满优秀学子照片的路上，我就暗下决心——我要考北大，以后我的照片也要挂在那里。高三一年起起落落，正是这个梦想让我不曾在各种打击面前退缩。

用一个词来形容我的高三，最贴切的是"力挽狂澜"，再文艺一点叫"凤凰涅槃，浴火重生"。高三最大的打击，莫过于自招的惨败。之所以说是惨败而不是失败，是因为我连自招笔试都没有资格入围，放在如今红遍大江南北的选秀节目里，我属于那种连海选都没能参加的人。

进入高三之后就一直低迷，直到决定自招笔试资格的那次考试，我跌到了历史最低点，这个最低点和我历史倒数第二差的成绩也拉开了很大差距。这个成绩的直接后果就是我没有笔试资格。本来那么想考北大的我，看到这样尴尬的成绩，心里像突然被什么钝器重重砸了一下，失望和郁闷的痛感阵阵袭来。那几天的作业也是错误百出，整个人像只斗败了的公鸡，垂头丧气，心灰意冷。这时，班主任一席犀利又实诚的话点醒了我："本来入围了也不一定有加分，更多的人还是白白浪费时间影响心情。你现在要做的是踏踏实实提高裸分，不要赔了夫人又折兵。"

那天晚上，我踩着虚晃的步子，走在学校的中心广场上，抬头看向乌黑的天空，我永远也忘不了我喊出"我要上北大"时的悲痛和决心，那一声一声激荡在夜色下空旷校园里的回音——"北大——"被拉得很长、很远……

那会儿的感觉除了伤心就是失望，现在却很感谢这次惨败，因为它让我真切地感受到梦想与现实的距离，把我从虚浮的云端打回了清醒的现实，用流行的一句歌词形容，就是"啊，多么痛的领悟"。这次惨败也顺理成章地奠定了我之后的高三生活的基调——努力，在压力下不知疲倦地努力努力再努力。

有了这次关键的领悟，在距高考还有 50 天的时候，我面对第二次大滑坡时，面对从前几名一下子滑出前一百的成绩，就不再那么慌乱了。没有哭，也没有倾诉，因为已经没有心情和时间闹情绪了，我只是冷静地像寻宝一样找出自己的问题：基础，答题技巧，书写，学科方法……并给自己设定了一个目标——在以后的每一次考试中，改掉一个问题，在班里进步一名。做好了最坏的准备——去东区复读，每天抱着一种"要输就输给追求"死也要死得漂亮的信念，向最好的结果努力着。在接下来的二十几次考试中，成绩单上的名次一点一点地提升，这种趋势一直保持到了高考。

其实一切打击的出现，都是为了淘汰一部分人留下一部分人再成就一部分人。值得庆幸的是，因为梦想，我没有被命运淘汰。而那种在高三后期磨砺出的理智冷静，在人生重要转折时期学到的淡定沉静心态也是走过高三后很重要的收获。某种意义上讲，这些东西比北大的一纸通知书更值得我骄傲。

相信"相信"的力量

面对从高三初期一直退步并持续到高三中期的成绩，我的信心降到了冰点，那时我多么希望有个人告诉我"你能行"，可是几乎所有人的目光都充满质疑。那一句"你没问题，你能考上北大"，在那个时候显得那么珍贵。尽管后来我听到过很多类似的话，只是情景不再相同，记忆也不那么深刻。对我来说，这份看好就像给风雪中瑟瑟发抖的人送去了火红的炭一样，尽管不能使通往梦想的道路上春暖花开，也至少让那个当时看起来越来越遥远的梦想不再存在于天寒地冻之中。拥有这样一份始终不变的看好，确实是一种真切的幸福。

后来，在我临近高考又一次失败时，那张加长版的字条这样写道："我一直觉得你能考好，肯定能……你特别像《那些回不去的年少时光》里的关荷……应该对高考的结果看淡一些，这样在考试时就能正常发挥了。千万别再多想了。"水蓝色纸上娟秀清丽的字里行间流淌的相信与关心一点一点渗入高三最后的时光里，高考所带来的无可避免地竞争和淘汰突然显得不那么冰冷残酷，而随着心态的逐渐平和，考场上也能发挥正常，以至于老班戏称我的进步是被哄出来的。

说白了，就是被相信出来的。尽管"被相信"在这个时代总是传递着一些微妙的意义，在我心中，"被相信"是一种幸福，是一种正能量。被相信的人总是可以感到温暖少些畏惧，在清醒理智的同时，继续坚持下去。相信，就是这样神奇而美好的力量。

爱在不言中

用最少的篇幅、最重要的压轴位置写爱得最深的父母。爸妈在高三里从未因成绩的起落而责备过我，尽管他们常常因为我低迷的成绩而揪心。他们努力不让我被家庭状况打扰，所以不曾主动给我打过电话，经常说他们很好，家里都好。高考前一天我没打电话回家，结果高考之后我才知道他们因为没接到电话一宿没睡，不敢打电话怕我高考之前心乱。大爱无言。每一个人的高三，都有这样不能描绘的心痛不言的家长。我们像风筝一样远扬了，父母的心还绑在线上，充满爱的脸是文字难以形容的。爱的心，只能体会，不能描绘。

天上掉下的大救星

用"挽狂澜于既倒，撑大厦之将倾"来形容她并不为过，感动中国的颁奖词改一下也刚好适合她："你放下自己年幼的孩子，是为了更多的孩子。"

高三时我最后一位老班在下学期接手我们班（当时我们班情况很不乐观，整体成绩已经多次落后于其他班级）。她在36小时内调换座位、38小时内摸清班内非触（男女生非正常接触，通俗意义上的早恋）情况、两天以内肃清课间课堂、一个月内让数学从倒数变正数……就在我和我的小伙伴们都惊呆了的时候，她又推出小组长责任制、成绩绩效奖励制，带领我们班从倒一变正一，以她独有的姿态。我只能用数字来表达她特有的衡中速度，同时表达我对于力挽狂澜的崇拜和对高三有她陪伴的庆幸。这组数字可以概括部分成绩，却不能折射她的辛苦和付出。为了一个座位表花费5小时，接手时间不长却能对每个同学的性格状态了如指掌……完成这些，要用的心血是我不能得知的。

"沉思往事立残阳……当时只道是寻常。"如今离开衡中，回忆起那一张张精心编排的试卷，一次次因为糟糕的小测成绩的批评，一声声对状态不好的提醒，那种对哪怕是一个抄错选项的错误的不放过，一节一节高效的早读课堂，不由得生出一种怀念和感激。没有这些，我的高三很可能就与我求学十几年生涯中平淡的某一年别无二致；没有这些，要拿到北大录取通知书，难上加难。那些每天做着当时我习以为常的事情的老师，才是高三这场战争里最坚实又最辛苦的战斗者，没有之一。岛田洋七说，人生就是总和力。我想我最后的心愿达成也是各种力量的作用：老师、家长的付出，同学的鼓励和我的努力加起来，等于好结果。

高三的意义是什么？以前我会回答说："北大录取通知书"。现在我想，这个答案还应该加上那张通知书背后逐渐强大起来的内心、为一个目标全力以赴的经历以及陪我走过那一程的人们。

身在高中不做过客，人在大学不做旅者

王　越，衡中2014届478班，普班

　　非常喜欢钱锺书的精确比喻——婚姻是一座围城，而实际上泛化的围城概念又何尝不可以用到高中生活中去呢？里面的人朝思暮想的是跨出高考这道门槛，而我们，跃出围城又尚未走远的毕业生，心中却是无尽的留恋：多想再过一天紧张而充实的衡中生活，多想再做一次疯狂又快乐拼搏的衡中学生……可那一千多个日夜，当时看起来遥遥未及的终点站，如今却又真真实实地在身后渐远，因此在那段日子仍未褪尽之时记录下回想起的点点滴滴，谨作纪念。

　　经常在网上和电视上看到各种有关衡中的报道，褒贬不一，到此时我才深刻地体会到那句名言："母校，就是一个你一天骂八遍却不许别人骂的地方。"看到外界对衡中的批判甚至扭曲，我一次次地回想三年的点点滴滴，我知道我尚无力改变社会上的种种偏见，但我也知道如人饮水，冷暖自知。我自身的体会是真真实实的，生活在这样一个集体中，我没有怨言，心中只剩下两个字——珍惜。

　　有人说眼界决定境界，不错，和什么样的人在一起，就决定了你会成为谁。我记得在来到这所学校之前，北大只是父母嘴边说说而已的无所谓的鼓励，而我自己也从未想过在那个高等学府争得一席之地，我觉得自己只是普普通通的一个卑微的人而已。但我感谢自己选择走入衡中的大门，在这里，曾有同学指着夜空中的星星对我说她要做最亮的一颗，曾有同学告诉我"要么我就不做，做就做最好"，曾有同学鼓励我"你就应该是这个水平，这样的成绩一点也不意外"……我们都需要一个平台，而衡中则是最好的跳板，到最后，我敢在理想大学的下面端端正正地写下"北京大学"的字样，我敢在分数目标中一次次刷新自己的纪录，我不会再去想"人大也不错，差不多就行了"……高考时，我惊讶地发现自己是如此淡定，毫不夸张地说，就像对待调研考试甚至周测一样，后来，我如愿进入了北京大学，仍是普普通通的一个人而已，但是我学会了一种态度：我们习惯于强调实践的重要性，但实践永远以敢想为前提，要敢于挑战，或者像衡中校训所说的"追求卓越"，而这种态度的形成离不开衡中所提供的大环境，所以每个有

机会在这里读书的孩子敬请珍惜。

正如梅贻琦所说："所谓大学者，非有大楼之谓也，而有大师之谓也。"我想说衡中的老师确实可谓高中教师中的大师，相信他们，这是走向成功的不二法门。拿我的自身体会来说，相信老师基本是所有同学的共识，但真正难在正确处理老师布置任务与自主学习任务之间的关系，在这一问题的回答上我想借鉴以前学姐所说的"不要瞎折腾"。在高三的学习过程中，我没有买过一本课外练习册，题海战术并非一无是处，但我觉得，尤其是高三后期，老师们布置的任务量已经可以称为题海了，这些精心挑选的习题远胜于练习册上质量参差不齐的习题，更重要的是，用完成练习册来增加任务量，会让自己感觉负担很大，甚至产生盲目追求速度，凑合先做完再说的心理，这样就本末倒置了。我想说，学习最终学到的应该是一种思维方式、一种发现问题的敏锐度、独立思考的习惯、解决问题的能力，而所有的习题都只是工具。这样做题对训练思维毫无益处，还不如拿出积累本，认真总结题型，事半功倍。当然对于偏科的同学，针对自身情况进行训练是无可非议的。

除了紧张的学习和激烈的竞争，在衡中更难忘的还是如战友般浓浓的同学情谊。衡中的生活不能不说略显单调甚至枯燥，所以一两个知心朋友更显得重要。我清楚地记得，每天同学念完班级日志后，那诙谐的话语总会引来一天中难得的片刻放松；我清楚地记得，自主复习期间，几个同学围绕一个作文话题共享自己的素材毫不吝惜，一张尚有难题的卷子大范围传来传去；我清楚地记得，每天在周记本上写下一天的心情，每个疑惑下面都有老师耐心的批语和温暖的鼓励；我清楚地记得，高三后期和饭友聊天的话题不知不觉间变成了学习，那捋了一遍又一遍的历史知识框架在彼此头脑中渐渐清晰⋯⋯同学，朋友，战友，前生多少缘分换来了今世同窗的情谊，尽管竞争仍在，但决战前的气氛中没有任何敌意或者只顾自己的狭隘，而是同仇敌忾。正像以前朋友所说，因为不是孤军奋战，所以一切的坚持都有了意义。我相信，这份用真诚和坚定凝结起来的友谊，这份简单又纯真的情意，终生难遇。

"天助自助者"，这是老班常挂嘴边的一句话，只有当自我觉醒时，才会心甘情愿地做一个"铺路者"。高三上学期，我的成绩曾有一个低谷，名次在七八十名徘徊不前。三四次考试代表着三四个月的时间，我真的怕自己就这样浑浑噩噩平庸地堕落下去，我安慰自己：七八十名也不错了吧，这又不是高考⋯⋯但我又真实地知道,对于自己的现状我并不满意,进而开始觉得自己学习的每个环节都存在问题,甚至抱怨为什么人家的任务都安排得井井有条,而自己永远虎头蛇尾,任务单上总是显示有始无终。我迷茫过,也无助过,直到那次开尖子生会,老班对着一排站立的十多个人质问,指着鼻子说我们不争气,用手把桌子拍得震天响,我们低头沉默无语,我第一次体会到了什么叫无地自容。那一天的晚三,我写了半节多课的日记,在那篇日记的开头是我郑重对自己许下的承诺——"期末考试必进年级前十",而那次考试后我的成绩是年级第九,这是我半年来考得最好的一次。我明白我不比任何人差,没有哪次成绩是应该或不应该的,而要问问自己是否问心无愧。

我记得,最后的几次模拟考试班级的成绩令人失望,尽管所有的老师仍在强调着相信我们的能力,但在关键时刻的多次失利无疑增加了所有老师和同学的压力,多次加开的班会上,老师一次次地强调早已烂熟于心的答题技巧,在所有同学面前划过的眼神中满是鼓励和希冀。我现在可以骄傲地说,478班承载着70多个人的梦想,没有让任何人失望。网上有一个流行的说法,"当班级里慢慢有了只有自己班才懂的笑点,有了不知不觉能统一说出的口头禅,有了一站起来回答问题就引起全班哄堂大笑的人,有了一对异性同时站起来全班就不由自主地咳嗽,有了给课代表一个眼神就知道下课再收你作业的各种事件,这些足以证明你和这个集体深深融在了一起",这段话说得真好,当我们真真切切地融入其中时,也就学会了怎样用自己的努力维护集体荣誉,一个强大的集体中没有弱者。

高中三年,是一场盛大而又神秘的私人化进程,而私人化的意思是即使无比错误也无限正确——这句话明显是在强调过程的重要性。你拥有你的一切,你所有的胜利与成功,当然也包括所有的失败与错误。高考是重要的,而走过高考时你会发现,真正难忘的并非高考题,也不是那枯燥的三位数字,而是背后的东西,是在这里曾经遇到的人、发生的事,在这其中不管你做了什么,也无论对错,都是在学习,都是在成长。每个人的青春都是无限正确的,因为在这里我们还有能力承担失误所带来的一切代价,把所有的错误转化为前行的动力。

有句话说:"极致的喜欢,更像是一个自己与另一个自己在光阴里的隔世重逢。"当我们习惯并喜欢上衡中生活时,就会愿为对方毫无道理地盛开,会为对方无可救药地投入。最深的喜欢就是爱,就是生命内里的黏附和吸引,就是灵魂深处的执着相守与深情对望。我曾对朋友说，我一点也不后悔到衡中上学，尽管中考前我还没有这个想法。而事实证明，对于衡中，一个在外人或许听来冷冰冰的代号，我们身处其中的却只有满心难以割舍的依恋，以至于在离开她一个多月的时间里，曾经的点点滴滴还反复在梦里勾起回忆……

我喜欢家庭治疗大师萨提亚女士关于《我是我自己》的一段话，把它当作悦纳自己的一个宣言："在这个世界上，没有一个人完全像我。从我身上出来的每一点、每一滴，都那么真实地代表我自己，因为是我自己选择的。"

既然选择了这条漫漫求学路，选择了融入衡中生活，那么请用心珍惜，未名湖和博雅塔并非远在天际的楼阁，她的大门永远为不甘平凡的平凡人敞开，希望师弟师妹们走进北大校园时，不是一名旅者。

既要激情似火，又要心静如水

肖舶远，衡中2014届479班，普班

写下这些文字的时候已经是衡中毕业生的身份了，上午收到了杜老师的通知，觉得自己作为一个过来人也有义务给大家提供一份参考。其实所谓经验因人而异，没有哪一种可以作为高考必胜的法宝。我可以做的，就是把自己在高三那段日子里的故事原原本本地讲给大家，也许，你们可以获得自己需要的东西。

初上高三的日子，坦白地说，我感到极度不适应，这里的约束比高二要多，这里的课程比高二要紧，这里不再有高二时相伴的同学，这里的空气里面弥漫着一股令我感到压抑的气息。是的，高三让我感到陌生，让我感到恐惧，让我产生了一种发自内心的排斥。彼时的我散漫而厌烦束缚，对于学校的规章制度不曾有过丝毫的敬畏。于是在高三的开始，我因为洗漱晚归而被老师抓到，面临高中三年唯一一次被遣返回家的危险，我感到了前所未有的压力。应该说对于那次经历我是感到庆幸的，因为它用冰冷的事实告诉我这就是高三，这就是制度，而任意违背它的行为只能招致不必要的后果。在那时我明白散漫自由不是高三应有的态度，以这样的面貌只能在高三的战场落败，对自己的放纵只能使自己落后。

就我个人而言，高二时我或许会比你们之中的许多人都要放纵自己。但是面对高三，我选择了改变，选择了一种从未有过的端正态度。不要说自己在高一、高二时轻轻松松地就取得了好成绩，我要说的是，它不适用于高三。以游戏的心态对待高三，只能得到一个玩笑般的结果。高三是公平的，高考是公平的，不奋斗，就是死。

高三确实很辛苦很辛苦。那时的我们，在五点半的铃声敲响之后从不敢有半点的拖延，也不再有洗漱的想法，冲到操场的时间或许只有两三分钟；那时的我们，在中午下课之后会坚持到12点35分乃至12点40分才去吃午饭，真的只是把吃饭当成了一件任务；那时的我们，会用课间不到5分钟的时间用冷水洗头，会在晚上回宿舍的路上大声背政治、历史；那时的我们，每天面对数不清的卷子做题做到发疯。那时的我们卑微而又渺小，面对起起落落的成绩却又不知道自己的明天到底在哪里，为了不可预期的未来而奋斗，现在回头再看都为那时自己的勇敢与坚持而惊异。其实每个人都有过疑惑，每个人都有过彷徨，但是，也许只有这样才使得我们无所畏惧，才使我们在那个6月收获了属于自己的成果。

是的，每天的休息时间很短暂，每天起床的时候都是痛苦的。但是当你到达操场的时候，看到自己身边寥寥无几的同学会有一种极大的满足（虽然诚实地说，这种感觉我很少体验过）。早到达的那几分钟真的可以做很多事。有许多知识点我都是在那时完成的，完全不用最后高考冲刺时累死累活地去背到天昏地暗。懂得化整为零是一种极大的智慧，在这样的几个早晨之后，你会惊异地发现自己已经掌握了如此之多，那种满足和自信绝非睡一会儿懒觉可以得到的。

是的，每天的吃饭时间很短暂，但在那个时间去吃饭的我们是充实乃至骄傲的。因为晚走的几分钟让我们比别人学到了更多的东西。但必须要提醒的是，千万不要为了晚走而晚走，更不要不吃饭！高三的学习如此紧张，没有一个健康的身体，根本禁受不了题海的洗礼与冲刷。

是的，每天都要面对那么多的卷子。但现在回首再看那真的是最美好的回忆，"通往成功的路是由卷子铺就的"真的一点都不假。我做题的速度还是比较快的，那个时候每张卷子我都会完成并整理。每做完一张卷子，每整理一张卷子，心里都会多一份自信，都觉得这就是高考题。与同学们一起讨论问题，笔下波澜四起、攻城略地的感觉，如今想起还觉得温暖。请你们珍惜，当你们离开母校后，不会再有老师为了你们而废寝忘食地组题，不会再有那种在外面几乎绝版的题目。从某种角度说，衡中的成功，那些卷子功不可没。

高考的压力确实是巨大的，每一个人都会感到前所未有的紧张。曾经坚固的同学关系在分数面前似乎已经变得无比脆弱。在高考的前三个月里，很多人都变得暴躁易怒，为了可怜的起起伏伏的分数，为了徘徊不前的名次。记得那时候我也曾经因为把题写错位置而撕掉了语文试卷，有时真的会觉得那么多的努力却换不来一个结果，有时也真的会想把卷子全都扔掉就这样算了。那时每一件细微到极点的事情或许都会引发心里的负面情绪，觉得一切都不公平，觉得全世界都在与自己作对。应该说，我自己的调节能力还是比较好的，也算得上是一个乐观的人。唯一一次撕掉卷子之后，也在杜老师的开导之下很快缓了过来。在高考前我的情绪一直比较稳定，这成为一个不小的优势。高考前两天，学校推出了一分钱的餐饮，我们每天都享受福利。衡中的复习一直持续到高考，依旧是翻看着自己已经翻看过那么多遍的书和笔记，依旧是按时起床吃饭，一切都是那么平静而有秩序。然后，高考，就这样开始了。或者说，在一年前就已经开始了。

我觉得，自己的成绩，一方面得益于平时比较有序的安排，重点就是，你要对自己有一个清晰的认识。我的语文和英语比较好，复习的时候并没有过多地投入，而是把时间更多地投到了数学和文综上，毕竟这两科的成绩和文科总分有极大关系。但前提是，我自己对语文和英语的掌握已经达到能够应付各种变化的程度，所以我敢于将它们的时间大幅压缩。如果同学们做不到这一点，还应量力而行。

另一方面得益于心态。高考前杜老师让大家写一些对高考的看法与问题，我在那张纸上写下的是自己心里真实的想法，我对高考没有畏惧，我很期待，我很乐观，我愿意用它检验自己的努力。我知道自己并不是最努力的，但我每一天都比前一天的自己更进一步。我之前已经经历过所有起伏，从年级十几名到班里四五十名，从最初的大喜大悲到后来的荣辱不惊，我知道自己在蜕变。激情似火，也需平静如水。所以面对高考，我不后悔之前的蹉跎，我不畏惧未知的世界，我只会把它当作一次普通的测验，而我也是这样做的。我考试那年的数学卷子对于一些同学来说难度比较高，我自己也是在仅剩15分钟的时候还有三道大题没做。但是我没有紧张，所以成功地完成了这些题目。虽说最后数学分数并不是特别高，但也没有拖总分的后腿。可以说，心态帮了我很大的忙。

现在回头再看真的很怀念那时的单纯，为了一个唯一的目标而付出一切的简简单单而又充实的生活。怀念和自己一起走过那段艰难岁月的同学，包括一个宿舍的哥们、一个班级的战友，还有一直默默陪伴我们的老师们，忘不了杜老师的宽严相济、闫老师的一丝不苟、李老师的幽默风趣、高老师的循循善诱、代老师的严谨认真、姚老师的长辈之风。有梦可以追，有人可以伴，所谓的满足也就是这样了吧。真的很难相信这样的日子已不属于我，也请现在在校的同学们珍惜，也许你们现在会觉得很痛苦，但请相信我，走出校门后这将是你们最珍惜的一段时光。请记住，高考的路上，你不是一个人，请不要畏惧；请相信，最后的光芒与荣耀一定属于你。

我在北大，等待你们的到来，等待你们与衡中的又一次辉煌！

顺祝学习顺利、高考大捷！

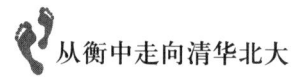

越努力越幸运

马晋瑞，衡中2015届513班，普班

三年一梦，梦醒，往事成风。

忘记了是怎样一个开始，便有幸与格物楼结缘，与揽月楼并肩，与明志楼刻骨。

站在回忆的转角看着那一边自己模糊的身影，回望三年走过的路，细数衡中教会我的种种。

永远有人比你更努力

每天5点40分醒来后便是被各种铃声分割成一个又一个或长或短的片段，总觉得时间已经被安排得所剩无几，可是在衡中，永远有人更努力。总有人用最快的速度跑到食堂，用最快的速度吃完每一餐，只是为了给自己的学习再多争取一点时间，哪怕每次只有一点。日子一天天过去，终于会有连自己都不敢相信的意外收获，最终相信了一句话："每一个不曾起舞的日子都是对生命的辜负。"如果没有不遗余力、全力以赴地去做，那就是对生命的不尊重和对青春的辜负，也对不起身后"追求卓越"的校训。宿舍、教室、食堂三点一线，总是用百米冲刺的速度跑完；复习资料、辅导用书一本又一本，整理着好像看不完的卷子，刷着好像做不完的题……日子踏着试卷和习题悄然而过，伴着头顶嗡嗡作响的空调声和夏季夜晚无尽的蝉鸣。

那些日子叫作纯粹

不知道是不是还会有这样的日子，心里只装着一件事，其他的所有事在高考面前都显得微不足道，每天的忙碌也只是为了最后会有一个让人满意的结果，那些奋斗的日日夜夜都叫作纯粹。每日早上奔跑到操场看到班主任早早到位等候的背影就多了一份坚定和战胜一切的勇气与决心，于是更加怀念最后自主复习的日子，这也是使我受益最大的一段时间。再也没有之前对卷子成山的抱怨，有的只是心平气和的踏实，也再不会因为出错很多或是很多知识点还不清楚而烦躁，只会记下来去请教老师或同学,然后为自己能在高考前发现问题而感到一丝欣慰。对老师费心编写的每一套试卷都很重视与敬畏,埋首书卷用对待高考的态度来对待自主复习的每一道题,从清晨到夜晚关注的只是自己桌子上展开的试卷和习题,不放过任何一个模糊的知识,努力为自己的高考多做一些细心的查漏补缺,自主复习时心真的踏实下来,有了更多的信心和沉稳。我庆幸自己奋斗在一个如此优秀的班级,有着优秀的老师和追求卓越的同学,给原本枯燥的高三生活添上难忘的色彩。

永远不要看轻你自己

从刚进衡中起就经常听到各种短小但充满力量的句子。"在衡中,最不缺少的就是奇迹""相信'相信'的力量""你必须不遗余力,才能看起来毫不费力""不要尽力而为而要全力以赴"。不知道是什么力量让自己3年都能坦然、淡然地走过,不管是曾经跌落谷底还是有幸站在巅峰,也曾经不可避免地失意过,但从来没有否定自己。记得有一次班会上"这也会过去"的劝勉,当年级名次也曾突破四位数的时候,我会想起"这也会过去",然后以更强的斗志继续下一段的学习;当年级名次稍好些的时候,我会想起"这也会过去",然后放下兴奋的情绪继续淡然地学习。学号从17到59,又从57到16,一直到最后的59,然后进了北大。就像班主任说过:"学号只能代表你过去的学习情况,连现在都代表不了,更何况将来。"从59号到北大,更相信一句话"越努力越幸运",还有不到最后一秒绝对不放弃的毅力。高考临近,天气炎热,我却贪婪地利用体活课洗澡的时间多做一些题。在身边同学时不时埋怨卷子做不完的时候,我复习数学三轮所有的卷子并梳理、整理错题。"错题是最大的财富。"梳理旧卷子解决问题时会有一种充实和满足感。浮躁是一种恶性循环,而踏实是一种良性循环,像是体会到了每道题的巧妙和恰到好处的迷人。高考两天在每一科考完之后我都是第一个回到教室准备下一科,心境更加平和,也不会被上一科扰乱情绪。"不以物喜,不以己悲",这就是高考的秘密。

衡中日子丰富多彩

并不像外面说的那样,衡中学生只是高考的机器。从高一的远足开始就能感觉到一个班级聚在一起的力量,再长的路只要大家在一起就不会感到疲惫,依旧欢声笑语一路加油打气。就像是高考这条奔波了三年的路,一路上帮助彼此、温暖彼此，在进步时鼓励，在失落时加油，就这样像走完那八十华里一样，走完这三年奔赴高考的路。高二成人礼冠戴成人帽踏上成才路的时候，家长紧握的手让我感到父母对我的期许，一种责任感和身为衡中人的使命感由然而发。18岁成人，教会我懂得责任的意义。高考路上，每一次的誓师大会和每一次喊声震天的口号都会一次又一次给我勇气和力量。感谢我最棒的513陪我走过高三这一年的风风雨雨，在高考路上给我温暖和感动。偶尔回望，回忆里空气都是甜的、氤氲着幸福的味道。也许再不会有那样一家人聚在一起过节，再普通的元宵、月饼都化作世间最美好、满满的爱和温暖。5月13日过班级生日，吃着生日蛋糕，唱着《夜空中最亮的星》，其实，那些家人都是我记忆中最亮的星，在最柔软的内心最深处，熠熠生辉。"信心百倍，斗志昂扬；全力以赴；策勉自强；破釜沉舟，浴血沙场；一五高考，我必为王！" 2015，5（我们），1（一）起，3（三）生有幸。

高考结束，我们各奔东西，但无论身在何处都会一直记得我们是衡中人。三年一梦，一梦三年，时光微凉，那一场远去的往事被流水浸泡。夏日暖风，早已洗去铅华，清凉明净，就像那三年的小城故事。

九分耕耘或许零分收获，但十分耕耘必定十分收获

闫文斌，衡中2015届513班，普班

当我闭上双眼回览这三年岁月，终于明白了高三班级黑板上那句话："无高考，不青春。"

奥斯特洛夫斯基在书中能自信地写下，这一生不会因碌碌无为而羞愧，因为他把最美好的青春奉献给了人生最伟大的事业。我至少可以问心无愧地说，我这三年不会因碌碌无为而羞愧，不是因为我取得了多么大的成绩，而是因为我始终相信梦想、坚持拼搏。

毫不夸张地讲，衡中是最尊重努力、最尊重梦想的地方，在这里你不会因为成绩默默无闻而被嘲笑，不会因为连续退步而被嘲笑。每一个衡中人都不嘲笑失败者，我们嘲笑懦夫；衡中人可以成为失败者，但没有衡中人甘心成为懦夫。即使你默默无闻，即使你付出了汗水与泪水却丝毫见不到回报，只要你坚持努力，只要你还相信最初的梦想，还怀有一腔未曾冷去的热血，那么总会有人陪你走下去。我在衡中所获得的最珍贵的东西，绝对不仅仅是那一张北京大学的录取通知书，而是我的班级中老师与同学那份最真切的情谊，是衡中三年生活对我的人格的塑造，这些都是我珍藏一生的东西。

在顺境中陪你一起笑的是酒肉朋友，在顺境中陪你一起哭的是诤友；在逆境中陪你一起哭的是患难朋友，而唯有在逆境中还可以陪伴你一起笑的才是你值得一生珍重的朋友。幸运的是，在衡中我收获了很多这样的朋友。我永远不会忘记，在高三下学期那段灰暗的日子里，我的同学与老师是如何与我同行我才得以在逆境中咬牙走过的。高三下学期，我的成绩连续退步四次，我们班的成绩也连续三次居于倒数第一，眼看着高考来临，眼望着再多的努力还是无济于事，我在迷茫，我们班在迷茫，但没有一个人轻言放弃，班主任急得一嘴泡，不断地从自身找问题，从班级找问题，向其他老师请教，在班里一盯就是一天，但他不说苦、不说累，即使连续的落后让他备感压力，他还是咬牙坚持，与我们在一起，咬牙度过了那段灰暗的日子，无论最后结果如何，我们对他都只有无限的敬重。其他

的几位科任老师，也都是一样的付出与坚持，或许也曾流过泪、发过火，但他们却是倾其所有，当时的我心怀感激，也心怀内疚，但无论如何，咬牙坚持，无论结果如何，至少我不曾愧对任何人，我可以成为失败者，但我不允许自己做懦夫。我主动找老师分析问题，列好计划坚持执行，竭尽所能争取时间，一次次成功与失败，我都平静面对，成功了就汲取经验，失败了就吸取教训，心中始终相信九分耕耘或许零分收获，但十分耕耘必定十分收获。最终，我与我的班级重新回到了第一的位置。上天不曾薄待任何一个真心付出的人，只要你真的坚持，真的努力，不曾欺骗自己，就一定会有守得云开见月明的那一天。

俗话说得好，人争一口气。没有人甘心居于末尾，但不是每个人都付出了努力。居于末尾必定比位居前列安逸得多，但面对曾经的朋友一个个奋发向前，面对父母的殷切期望，不为自己争名争利，也要为自己争口气。从我的初中学校来到衡中包括我在内有七八个人，和我水平差不多的有三个人。初来衡中，我始终觉得这里高手云集，自己从县城来到衡中，基础不好，也就能够排到中游，所以第一次调研考试成绩，我是500多名，我觉得还可以，至少还过得去，但看到那三个与我水平差不多的朋友，一个是300多名，一个是100多名，最好的是39名，我顿时觉得，我可以考不了第一，但同样水平下，我不能忍受自己与别人相差甚远，至少我得争气。所以在那之后，我每天比以前加倍努力，早到晚归，虚心请教，第二次调研考试我考了300多名，最后一次分文理前调研考试考了100多名。成绩不见得多么好，但我至少不比别人差，我可以接受暂时落后的成绩，但我接受不了一颗甘于落后的心。

衡中塑造了我，不仅是因为她给了我出色的成绩，也因为衡中多彩的活动让我能够有更多的机会提高与展示自己。犹记得第一次演讲时的情景，第一次登上那么大的舞台，虽然台下并没有太多的观众，我还是紧张得双腿发抖，连连忘词，虽然第一轮便出局，但这是我第一次登台演讲，是我高中生活中难忘的一次历练。后来有了十佳班长、团活展示、百日誓师等经历，最后我能够自信地站在舞台上侃侃而谈，这一切是衡中给予我的历练与成长，对我的大学也是有所裨益的。

我一直在思考一个问题，我们三年的高中生活，我们学习了三年的高中知识，最后究竟给予我们的是什么？是语、数、外、政、史、地、物、化、生的知识吗？恐怕不是，坦言之现在的我，已经遗忘了很多东西，所以高中给我们留下的绝不只是知识。那高中给我们的是一张大学录取通知书吗？我觉得也不尽然，我觉得高中是一种人格与心灵的塑造经历。这不是什么假大空,三年衡中经历过后,我现在坚信一点,那便是衡中的学生毕业之后一定也不会平凡,因为所有的衡中学生,经历了三年的磨炼,融入骨髓的是那份衡中精神:坚持梦想,天道酬勤。我今天在这里讲述我的经历,不在于我高考考得多好,而在于我相信梦想,相信天道酬勤。高中留给我们的是一种人格,你的大学,你的未来,不是用你的高考分数、高中知识去出彩,而恰恰是用你的人格去争取。高中塑造了你怎样的人格,很大程度决定了你未来的高度。感谢衡中,感谢衡中的老师,感谢衡中的活动,最感谢的是衡中赐予我的苦难,虽然当初我痛苦不堪,但一切过后,我才明白那些不能杀死你的都会使你变得更强大,所以苦难给人的是痛苦,只有咬牙坚持的人才看得到明天最美的太阳。我没有过多地讲要怎么学习,因为我相信,只要你愿意出发,只要你不曾停歇,其他的都不是问题。只要出发,就能到达,博雅塔、未名湖并不是遥不可及。

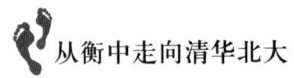

编后记

清华北大不属于所有人，清华北大只属于坚定于此的人。

本书收录了15年来67个班级110名从衡水中学升入清华北大的学子的感受、心态、方法，包括保送生、奥赛生、复读生，文科生、理科生，实验班、普班等各个类型，条条道路通清北。

实验班：山登绝顶我为峰，已登绝峰再造峰！

普班：身在"普通"，心在巅峰！

在编辑过程中，有几点深刻的感受。

1. 学习不是体力活，一定要动脑子。明白自己弱点的人比照搬他人方法更易进步。

2. 由学生到考生一字之差，由衡中到清华北大只差一个方法。方法不对，努力白费。

3. 学贵有法。有法可依，事半功倍。

虽不在衡中，与衡中同步！本书全新修订，感谢衡中广大师生的大力支持和配合。通往清北的路上铺满了卷子，但只铺卷子一定进不了清北的门。

感谢在校老师、毕业校友为衡中之外的更多学子开启清北之门！

再版过程中，有班主任未联系上的校友，请看到后与我们及时联系。

责编：郭晓飞